国家社科基金
GUOJIA SHEKE JIJIN HOUQI ZIZHU XIANGMU
后 期 资 助 项 目

共享发展的
微观收入分配机制研究

A Study of the Micro Income Distribution Mechanism
of Shared Development

吴星泽　著

天津出版传媒集团
天津人民出版社

图书在版编目(CIP)数据

共享发展的微观收入分配机制研究 / 吴星泽著.

天津 : 天津人民出版社, 2025. 1. -- ISBN 978-7-201
-20878-7

Ⅰ. F124.7

中国国家版本馆 CIP 数据核字第 2025TQ8828 号

共享发展的微观收入分配机制研究
GONGXIANG FAZHAN DE WEIGUAN SHOURU FENPEI JIZHI YANJIU

出　　版	天津人民出版社
出 版 人	刘锦泉
地　　址	天津市和平区西康路35号康岳大厦
邮政编码	300051
邮购电话	(022)23332469
电子信箱	reader@tjrmcbs.com

责任编辑	张　璐
特约编辑	康嘉瑄
装帧设计	汤　磊

印　　刷	天津新华印务有限公司
经　　销	新华书店
开　　本	710毫米×1000毫米　1/16
印　　张	15.25
字　　数	260千字
版次印次	2025年1月第1版　2025年1月第1次印刷
定　　价	78.00元

前　言

　　2015年10月底,党的十八届五中全会明确提出五大经济社会发展理念之后,"共享""共享发展"成为线上线下热议的词语之一。2016年3月5日,时任国务院总理李克强在第十二届全国人民代表大会第四次会议上做政府工作报告时,将"持续增进民生福祉,使全体人民共享发展成果"明确列入"十三五"时期主要目标任务和重大举措之一,标志着"共享"由理念向实践跨出了重要的一步。2017年10月18日,习近平总书记在党的十九大报告中,把坚持包括"共享"在内的新发展理念作为新时代坚持和发展中国特色社会主义的十四条基本方略之一,更凸显了"共享"之于中国经济社会发展的方向性和方法性意义。2021年6月10日《中共中央　国务院关于支持浙江高质量发展建设共同富裕示范区的意见》的出台,再一次将"共享发展"推到了聚光灯下,并表明,中国在2020年实现全面脱贫的目标之后,已经进入了共享发展的新阶段!

　　贯彻共享发展理念首先要深入理解、科学把握其科学内涵和实践要求。共享是中国特色社会主义的本质要求。树立共享发展理念,就必须坚持发展为了人民、发展依靠人民、发展成果由人民共享,做出更有效的制度安排,使全体人民在共建共享发展中有更多获得感。在实践中,则要走一条托底线、缩差距、共富裕的共享发展之路。托底线,指的是为人民提供最基本的生活和服务保障。托底线主要包括两方面:一是收入托底。要坚决打赢脱贫攻坚战,我国现行标准下的农村贫困人口实现脱贫,贫困县全部摘帽,解决区域性整体贫困。这一点已在2020年实现,今后目标是防止群体性返贫。二是基本公共服务托底。建立国家基本公共服务项目清单。建立健全更加公平更可持续的社会保障制度。实施义务教育学校标准化、普及高中阶段教育、建设世界一流大学和一流学科等工程,保障基本民生。缩差距,主要指的是缩小收入差距。收入差距过大会带来一系列的经济和社会问题,不符合社会主义本质的要求。共富裕,指的是共同富裕。共富裕是共享发展的最终目标,也是目前中国需要扎实推进的伟大工程。

"托底线、缩差距、共富裕"是我们迈向共享发展的必由之路。习近平多次强调：消除贫困、改善民生、实现共同富裕，是社会主义的本质要求。不托底线，富且不及，何谈共富、共享？不缩差距，贫富悬殊过大，自然也不是共富。只有托住底线，缩小差距，才可能走上共同富裕之路。只有走上共同富裕之路，才能说实现了共享发展的目标。改革开放40多年来，我国经济总量实现了巨大增长，GDP由1978年的3650亿元增长到2021年的1143669.7亿元。生产力极大释放的同时，也伴随着一些不和谐因素。正如习近平在党的十九大报告中所指出的："城乡区域发展和收入分配差距依然较大。"在宏观层面，城乡发展不平衡、收入分配两极分化现象日趋严重，基尼系数由1978年的0.18上升到2003年的0.479之后，一直高位徘徊，共享发展已成为我国建设中国特色社会主义道路上迫切需要解决的重大现实问题之一。在微观层面，按要素分配的引入，为中国经济发展注入了内在动力，各类要素活力特别是资本、管理和技术要素活力受到极大激发，使经济总量实现了巨大增长的同时，也对分配公平产生了一定的负面影响。其制度原因在于市场化改革进程中占人口最大多数的普通劳动者在企业中话语地位下降，要素参与分配演变成了要素主导分配。由于按要素分配通常是由在生产中处于核心地位的利益关联人，如产权的所有者和企业的高级管理者，来解释和施行，这一分配原则的话语权牢牢掌握在股东和管理层手中，分配的天平在按要素分配的合法外衣下偏向了资本、管理等要素提供者，并在一定程度上加快和加重了中国社会收入分配的两极分化，挫伤了弱势要素所有者如普通劳动者的积极性，损害了可持续发展和共享发展的微观基础。

　　共享发展，顾名思义，既要发展又要共享。共享是发展的目的，发展是共享的保障，二者不可偏废。共享与发展的有机结合，才能体现社会主义的本质，即解放生产力，发展生产力，消灭剥削，消除两极分化，最终达到共同富裕。偏向任何一方，都会带来严重的经济和社会问题。新中国成立后至改革开放前的近30年间，我国以劳动价值论为指导，坚持"各尽所能、按劳分配"的原则，保障了人民共享发展成果的权利，但由于经济基础薄弱等原因，最终形成了"平均主义""吃大锅饭"的低效率公平模式，劳动生产率长期得不到提高，"发展"受到了抑制。改革开放以来，我国不断探索新的分配模式，到了1992年，在最终确立建设社会主义市场经济目标之后，按劳分配与按要素分配相结合成为指导我国初次分配的主要原则，但在建立现代企业制度的旗帜下，事实上形成了资本主导的股东价值分配理论和分配模式，按劳分配被边缘化了，"按要素分配"实质上成了资本独占剩余（张维闵，

2012）。因此，尽管理论创新和分配模式的改变极大地解放了中国的生产力，促进了中国的经济发展，但同时也带来了收入分配两极分化、环境恶化等严重问题，代内共享和代际共享都遭受了严重的挑战。习近平在党的十八届五中全会上明确指出："在共享改革发展成果上，无论是实际情况还是制度设计，都还有不完善的地方。"要真正落实共享发展理念，需要我们总结历史，找出原因，针对问题的主要矛盾，改善制度设计，提出相应的解决方法。

就中国现阶段经济社会发展情况看，收入分配两极分化显然是共享发展问题的主要矛盾。因此，落实共享发展理念的关键就是在做大蛋糕（发展）的同时，把蛋糕分好（共享）。习近平指出，做大"蛋糕"需要充分调动人民群众的积极性、主动性、创造性，举全民之力推进中国特色社会主义事业；把不断做大的"蛋糕"分好，则可以让社会主义制度的优越性得到更充分体现，让人民群众有更多获得感。分"蛋糕"问题涉及国民收入的初次分配、二次分配甚至于三次分配等，其中初次分配最为重要，因为初次分配奠定了收入分配的基本格局，是国家能否实现共享发展的最关键、最重要的影响因素。光在再分配政策上打圈子，至多只能缓和分配领域里的具体矛盾，而不能从根本上做到共同富裕（周新城，2013）。

按照马克思的劳动价值论和社会主义社会总产品分配的原则，价值（V＋M）是由劳动者创造的，应在进行必要的社会扣除后，再对余下的价值产品即国民收入，在集体的个别生产者之间进行分配（马克思，2015）。然而在改革后，特别是自20世纪90年代以来的分配实践中，股东价值论替代了劳动价值论，成为分配的重要依据。改革早期形成的"除本分成制""净收入分配制"等具有共享发展特点的特色分配模式日渐式微。在股东价值最大化的目标下，劳动者只是获得了V的部分，M则由投资者所享有。劳动所得作为成本被扣除，投资者则独享剩余。这一"美式"财务分配模式自20世纪90年代开始在我国推行并逐步替代了原先的按劳分配的"苏式"财务分配模式。回望历史，我国基尼系数大幅攀升至超过0.4的国际公认收入分配差距警戒线的时间恰在20世纪90年代，此后基本保持在接近0.5高位。这很难说是巧合。

中共中央宣传部2018年编写的《习近平新时代中国特色社会主义思想三十讲》中指出，"新发展理念是针对当前我国发展面临的突出问题和挑战提出的战略指引"，其中，"共享发展注重解决社会公平正义问题"。然而，按照"美式"财务分配模式建立起来的现行初次分配微观制度是难以实现上述共享目标的。以公司这一典型的微观企业组织为例，现行初次分配中，各要素报酬的确定依据、形式、份额在不同的框架内决定,并且劳动所得确定的依据与社会主义的制度背景十分不相称。公司的利益相关者包括劳动者、人力资本所有者、政府、债权人、股东等。通常,人力资本报酬由人力资本在进入企业时,物质资本所有者和人力资本所有者通过评估或"讨价还价"形成,其形式为工资、年薪、股权、期权等;政府凭借国家机器的强制力通过对企业征收流转税和所得税获取其利益;债权人凭借资产使用权的让渡获得利息;股东凭借对企业的所有权占有剩余。至于劳动报酬,则是在企业外部由市场竞争和劳动力的再生产条件决定,劳动者获得的是所谓生存工资。撇开社会主义生产的性质不谈,各种要素所有者提供的要素共同生产的"蛋糕",其"分割"的依据和标准各不相同,这样的安排如何保证分配的公平合理性,特别是如何保障劳动者的报酬权益?事实上,由于缺乏系统完善的微观收入分配理论指导,企业等微观主体很难科学合理、公平正义地实现初次分配。企业的分配更多的是在政府(通过法规)和内部人(通过制度)的安排下完成的,在积累、效率等堂皇的理由下,在政府强权、资本强权、劳工谈判能力受限等背景下,初次分配中出现资本侵占劳动、税收负担过重等侵害处于弱势地位的要素利益的现象就不足为奇。其带来的直接后果就是初次分配的天平偏向了包括物质资本和人力资本在内的资本提供者、政府等,而占人口比重最大的劳动者获得的利益与其贡献和承担的风险不相匹配。这种情况下,共享发展的目标如何实现?改革开放后劳动收入份额下降和收入分配两极分化的普遍事实,已经证明了在股东价值论指导下的"美式"财务分配模式尽管具有促进"发展"和"造富"的神奇功能,但难以将社会主义的航船导向"共享"的彼岸。

习近平2013年4月28日在同全国劳动模范代表座谈时强调,"要坚持社会公平正义,排除阻碍劳动者参与发展、分享发展成果的障碍,努力让劳动者实现体面劳动、全面发展"。要实现上述目标,不仅需要马克思主义理论工作者从宏观层面提出一般理论和框架,还需要其他学科尤其是财务学在马克思主义指导下提出有利于实现共享发展目标的微观收入分配理论。只有宏观与微观相互配合,共享发展的理念才能真正落到实处。然而目前理论界关于初次分配的宏观与微观研究各行其是,缺少交集。由于缺乏微观领域初次分配理论的配合和承接,导致经济学分配理论难以传导和转化为对微观企业分配问题的有效指导,初次分配中一些重要的原则,如公平正义原则、党的共享发展理念难以在企业中有效落实。为此,本书以共享发展的微观收入分配机制为研究内容,期望从以劳动者为中心的微观收入分配角度,为发展和完善习近平新时代中国特色社会主义理论体系,落实党的共享发展理念,提供理论支持和经验证据。

通过研究发现,随着时代变迁,价值创造要素及其地位会发生变化,现有分析框架早已不能反映数字经济时代价值创造要素的现状,因此本成果基于时代特征和党的十九大报告精神提出了价值创造"五要素"基础说,不仅对传统的要素进行解构和重构,更将"数据""公共环境"等因素作为要素加以确认,为科学确认收入分配主体打下理论基础,也为合理分配收入、实现共享发展提供理论依据。本书提出的"五要素"涵盖了党的十九大报告明示的"七要素",如党的十九大报告提出的"技术""管理"、依附于人身的"知识"要素对应于"五要素"中的"人力资本"要素,"土地""资本"要素对应于"五要素"中的"财务资本"要素,"数据"、不依附于人身的"知识"要素对应于"五要素"中的"数据"要素,"劳动"要素作为"五要素"中的单独大类分析。同时,结合近年来学者的研究成果,将"公共环境"因素作为价值创造的基本要素予以确认,并将其视作政府获得税收的依据,建构以要素贡献为基础的微观收入分配机制。在对共享发展的微观收入分配机制进行研究时,也打破了已有研究就宏观研究宏观、就微观研究微观的习惯,将共享发展这一宏观问题与财务分配这一微观问题,通过财务学的中介作用紧密联系起来,从而为寻找适合中国国情的共享发展之路提供基础性的、可操作的微观分配理论支持和政策建议。其中涉及的按要素贡献公平分配、剩余分配机制等问题一直是收入分配领域的难点。本书对这些难点问题进行了深入思考,并提出了不同于以往的一些新观点,如应在马克思主义指导下,对基于资本雇佣劳动逻辑基础上发展起来的股东价值分配理论加以改造,并发展有中国特色的、以劳动者为中心的、赋予劳动要素直接参与剩余分配权利(而不是劳动资本化)的财务学初次分配理论的观点;在要素分配份额确定这一微观收入分配机制的核心和难点问题上,采用区间标准替代绝对值标准的观点;等等。

本书存在的问题和需要改进之处主要有:第一,共享发展涉及城乡发展不平衡、收入分配差距过大等诸多方面,而本书主要是在企业层面,从微观的初次分配方面进行研究,未将城乡差别等因素纳入研究范围;第二,本书虽然对共享发展的微观收入分配问题做了系统的研究,但在某些方面,如要素分配的宏观、微观共享发展指数设计和相关计量分析,以及共享发展的国际比较方面研究得还不够深入。这些方面也是今后要努力的方向。

本书是共享发展的微观收入分配机制的探索性研究。本书内容可以为政治经济学、劳动经济学、会计学、财务管理专业研究生和科研人员研究共享发展、收入分配、财务分配等问题提供参考,当然,更期望为政府相关部门进行收入分配体制机制改革提供理论支持和制度建议,为企业从微观角度落实共享发展的理念、进行财务分配制度改革提供理论指导。因作者知识范围、学术水平的限制,书中难免有不当之处,还请各位方家和读者批评指正。

目　录

第1章　概　述

1.1　共享发展的时代背景

1.1.1　中国特色社会主义进入新时代

改革开放以来,中国特色社会主义的理论不断创新发展,形成了社会主义本质论、社会主义初级阶段理论、社会主义市场经济理论、社会主义初级阶段的基本经济制度理论、社会主义初级阶段的分配理论、新发展理念理论,等等。这些理论成果紧扣快速发展生产力和实现共同富裕的目标,具有极强的现实性、科学性和辩证性,因而具有强大的理论认知功能和社会建设功能。在这些理论指导下,中国的社会主义建设取得了辉煌成就:生产力快速发展,2010年国内生产总值总量超过日本,居于世界第二位;人均国内生产总值从1978年的385元增长到2021年的80976元,已经超过世界人均GDP水平并达到中等偏上收入国家水平,按当年底人民币汇率计算,人均国内生产总值已经连续三年超越1万美元;稳定解决了十几亿人的温饱问题,人民生活水平大幅度提升,人民获得感显著增强,总体上实现了小康,并将全面建成小康社会。

2017年10月18日,习近平在党的十九大报告中宣告,"经过长期努力,中国特色社会主义进入了新时代"。这是对我国发展新的历史方位做出的重大政治论断。中国特色社会主义进入新时代,意味着近代以来久经磨难的中华民族迎来了从站起来、富起来到强起来的伟大飞跃,迎来了实现中华民族伟大复兴的光明前景;意味着科学社会主义在21世纪的中国焕发出强大生机活力,在世界上高高举起了中国特色社会主义伟大旗帜;意味着中国特色社会主义道路、理论、制度、文化不断发展,拓展了发展中国家走向现代化的途径,给世界上那些既希望加快发展又希望保持自身独立性的国家和民族提供了全新选择，为解决人类问题贡献了中国智慧和中国方案。

这个新时代，是决胜全面建成小康社会，进而全面建成社会主义现代化强国的时代；是全国各族人民团结奋斗、不断创造美好生活、逐步实现全体人民共同富裕的时代。在中国特色社会主义新时代，党的重大任务，就是更加注重谋民生之利、解民生之忧，着力使全体人民在共建共享发展中有更多获得感、幸福感、安全感，着力使全体人民享有更加幸福安康的生活，着力在实现全体人民共同富裕上不断取得实实在在的新进展。

1.1.2　中国特色社会主义新时代的社会主要矛盾

社会矛盾的存在和发展，即生产力和生产关系的矛盾在不同历史发展阶段的表现，同一个国家的基本国情密切相关。习近平指出，中国特色社会主义进入新时代，我国社会主要矛盾已经转化为人民日益增长的美好生活需要和不平衡不充分的发展之间的矛盾。社会矛盾的主要变化体现了社会主义建设过程中生产力与生产关系矛盾的变化。矛盾分主要矛盾和次要矛盾，主要矛盾和次要矛盾可以互相转化。长期以来，落后的生产力是制约中国发展的主要矛盾，因此在相当长的历史时期，人民日益增长的物质文化需要同落后的社会生产之间的矛盾是我国社会的主要矛盾。为了快速发展生产力，我国采取了各种有利于生产力发展的措施。从农村的"包产到户"，到城镇的国有企业改革；从按劳分配到按劳分配与按要素分配相结合；从管理层持股到职工持股；从管资产到管资本……一系列生产关系的变革最终成就了中国今天的辉煌。

习近平提出新时代我国社会主要矛盾是人民日益增长的美好生活需要和不平衡不充分的发展之间的矛盾，这是对我国生产力与生产关系矛盾在新的历史时期形成的科学判断，也是新时代着力要解决的现实问题。现阶段我国发展不平衡不充分反映在许多方面，其中之一就是收入分配差距较大、收入分配结构不尽合理。"由于种种原因，目前我国收入分配中还存在一些突出的问题，主要是收入差距拉大、劳动报酬在初次分配中的比重较低、居民收入在国民收入分配中的比重偏低。"总的来说，落后的社会生产力已不再是制约中国发展的主要矛盾，生产关系尤其是分配关系在矛盾中的地位上升①，必须在新时代加以重视和妥善解决。

---

① 分配关系矛盾地位的上升一部分是由于体制机制不完善的原因，还有一部分源于新时代对分配关系提出了更高要求。

1.1.3 社会主要矛盾变化对分配实践提出的新要求

人类社会是在矛盾运动中不断向前发展的。新时代我国社会主要矛盾的变化,是关系全局的历史性变化。从"物质文化需要"到"美好生活需要",从解决"落后的社会生产"到解决"不平衡不充分的发展",这些社会主要矛盾的深刻变化,适应了我国发展的阶段性要求,体现了党和国家事业发展战略重点的变化(中共中央宣传部,2018)。如何解决中国特色社会主义新时代的社会主要矛盾,将考验中国共产党和中国人民的智慧。习近平强调,解决中国特色社会主义新时代的社会主要矛盾,必须坚持新发展理念,坚持以人民为中心的发展思想,不断促进人的全面发展、全体人民共同富裕。这就为解决上述矛盾提供了理念指引和实践目标。

共享是中国特色社会主义的本质要求,与创新、协调、绿色、开放一起合称新发展理念。坚持新发展理念是新时代坚持和发展中国特色社会主义的十四条基本方略之一。在新发展理念中,共享发展是坚持创新发展、协调发展、绿色发展和开放发展的出发点和落脚点。共享发展的物质基础是国民创造的收入,发展的共享程度则与国民收入分配格局密切相关。在微观分配领域,以人民为中心,就是以劳动者为中心;共享发展,就是包括劳动者在内的分配利益相关者按要素贡献共享价值创造的成果,特别是剩余劳动成果。

习近平多次强调,树立共享发展理念,就必须坚持发展为了人民、发展依靠人民、发展成果由人民共享,做出更有效的制度安排,使全体人民在共建共享发展中有更多获得感。按照人人参与、人人尽力、人人享有的要求,坚守底线、突出重点、完善制度、引导预期,注重机会公平,保障基本民生,实现全体人民共同迈入小康社会。

共享发展具有多个维度的含义。从微观收入分配角度分析,共享发展理念既要求对以往实践中形成的有利于社会生产力发展的分配原则和方法辩证地继承,也要求改变微观企业中谁主导、谁独享剩余,特别是资本主导、资本独享剩余的分配模式,公平正义地分配社会主义劳动成果,从而激发企业要素活力,促进人的全面发展,满足人民对美好生活的向往。

1.2 共享发展面临的收入分配失序挑战

改革开放以来,经过40多年的高速发展,中国经济总量实现了巨大增长,国内生产总值由1978年的3650亿元增长到2021年的1143669.7亿元,43年时间翻了8番多,共享发展的物质基础显著增厚。然而,在共享改革发展成果上,无论是实际情况还是制度设计,都还有不完善的地方(中共中央宣传部,2018),影响了公平正义的实现与社会主义制度优越性的彰显。经济高速发展过程中的收入分配失序现象仍然存在,在某些方面还较为严重。共享发展已成为迫切需要解决的重大现实问题之一。

1.2.1 劳动收入占比下降

一般说来,衡量一国国民收入初次分配是否公平的主要指标是分配率,即劳动报酬总额占国内生产总值的比重。劳动者的报酬总额占GDP的比重越高,则说明国民收入的初次分配越公平。尽管劳动者报酬总额占比不是实现共享发展的充分条件——因为该比例只是说明劳动者作为整体获得的增加值份额,在其内部也可能有严重的两极分化——但由于纯以劳动收入为来源的人口占比较大,若劳动者报酬总额占比明显偏小,则很难实现共享发展。经过多轮改革之后,中国形成了以政府、投资者和劳动者这三大利益主体为主的初次收入分配格局。在这一格局中,由于占人民绝大多数的劳动者的劳动报酬收入没有得到充分而有效的保障,从而出现了"资本侵占劳动"、劳动者报酬占GDP比重持续下降22年(李静睿,2010)等妨碍共享发展的现象。中国社会科学院工业经济研究所2007年11月公布的《中国企业竞争力报告(2007)》指出,中国企业利润大幅增加,相当程度上是以职工的低收入为代价的。白重恩和钱震杰(2009)[①]、罗长远和张军(2009a)等研究表明中国劳动者报酬占GDP比重自20世纪90年代中期起呈持续下降趋势。蒋庚华和吴云霞(2017)基于"微笑曲线"相关理论,对中国在全球价值链上位置的变动影响中国行业内生产要素报酬差距进行的研究表明,随着中国向全球价值链的两端移动,将显著扩大中国的资本、高技术劳动、中技术劳动与低技术劳动在生产要素报酬上的差距,对资本报酬与低技术劳动报酬

---

① 白重恩和钱震杰(2009)以2004年经济普查后修订的资金流量表为基础,分析1992—2005年间我国国民收入在企业、政府和居民三部门之间分配格局的变化,可以发现:居民部门在全国可支配收入中的占比1996年达到最高,此后逐年降低,截至2005年,总共下降了12.72个百分点。在初次分配阶段,居民部门下降了10.71个百分点,而企业和政府部门则分别上升了7.49个百分点和3.21个百分点;在再分配阶段,居民和企业部门分别下降了2.01个百分点和1.16个百分点,政府部门则上升了3.17个百分点。在初次分配中,居民部门劳动者报酬和财产收入占比的下降,分别使其在国民收入中的占比下降了5.99个百分点和3.21个百分点。在2005—2007年间,受初次分配中生产税净额占比上升的影响,居民部门进一步下降了3个百分点。

之比的影响最大,高技术劳动报酬与低技术劳动报酬之比次之,中技术劳动报酬与低技术劳动报酬之比最小。吕光明和于学霆(2018)充分考虑中国劳动报酬核算口径两次重大变更的现实情况,借助两个鉴别准则和多种估算方法对各省份劳动报酬数据进行核算口径甄别与修正调整,在真正完整意义的核算口径下重新测算了省份层面的劳动报酬占比,同样发现了1993—2011年劳动报酬占比下降的事实。伍山林(2014)研究发现,在企业层面上,税收制度不仅通过分配阶段而且深入生产环节对收入分配格局产生复杂影响,改制提高了资本和政府收入份额,挤压了劳动收入份额。张东生等(2013)从居民收入占比的角度提供的数据也证实了这一点。20世纪80年代,我国居民收入占国民收入的比重曾达到70%以上,到2007年则下降到60%以下,此后基本保持在60%左右(见表1-1)。[1]

表1-1　2000年以来居民收入在初次分配中的占比

年份	2000	2001	2002	2003	2004	2005	2006	2007	2008	2009	2010	2011
占比(%)	67.2	65.9	64.5	64.1	61.1	61.3	60.7	59.6	58.7	60.7	60.5	60.7

数据来源:张东生、纪宁、哈增友编:《中国居民收入分配年度报告(2013)》,中国财政经济出版社2013年版。

我国劳动报酬占比自20世纪90年代以来则主要呈逐级下降的趋势,2004—2008年[2]之间触底并开始较大幅度回升(见表1-2、图1-1)。根据国家统计局的数据测算,我国劳动报酬占比从1990年的53.28%下降到2007年的39.74%,降幅达25.41%,而同期资本报酬(营业盈余+固定资产折旧)由33.67%上升到46.10%,升幅达36.92%。资本侵占劳动的情况十分明显。邓聿文(2006)从职工工资总额占国内生产总值的比重角度研究的结论也是逐年下降:1991年为15.3%,1996年为13%,2000年下降到12%,2005年下降到11%,同时行业之间、地区之间的收入差距也持续扩大。郑志国(2008)提供了分析的另一个视角,即观察工资与利润在工业增加值中所占比例的变化。这一视角同样说明了资本对于劳动的侵占日益严重。在观察窗口期(1993—2006年),工资份额自1995年的最高点22.49%,下降为2006年的

---

① 表中数据截至2011年,不过,从2018年国家统计局发布改革开放40年经济社会发展成就系列报告之四中的数据看,2011年之后居民收入比重虽然仍在缓缓回升,但幅度总体不大。直到2015年,居民收入在国民收入分配中的占比仅回升到61.6%,这一水平仍然低于2003年64.1%的水平,更远远低于2000年67.2%的水平。参见"居民生活水平不断提高消费质量明显改善——改革开放40年经济社会发展成就系列报告之四"。

② 该段区间有两个年度统计数字空缺,分别是2004年和2008年。

8.63%,下降13.86个百分点,降幅达62%。13年间,税前利润和税后利润占增加值的比例有波动,但是总体呈上升趋势,分别从1993年的30.55%和12.48%上升到2006年的37.29%和21.42%,各上升6.74个百分点和8.94个百分点,升幅分别为22%和72%。郑志国(2008)认为,虽然这种分配结构变化与劳动生产率提高有关,但在很大程度上也是利润侵蚀工资的结果。总的来说,上述学者的研究与我们观察到的2007年之前趋势的结论是一致的。

2008年之后的劳动报酬占比较之前有了较大的跃升(见图1-1),并且之后该比例基本稳定回升到45%以上的水平。这一回升应与国家废除了"两低于"原则①和制定了稳步提高劳动报酬占比政策有关。不过,通过对劳动报酬占GDP份额的简单的国际化对比可以发现,与成熟的市场经济发达国家相比,我国的劳动份额占比仍然明显偏低,与美国等国家55%左右的水平仍然有不小的差距。即使与亚洲邻国日本相比,也有5%左右的差距。

表1-2　我国1990—2017年初次分配中各成分占比情况②

年份	劳动者报酬	营业盈余+固定资产折旧	生产税净额
1990	0.5328	0.3367	0.1305
1991			
1992			
1993	0.5062	0.3555	0.1382
1994	0.5120	0.3517	0.1363
1995	0.5258	0.3462	0.1280
1996	0.5280	0.3450	0.1271
1997	0.5289	0.3398	0.1313
1998	0.5312	0.3357	0.1331
1999	0.5244	0.3409	0.1348
2000	0.5119	0.3468	0.1413

① 1993年,劳动部、国家经贸委、国家体改委下发了《全民所有制企业工资总额管理暂行规定》,其中明确规定了"坚持企业工资总额的增长幅度低于经济效益(依据实现税利计算)增长幅度,职工实际平均工资增长幅度低于劳动生产率(依据不变价的人均净产值计算)增长幅度的原则"。这就是涉及劳动报酬的"两低于"原则。

② 表内占比数据根据《中国统计年鉴》《中国国内生产总值核算历史资料:1995—2002》提供的地区生产总值收入法构成项目数据汇总分析计算,空白数据部分是由于上述资料中没有提供对应年份相应原始数据。2018年及之后国家统计局不再提供收入法核算数据,故表中数据截至2017年。

年份	劳动者报酬	营业盈余+固定资产折旧	生产税净额
2001	0.5147	0.3446	0.1408
2002	0.5092	0.3503	0.1404
2003	0.4962	0.3609	0.1429
2004			
2005	0.4140	0.4449	0.1396
2006	0.4061	0.4523	0.1416
2007	0.3974	0.4610	0.1416
2008			
2009	0.4662	0.3987	0.1351
2010	0.4501	0.4212	0.1287
2011	0.4494	0.4215	0.1292
2012	0.4559	0.4155	0.1286
2013			
2014	0.4651	0.4414	0.1564
2015	0.4789	0.3724	0.1487
2016	0.4746	0.3834	0.1420
2017	0.4751	0.3830	0.1419

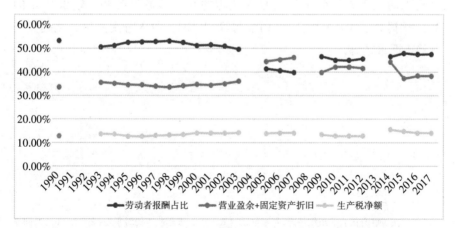

图1-1 中国1990—2017年初次分配中各成分占比变化趋势

至于劳动报酬偏低的原因,张杰等(2012)的实证研究显示,资本报酬提升的挤压是对我国制造业企业劳动报酬比重造成抑制效应的一个重要因素,而且所有制因素也有影响,相对于其他所有制企业,民营企业中的劳动报酬比重更低。黄新华和沈子美(2017)利用1996—2012年省际面板数据进行实证分析表明,资本深化、财政支出对劳动报酬份额具有显著的负向影响,经济发展水平与劳动报酬份额之间存在"U"型关系且目前正处于曲线下降阶段。申广军等(2018)使用1998—2007年工业企业数据库数据,通过扩展Kalecki(1954)的理论模型来分析市场力量和劳动收入份额之间的关系。其实证研究发现,市场力量越强的企业,劳动收入份额越低,且逐步增强的市场力量可以解释劳动收入份额下降的10%,对于连续存在的企业,解释力度则为30%。吴星泽(2013)的研究则表明,"两低于"原则至少与我国2008年之前的劳动报酬比重持续下降有直接关系。

1.2.2 收入分配两极分化矛盾仍然突出

劳动报酬份额不断降低的同时,收入分配两极分化矛盾也十分突出,中国的基尼系数由1978年的0.18上升到2003年的0.479之后,一直在国际公认的0.4警戒线之上高位徘徊(见图1-2)。[①]

根据中南财经政法大学收入分配研究中心副主任孙群力教授发布的《2018年中国居民收入与财富分配调查报告》[②],居民收入五等分的统计结果表明,收入最低的20%的家庭人均收入6178元,其收入总额占居民总收入的比重仅为4%;收入最高的20%的家庭人均收入105890元,其收入总额占居民总收入的比重则达到了51%;收入差距的基尼系数为0.497,较2016年的0.489[③]提高了0.8个百分点(杨灿明等,2019)。收入分配两极分化趋势仍有趋于严重之势。

---

① 按照联合国有关组织规定,若基尼系数低于0.2,表示收入绝对平均;在0.2—0.3之间表示比较平均;在0.3—0.4之间表示相对合理;在0.4—0.5之间表示收入差距较大;而如果在0.5以上则表示收入差距悬殊。

② 该研究报告基于杨灿明教授团队开展的随机抽样调查数据。该项抽样调查对全国30个省2017年的居民收入与财富开展问卷调查,得到有效样本9799户,其中城镇样本5998户,农村样本3801户。

③ 该团队计算的2016年基尼系数为0.489,较国家统计局提供的数据0.465为高。其原因在于计算基尼系数的数据不一致。

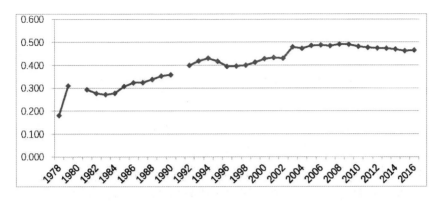

图1-2　1978—2016年中国居民可支配收入基尼系数

数据来源:1978年数据来自代恒猛:《从"补缺型"到适度"普惠型"——社会转型与我国社会福利的目标定位》,《当代世界与社会主义》2009年第2期;1979年数据来自李强等:《我国社会各阶层收入差距分析》,《新华文摘》1996年第2期;1981—1990、1992—2002年数据来自程永宏:《改革以来全国总体基尼系数的演变及其城乡分解》,《中国社会科学》2007年第4期;2003年以后数据来自国家统计局。1980年及1991年数据缺失。

1.2.3　劳动争议案件依然多发

逐渐扩大的收入差距、不断攀升的投资规模,以及消费不足等都与中国国民收入的初次分配格局密切相关(李稻葵等,2009)。劳动者收入分配不公的感觉越来越强烈,因劳动者权益被侵害的劳动争议案件急剧增多,从1995年的33030件增加到2008年的693465件,增长了20多倍(潘泰萍,2013)。为了完善劳动合同制度,明确劳动合同双方当事人的权利和义务,保护劳动者的合法权益,构建和发展和谐稳定的劳动关系,《中华人民共和国劳动合同法》于2008年1月1日实施。然而,在此之后,劳动争议案件仍然保持增长态势并处于高位运行。①2016年,我国劳动争议案件立案总数达到82.9万件的峰值。2017年首次出现下降,为78.5万件(肖鹏燕,2018),但

---

① 依常理推断,由于《劳动合同法》的出台,可能出现短期内劳动争议案件上升的态势,因为法律出台前因无法可依而没有走上诉讼程序的隐性案件,会由于法律的出台而成为显性案件。但随着时间增长,法律震慑作用的发挥,案件数量一般应呈现减少至某一较低水平的特点。现实中,《劳动合同法》出台后劳动争议案件在10年间持续上升且在高位运行的态势,至少可以说明收入分配中的劳资冲突没有因法律出台而弱化,并且其中必然有法律这个外生因素难以调节的内生矛盾或冲突的存在。这种内生矛盾或冲突极大可能与初次分配的微观机制有关。

2021年劳动争议案件又达到263.1万件①,数字仍然高企。

劳动争议的原因,绝大多数和收入分配及利益侵占有关。根据北京市第二中级人民法院发布的《劳动争议案件审判白皮书(2008—2017)》的数据,在2008年到2017年的10年间,该法院共受理劳动争议案件31101件。其中,涉及确认劳动关系的案件为18194件,占比58.5%;涉及未订立劳动合同二倍工资差额的案件为8775件,占比28.21%;涉及工资差额的案件为8826件,占比28.38%;涉及加班费的案件为8864件,占比28.5%;涉及奖金或提成的案件为5909件,占比19%;涉及未休年休假工资的案件为5362件,占比17.24%;涉及解除或终止劳动合同的案件为18685件,占比60.08%;涉及社会保险(包含工伤保险)的案件数为14138件,占比45.46%。此外,从白皮书还可以看到,群体性劳动争议案件占劳动争议案件的比例在23%至33%之间,变化幅度不大,但在2015年到2017年的三年间,50人以上的群体性劳动争议案件呈现增长趋势。

1.3 共享发展理念下收入分配失序问题的解决

1.3.1 收入分配失序问题的微观分配机制原因

导致收入分配失序问题的原因很多,有城乡差别原因,有体制机制原因。基于本书的研究目的,这里重点分析其中的微观分配机制原因。

中国现行微观收入分配机制形成于20世纪90年代。在确立建设有中国特色的社会主义市场经济体制的改革目标后,由于缺少本土理论储备,中国的微观收入分配制度基本采取了"拿来主义"的做法,借鉴国际上成熟市场经济国家特别是美国的经验。由此,在20世纪90年代以来的分配实践中,股东价值论替代了劳动价值论,成为微观分配的重要依据。改革早期形成的"除本分成制""净收入分配制"等具有共享发展特点的特色分配模式日渐式微。在股东价值最大化的目标下,劳动者只是获得了企业新创造价值(V+M)中V的部分,M则由投资者所享有。劳动所得作为成本被扣除,投资者则独享剩余。这一"美式"财务分配模式自20世纪90年代开始在中国推行并逐步替代了原先的按劳分配的"苏式"财务分配模式。回望历史,中国基

---

① 数字来源:2022年6月7日中国人力资源和社会保障部对外发布的《2021年度人力资源和社会保障事业发展统计公报》。

尼系数大幅攀升至超过0.4的国际公认收入分配差距警戒线的时间恰在20世纪90年代,此后基本保持在接近0.5高位(图1-2)。这很难说是巧合。

　　新发展理念是针对当前中国发展面临的突出问题和挑战提出的战略指引,其中,共享发展注重解决社会公平正义问题(中共中央宣传部,2018)。然而,按照"美式"财务分配模式建立起来的现行初次分配微观制度是难以实现上述共享目标的。以公司这一典型的微观企业组织为例,现行初次分配中,各要素报酬的确定依据、形式、份额在不同的框架内决定,并且劳动所得确定的依据与社会主义的制度背景十分不相称。公司的利益相关者包括劳动者、人力资本所有者、政府、债权人、股东等。通常,人力资本报酬由人力资本在进入企业时,物质资本所有者和人力资本所有者通过评估或"讨价还价"形成,其形式为工资、年薪、股权、期权等;政府凭借国家机器的强制力通过对企业征收流转税和所得税获取其利益;债权人凭借资产使用权的让渡获得利息;股东凭借对企业的所有权占有剩余。至于劳动报酬,则是在企业外部由市场竞争和劳动力的再生产条件决定,劳动者获得的是所谓生存工资(吴星泽和肖高玉,2013)。撇开社会主义生产的性质不谈,各种要素所有者提供的要素共同生产的"蛋糕",其"分割"的依据和标准各不相同,这样的安排如何保证分配的公平合理性,特别是如何保障劳动者的报酬权益?事实上,由于缺乏系统完善的微观收入分配理论指导,企业等微观主体很难科学合理、公平正义地实现初次分配。企业的分配更多的是在政府(通过法规)和内部人(通过制度)的安排下完成的,在积累和效率等堂皇的理由下,在政府强权、资本强权、劳工谈判能力受限等背景下,初次分配中出现资本侵占劳动、税率偏高等侵害处于弱势地位的要素利益的现象就不足为奇。其带来的直接后果就是初次分配的天平偏向了资本(包括物质资本和人力资本)提供者、政府等,而占人口比重最大的劳动者获得的利益与其贡献和承担的风险不相匹配。这种情况下,共享发展的目标如何实现?改革开放后劳动收入份额下降和收入分配两极分化的普遍事实,已经证明了在股东价值论指导下的"美式"财务分配模式尽管具有促进"发展"和"造富"的神奇功能,却难以将社会主义的航船导向"共享"的彼岸(吴星泽,2017)。这就需要中国的理论工作者在习近平新时代中国特色社会主义理论指引下,结合中国特点,发挥中国智慧,辩证分析和借鉴西方理论成果,提供新时代共享发展理念下的微观收入分配理论,进而从微观收入分配角度"完善按要素分配的体制机制,促进收入分配更合理、更有序"(习近平,2017),在部分地区、部分人口已经实现"先富"目标的情况下,渐次实现共享发展和共同富裕的目标。

1.3.2 解决共享发展问题不能绕开初次分配

落实共享发展理念的关键是在做大蛋糕(发展)的同时,把蛋糕分好(共享)。而分蛋糕问题涉及国民收入的初次分配、二次分配甚至于三次分配等。2015年以来,围绕收入分配和共享发展问题,国家出台了不少政策。2015年,《中共中央国务院关于构建和谐劳动关系的意见》出台,提出了构建和谐劳动关系的指导思想、工作原则、目标任务;同年,《中共中央关于制定国民经济和社会发展第十三个五年规划的建议》在第七部分以"坚持共享发展,着力增进人民福祉"为题,专章对如何实现共享发展作出了战略部署;2017年,党的十九大对共享发展和收入分配也做出了原则性的指示。2018年,国家发展改革委办公厅印发了《2018年收入分配重点工作》,强调收入分配的重点工作要从完善初次分配制度、履行好政府再分配调节职能、促进社会公平以及夯实收入分配体系建设基础四个方面入手。[①]这些意见、部署对我国改善收入分配和实现共享发展无疑具有十分重要的推动作用。不过,国家主要是从宏观层面关注增加公共服务供给、实施脱贫攻坚工程、提高教育质量、促进就业创业、缩小收入差距、建立更加公平更可持续的社会保障制度、推进健康中国建设、促进人口均衡发展等问题,其中大多数指示、建议和措施与二次分配关系更密切。谈及初次分配的基本是原则性的规定,如"坚持按劳分配原则,完善按要素分配的体制机制,促进收入分配更合理、更有序","坚持在经济增长的同时实现居民收入同步增长、在劳动生产率提高的同时实现劳动报酬同步提高",具体微观收入分配过程中如何落实这些精神,还需要社会各界在党和国家的顶层设计框架内进行研究和探索。

光在再分配政策上打圈子,至多只能缓和分配领域里的具体矛盾,而不能从根本上做到共同富裕(周新城,2013)。国家实现共享发展的最关键最重要的影响因素是初次分配,因为初次分配奠定了收入分配的基本格局。有数据说明,居民总收入的约80%来自初次分配(易培强,2013)。[②]初次分配调节的是生产出来的新价值中资本家利润和工人工资谁占多少的问题,也就是企业工人新创造的价值多大的比例划为企业主收入,多大比例是工

---

① 参见中华人民共和国国家发展和改革委员会网站:国家发展改革委印发《2018年收入分配重点工作》。

② 杨承训的研究结论是分配的大头(90%左右)是由所有制关系决定的初次分配,政府的调节只能起补充作用(10%左右)。参见杨承训:《从所有制关系探寻分配不公之源》,卫兴华、张宇主编:《公平与效率的新选择》,经济科学出版社2008年版。

人工资。如果不加以调节,处于强势地位的资方肯定会使自己利益最大化,压低工人的工资(林岗,2015)。如果初次分配不重视公平,就会产生偏离社会主义原则的贫富分化,如果初次分配效率优先,不重视公平,就有利于资本而不利于劳动,私营、外资企业可将效率优先等同于利润率优先,从而不顾劳动者收入的公平分配(卫兴华,2017)。显然,不解决初次分配领域的问题,很难实现宏观的共享发展。

初次分配主要是在企业这一国民经济的基本单位中进行的,公司是现代企业的典型代表,因此研究收入在公司中的微观分配过程,是做好初次分配的前提和基础。微观分配属于财务管理的范畴,然而,在分配问题上,财务学目前关注的是股利分配理论,即公司与股东之间的分配理论。这一理论是在特定的历史背景,即物质资本作为公司中起决定性作用的资源基础和特定的假设,即股东承担全部的剩余风险的条件下发展起来的,不能涵盖初次分配的三大部分,不能反映和保护政府、劳动者等利益相关者的利益诉求。①由于目前理论界关于初次分配的宏观与微观研究各行其是,缺少交集,更重要的是,由于缺乏微观领域初次分配理论的配合和承接,经济学分配理论难以传导和转化为对微观企业分配问题的有效指导,初次分配中一些重要的原则,如公平正义原则、共享发展理念难以在企业中落实。所以,研究共享发展的微观收入分配机制,不仅对于发展微观财务分配理论,而且对于完善和发展中国特色社会主义理论体系,都有着重要的理论价值。同时,该研究对于落实党的十九大、二十大精神,从微观角度落实共享发展等新发展理念、扎实推进共同富裕,也有着很强的实际应用价值。

1.3.3 以劳动者为中心解决微观分配失序问题

从前面的分析可以看出,三大利益主体的分享比例及相互关系特别是劳动份额的比重在很大程度上决定了一个社会最终收入分配的基本格局,并且会对政治、经济和社会的各个方面产生影响。如果分享比例不当,收入差距过大,必然对经济和社会的健康可持续发展形成很大威胁,共享发展的目标也将受到影响。邓小平晚年在一次谈话中曾指出:"少部分人获得那么多财富,大多数人没有,这样发展下去总有一天会出问题。分配不公,会导致两极分化,到一定时候问题就会出来。这个问题要解决。"②党和政府显然

---

① 参见李心合:《股东价值理论批判与公司理论扩展》,《财务与会计(理论版)》2009年第4期。

② 中共中央文献研究室编:《邓小平年谱(一九七五——一九九七)》(下),中央文献出版社2004年版,第1364页。

已经关注到了这一点。自党的十七大以来,党和国家的工作重心已经有了明显转移,即从以经济建设为中心转移为经济建设与社会建设并举,从更加关心财富的创造(生产)到更加关心财富的分配,从更加关心效率到更加关心公平。党的十八大以后,共建共享的公平正义问题更加受到重视,形成了共享发展理念。

在党的十九大报告中,习近平指出,"经过长期努力,中国特色社会主义进入了新时代,这是我国发展新的历史方位"。进入新时代,中国"社会主要矛盾已经转化为人民日益增长的美好生活需要和不平衡不充分的发展之间的矛盾"。要将"坚持以人民为中心""坚持新发展理念""坚持在发展中保障和改善民生",作为新时代坚持和发展中国特色社会主义的基本方略。到2035年,"人民生活更为宽裕,中等收入群体比例明显提高,城乡区域发展差距和居民生活水平差距显著缩小,基本公共服务均等化基本实现,全体人民共同富裕迈出坚实步伐";到21世纪中叶,"全体人民共同富裕基本实现"。这是新时代对共享发展的时代要求,也是新时代对共享发展的战略部署,需要在微观层面认真加以贯彻落实。

共享理念实质就是坚持以人民为中心的发展思想,体现的是逐步实现共同富裕的要求。落实共享发展理念,习近平认为,归结起来就是两个层面的事:一是充分调动人民群众的积极性、主动性、创造性,举全民之力推进中国特色社会主义事业,不断把"蛋糕"做大;二是把不断做大的"蛋糕"分好,让社会主义制度的优越性得到更充分体现,让人民群众有更多获得感(习近平,2016)。从世界范围的经验看,收入分配的橄榄型结构更能体现公平,应是我国共享发展的目标收入分配结构。要形成橄榄型收入分配结构,必须建立有利于劳动者获得体面收入并成为中产阶级的微观收入分配机制,即在各类要素共同创造的价值中,充分保障劳动这一人格化要素的收益权利。因此,在微观分配层面,"以人民为中心"可以看作"以劳动者为中心"。共享发展,就是包括劳动者在内的分配利益相关者共享企业价值创造的成果,特别是剩余劳动成果。这就要求改变微观企业中资本主导从而资本单独控制和占有剩余的分配模式,降低中国发展市场经济过程中的劳动异化程度,从而满足人民对美好生活的向往,促进人的全面发展。

1.4　共享发展与微观收入分配理论探索

1.4.1　共享发展理论

国外研究

共享在翻译为英文时通常用 sharing 一词,再转译回来即译为分享。尽管分享与共享含义略有差别,但其本质基本一致。1794 年,艾伯特·加勒廷在美国宾夕法尼亚州的新日内瓦玻璃厂首次采用了利润分享计划。50 余年后,德国人屠能在其著作《独立国》中首次提出分享的理论概念。又过了100 余年,Schultz(1962)、Becker(1962)等提出了人力资本理论,认为人力资本理应参与剩余价值的分配。1984 年,魏茨曼为了解决西方的滞胀问题,提出了改革工资制度,把工资经济改为分享经济的观点。尽管存在争议,但抛出分享计划的公司不在少数。理论界也对这些计划的执行效果进行了案例和实证研究。这些研究集中在两个方面,一是从微观层面检验其是否改善企业绩效(Chowdhury & Hoque,1998;Kraft & Ugarkovi,2006;Sesil & Lin,2010),二是从宏观层面看其是否增进整体经济效益(Cahuc & Dormont,1997)。近年来,分享经济的研究则扩展到供应链"收入分享"、企业与非企业组织协同、经济与社会共创价值的"价值分享"、基于循环经济、人地协同的"资源分享"等方面(Bahinipati et al.,2009;Cooke,2011;Porter et al.,2011;Chopra & Narayana,2013)。

国内研究

国内理论界较早研究共享发展并建构成体系思想的学者是李炳炎。1982 年,李炳炎在《经济研究》第 2 期发表了论文《劳动报酬不构成产品成本的内容》,提出了后来成为公有制分享经济核心的主张——不将工资计入成本,用分享制取代工资制。2004 年,李炳炎的《公有制分享经济理论:中国经济改革理论创新》出版,它是我国首部关于如何实现共同富裕的经济学专著,创立了公有制分享经济理论。其他国内学者的研究主要从是什么、为什么和怎么做三个方面对共享发展进行了探索。是什么的问题涉及共享发展的含义(吴忠民,2002;张贤明和邵薪运,2010;于昆,2017)、本质(汪荣有,2006)、目标、内容(陈金龙,2016)等方面。为什么的问题涉及共享发展的意义(吴忠民,2002;吴波,2015)、作用(王军旗,2007;高淑桂,2016)等方面。

怎么做的问题主要涉及共享发展的前提(吴忠民,2002)、政府责任(张贤明和邵薪运,2010)、政策措施、实现路径(王一程,2006;杨丽莎,2013;叶南客,2016;吴星泽,2017)、理论创新(刘洋,2019)等方面。此外,于昆(2017)还系统梳理了共享发展的历史、现实依据、思想基础,提出了共享发展的一般理论分析,并总结了美国、北欧福利国家及拉美国家的实践经验及启示。张琦等(2017;2018)从省际和城乡"两个层次",经济发展分享度、社会保障分享度、公共服务均等度、减贫脱贫实现度和生态环境共享度"五大维度",构建了"中国共享发展指数和指标体系",并对中国省际共享发展指数和中国城乡共享发展指数进行了测算和分析。李全喜和王美玲(2021)基于党的十二大至十九大的报告,对改革开放40年来党对收入分配问题总体认识演变过程进行梳理,认为其中呈现出一些共性特点,包括"对以人为本与共同富裕价值取向的坚持"。万海远和陈基平(2021)从中国特色共同富裕的具体内涵出发,构建了以结果为导向的共享发展评价方法,对全球共享发展进行了国际比较,提出了推进我国共同富裕的政策路径。

总的来说,国内外从整体上研究共享发展的成果较少。一方面源于国外以生产资料私有制为主体,其关注的重点是效率问题,即如何为资本家攫取更多剩余价值(即使是利润分享计划,其最终目的也是为资本服务,为维护资本主义生产关系服务)的问题。另一方面在于国内于20世纪90年代确立社会主义市场经济改革目标以后,从国家到企业、从实践到理论也偏向了效率一边,忽视了社会主义共富的目标。一度在《公司法》中出现的"谁投资、谁所有、谁收益"的规定,和《企业财务通则》《企业会计准则》中企业税后利润按资本金向投资者分配的规定一起,实质上剥夺了劳动的剩余索取权(曹天予,2004)。党的十六大特别是党的十八届五中全会提出新发展理念以来,国内共享发展研究逐渐增多,但仍然主要是宏观框架性研究,关于共享发展如何实现的微观理论研究很少。乔晗等(2020)基于文献计量方法对收入分配研究进行分析,发现早期研究关注收入分配不平等与经济增长关系、生产要素对收入分配的影响,近年来劳动报酬、居民收入等渐成热点,但劳动、技术、资本、土地等要素呈现出的新特征可能导致的收入分配问题研究得较少。

1.4.2 收入分配不平等理论

收入分配不平等是共享发展的另一面。从某种意义上,收入分配不平等状况可以反映共享发展的程度。意大利经济学家基尼在1912年出版的著作《变异性与易变性》中,提出了测度收入分配不平等程度的重要指标——基尼系数。收入不平等的测算理论与方法是收入不平等理论研究的主要部分。20世纪50年代,收入分配研究的重心从国民收入在工资、利润间的分配转向由基尼系数描述的个体之间收入分配的不平等,并重点研究这种不平等与经济增长间的关系。库兹涅茨关于经济增长与收入分配不平等倒U型关系的著名假说就是在这一时期提出来的(尹恒等,2002)。库兹涅茨的理论认为,不管经济政策如何选择,也不管不同国家间的其他差异,收入不平等将在资本主义发展的高级阶段自动降低,并最终稳定在一个可接受的水平上。皮凯蒂(2014)认为库兹涅茨的理论过于乐观,并运用历史序列大数据研究方法,得出了从长期来看,要素收入分配的不平等在加剧而不是缩小,单靠市场的力量无法解决分配不平等越来越扩大的现象,这一问题的解决需要经济、政治、社会等诸多机制的合力的结论。

Benabou(1996)对1992—1996年间不平等与经济增长问题的13个计量研究进行了总结,发现其中9个结论是不平等显著地损害经济增长。此后,国内外众多学者围绕劳动收入占比问题进行了大量实证研究。Harrison(2005)的研究表明欧洲国家自20世纪80年代以来经历了劳动收入份额显著下降的过程,Karabarbounis & Neiman(2014)的研究则指出,劳动收入份额下降已成为全球趋势,其他中外学者还试图找出产业结构、全球化、技术进步、不完全竞争市场,以及劳动力议价能力等因素与劳动收入占比之间的关系(Kongsamut et al.,2001;Acemoglu,2003;Harrison,2005;李稻葵等,2009;罗长远和张军,2009b;白重恩和钱震杰,2010;唐东波,2011;Hutchinson & Persyn,2012;柏培文和杨志才,2019[①])。

对中国的劳动收入占比研究结果表明该比重自20世纪90年代中期起呈持续下降趋势(白重恩和钱震杰,2009;罗长远和张军,2009a)。针对这一现象,学者们依然主要从宏观层面进行解释。如工资率增长率赶不上劳动生产率增长率(李稻葵等,2009;龚刚和杨光,2010;邵敏和黄玖立,2010);经济结构发生了向非农部门转移的趋势性变化(白重恩和钱震杰,2009;罗长远和张军,2009b),改制提高了资本和政府收入份额,挤压了劳动收入份额(伍山林,2014)。文雁兵和陆雪琴(2018)使用1998—2013年中国工业企业数据库的数据,首次从市场竞争和制度质量的双重视角重新考察了中国劳动收入份额变动的影响因素、决定机制和传导路径,发现了"市场竞争效应"

---

① 柏培文和杨志才(2019)的实证研究发现:劳动力议价能力与劳动收入占比显著正相关,劳动力议价能力可以解释劳动收入占比波动的10.10%,且工资在二者传导机制中有显著的中介效应;而在2008年金融危机后,经济发展速度、第三产业比重和劳动力议价能力成为劳动收入占比提高的主要动力,三者平均贡献了19.881个百分点。

和"制度质量效应"。其中,前者通过技术偏向和资本深化两个渠道显著降低了劳动收入份额,后者通过垄断定价、融资约束两个渠道同样显著降低了劳动收入份额。同时,他们还发现,通过劳动谈判能力渠道能够直接遏制劳动收入份额下降和间接缓解垄断定价对劳动收入份额的降低作用。罗良文和茹雪(2019)还基于CGSS(中国综合社会调查)2008—2015年数据研究了中国收入分配中的机会不平等问题。研究结果显示,中国存在严重的机会不平等现象,虽然努力能够提高收入,但却在很大程度上会受到外部环境的干扰。上述研究指出了当前中国收入分配中存在的问题,但大都未能从微观层面提供相应的对策。

1.4.3　微观收入分配理论

居民总收入的约80%来自初次分配(易培强,2013),要实现共享发展,初次分配是关键。初次分配中,劳动是否参与分配、如何参与分配、分配数额如何决定等问题是关键的关键。马克思在《资本论》第三卷提出按劳分配的构想,认为按劳分配是符合社会主义社会生产关系的分配方式,当然,其前提是实行生产资料的社会主义公有制。西方主流经济学即新古典微观经济学在萨伊"三位一体"的分配理论基础上提出了功能分配理论,功能分配理论否定劳动价值论,用庸俗的均衡价格论代替劳动价值论,以掩盖资本主义的剥削关系(单怀沧,1984)。中国改革开放的过程中对这两种理论进行过深入的探索。其中,李铁映的观点最具代表性,他在《劳动价值论问题读书笔记》一书中指出:"我们不能将资本、技术和管理等生产要素参与分配直接等同于以萨伊为代表的生产要素分配论。生产要素分配论,就是把劳动力等同于物,等同于一般生产要素,甚至只作为一般的成本项目计算,而把它排斥于剩余价值的分配之外。""劳动力参与的分配不仅包括成本中相当于工资部分的分配,还应包括部分利润的分配。"

劳动如何参与分配,国外给出了利润分享计划、职工持股计划、股权激励(Cheng & Warfield,2005;Kanagaretnam et al.,2009)等答案。中国学者也对微观收入分配问题做了相关探索。曹凤岐和刘力(1995)等介绍了国外的职工持股计划并对中国实施职工持股计划提出了具体建议。谢德仁(2001)研究了基于企业剩余索取权的分享安排问题,认为古典企业中,企业股东独享企业剩余控制权与剩余索取权,而在现代企业中,其基本框架是企业剩余控制权安排给企业经营者享有,而企业剩余索取权安排给股东与经营者分享。李炳炎(2004)创造了企业净收入①的概念,提出用净收入分成制取代工资制。自国家1997年开始对企业经营者试行股权激励以来,有关股权激励的效果研究成为热点。李增泉(2000)实证发现我国上市公司经理人员的年度报酬与企业绩效并不相关,而是与企业规模密切相关,并表现出明显的地区差异;高级管理人员的持股比例偏低,也不能发挥其应有的激励作用。夏纪军和张晏(2008)发现中国上市公司大股东控制权与管理层股权激励之间存在显著的冲突,而且这种冲突与股权性质、公司成长速度相关。吕长江等(2009)以2005年1月1日—2008年12月31日公布股权激励计划草案的公司为样本,研究中国上市公司设计的股权激励方案的特征及其激励效应,结果发现,上市公司设计的股权激励方案既存在激励效应又存在福利效应。这些研究大多关心各种分配激励措施的激励效应,着眼点主要是分配对于资本效率的改进,对于机制本身及分配的公平性关注得不多。

随着混合所有制改革的推进和共享发展理念的提出,员工持股和劳动参与分配被寄予厚望。张孝梅(2016)研究了混合所有制改革背景下,员工持股实践中面临的法律法规、持股主体范围、持股比例确定、持股资金来源及股权退出等诸多问题。提出了完善和健全法律法规体系,建立政府、企业及员工的三方参与协调机制,强调增量分享,引导员工持股长期激励导向,建立健全对员工持股的财税和金融保障体系,以及加强内部民主和外部监管等解决办法。吴星泽(2017)研究了共享发展理念下财务学初次分配理论和实践的创新问题,提出初次分配领域的微观理论和实践的关键,在于劳动的报酬形式和剩余分配的安排,而贯彻共享发展理念的关键,在于微观分配中赋予劳动直接参与而不是通过资本化参与剩余分配的权利。吴星泽(2020)还区分了人格化要素和非人格化要素,提出在分配中应对劳动等人格化要素有市场机制之外的其他调节机制。王明姬(2021)提出了完善土地、劳动力、资本、知识、技术、管理和数据七要素按贡献参与分配的路径。

此外,劳动收入份额下降的普遍事实使劳动收入份额决定机制成了学术研究的一个热点(伍山林,2011)。针对发达国家的研究已产生了大量文献。主要视角有:重视非竞争性因素的作用(Bentolila & Saint-Paul,

---

① 企业净收入是企业劳动者在某一时期创造的新价值的货币表现,它在量上等于企业商品销售收入扣除生产资料成本价格的差额。净收入是企业生产成果的集中表现,又是初次分配的基础。参见李炳炎:《公有制分享经济理论:中国经济改革理论创新》,中国社会科学出版社2004年版。

2003);强调劳资谈判能力的作用(Blanchard & Giavazzi,2003;Bental & Demougin,2010)。中国部分学者对此作了研究,但大多数(如李稻葵等,2009、2010;黄先海和徐圣,2009)还是从宏观视角,将劳动收入份额增长率分解为工资率增长率与劳动生产率增长率之差作为分析前提。但是,对这个前提的微观基础,或者语焉不详,或者未给出满意说明(伍山林,2011)。2018年召开的第二届中国居民收入与财富分配学术研讨会上,买买提依明·祖农通过古诺模型建模和理论推导,从企业内部收入分配角度出发系统性地分析股东、职工、政府及债权人收入分配比例的主要决定因素,以及产品市场竞争在各方收入分配比例关系上的具体约束作用,并以2000—2011年间的中国上市公司为样本,分别从各方和总体角度出发对所有权性质与公司业绩之间关系的具体差异来源进行实证检验(杨灿明等,2019)。

综上,国内外在共享发展、微观分配制度研究方面取得了一定的成果,但是,上述成果大多是在偏宏观的政治学或经济学领域取得的,即使是实证研究,也主要运用宏观数据。这些成果对现实的指导作用由于缺少与分配实践密切相关的财务学的中介作用而难以落地。反观国内的财务学,则基本为西方主流财务学的翻版,其研究的所谓分配只是股利分配,而股利分配的实质是筹资,不是经济学意义上的微观分配。由此导致实务中各要素报酬的确定依据、形式、份额是分别在不同的框架内决定的,这与经济学一贯倡导的分配理论不相吻合。以财务学为中介,在经济学与企业实践间架起一座桥梁,应是构建以共享发展为价值取向的有中国特色社会主义微观收入分配理论的现实路径。

1.5 研究思路与方法

1.5.1 研究思路

本书遵循提出问题、形成假说、建构框架、实证分析、提出对策建议的逻辑思路和技术路线,从宏观的共享发展理念出发,微观的初次收入分配着手,研究了共享发展理念下以公司为代表的微观企业收入分配机制问题。本书主要分为八个部分。

第1章概述部分介绍了研究问题的由来,梳理了共享发展与微观收入分配理论的探索过程和主要观点,同时交代了研究思路和研究方法。

第2章在回顾共享与共享发展理念提出过程的基础上,分析了分配领域中存在的各种冲突,包括要素间分配冲突和要素内分配冲突,并区分不同所有制形式,重点分析了劳资矛盾和劳资冲突,分析了分配冲突对共享发展的影响。

第3章论述了共享发展的价值创造基础。以微观生产单元为分析对象,从价值和价值创造出发,分析了价值创造的要素基础及其演化过程。在此基础上,根据现代企业生产的时代特征,对现代企业价值创造的要素基础进行重新审视和分类,提出了现代企业价值创造的"五要素"基础论,论证了数据、公共环境等因素确认为基本生产要素的必要性,为"五要素"的所有者或提供者共同参与企业价值分配、共享企业发展成果提供理论依据。

第4章在从主观层面、客观层面和理论层面,对股东价值追求下的狭义财务分配理论批判的基础之上,创建了共享发展的广义财务分配理论。在该框架中,分配主体由股东扩展到包括股东、劳动者、债权人、信息提供者或拥有者、政府等在内的分配利益相关者,分配客体由税后利润变更为V+M,即新增加的价值,从而使各利益相关者的报酬统一在分配框架内而不是大部分在成本框架内决定。由此,可以实现各分配利益相关者分配起点上的公平和共享。此外,通过设计共同收益分配机制,对分配依据、分配原则、分配层次、分配份额及分配顺序作出制度安排,使共享发展理念通过微观收入分配机制落地。

第5章回顾了中国按要素分配体制机制的探索过程,分析了其中问题和原因,并提出完善的解决思路。在此基础上,提出了共享发展理念下要素参与分配的实现路径,包括要素参与分配的实现形式、要素分配份额的确定和分配顺序等内容。在要素分配份额确定这一微观收入分配机制的核心和难点问题上,采用区间标准替代以往研究中的绝对值标准,提出先确定要素分配份额的可能区间,再确定要素分配份额的合理区间的思路和方法,并给出了相应的理论模型。

第6章论述推动可持续共享发展的要素分配,提出可持续共享发展的概念,论证了社会主义实现可持续共享发展的基础、条件,生产目的、要素分配与可持续共享发展的关系,可持续共享发展的保障及共享发展的分配方式对可持续发展的影响等内容。

第7章对共享发展价值取向的微观收入分配制度改革提出政策性建议,以期为政府相关部门进行收入分配体制机制改革提供理论支持和制度建议,同时也为企业从微观角度落实共享发展的理念,进行财务分配制度改革提供理论指导和改革建议。

第8章为结论与展望部分,总结了全书的主要结论,并对将来的研究方向进行展望。各部分之间的关系如图1-3所示。

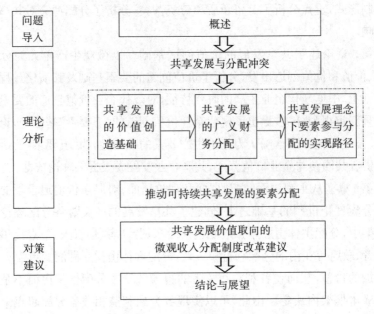

图1-3　本书框架结构

1.5.2　研究方法

　　本书以辩证唯物主义与历史唯物主义基本原理作为基本的方法论指导,主要采用的研究方法是演绎推理的规范分析方法,此外结合具体内容采用案例分析和实证分析等研究方法。其中,演绎推理方法主要用于共享发展的价值创造基础、共享发展的广义财务分配、可持续共享发展的要素分配等理论体系的构建,以及共享发展理念下的微观收入分配制度改革对策、建议等内容。案例分析、实证分析等方法主要用于研究分配冲突、要素的确认等问题。研究中所需案例及数据资料主要通过访谈、利用数据库、手工收集等途径获得。

第2章　共享发展与分配冲突

2.1　共享与共享发展

2.1.1　共享的含义

共享是中国特色社会主义的本质要求。从一般的意义上讲,共享就是共同分享。在特定的语境下,共享则具有更具体的含义。除了少数学者认为应从生产力和生产关系的对立统一中来定义和理解共享(刘凤义和李臻,2016;刘洋,2019)之外,大部分是从共享社会发展成果角度来理解。吴忠民(2002)认为,社会发展的基本宗旨是人人共享、普遍受益。人人共享、普遍受益的含义是,社会发展成果对于绝大多数社会成员来说应当具有共享的性质,即随着社会发展进程的推进,每个社会成员的尊严应当相应地更加得到保证,每个社会成员的潜能应当相应地不断得以开发,每个社会成员的基本需求应当相应地持续不断地得以满足、其生活水准应当相应地得以不断的提高。相反,如果随着社会发展进程的推进,社会财富越来越集中在少数社会群体、少数社会成员一方,那么就说明社会发展的成果只是为少数社会群体、少数人所享有。这样的发展不可能是真正的发展,而只能是畸形化的发展。在此基础上,吴忠民(2002)提出,共享社会发展成果包括以下几种含义:第一,每个社会成员的基本尊严和基本生存条件能够得到维护和满足。这是人人共享社会发展成果最为初级的也是最起码的内容。第二,每个社会成员的基本发展条件能够得到保证。第三,每个社会成员的生活水准和发展能力能够随着社会发展进程的推进而不断地得以提升。汪荣有(2006)认为共享就是要构建与经济发展水平相适应的社会保障安全体系,使全体社会成员共享发展成果,实现恩格斯所说的"结束牺牲一些人的利益来满足另一些人的需要的状况",使"所有人共同享受大家创造出来的福利","使社会全体成员的才能得到全面发展"。①张贤明和邵薪运(2010)认为共享是改革发展成果的共享,并与利益共享具有共同的精神实质,那就是都强调社会成员社会合作的价值与意义。从利益关系的角度看,利益共享强调的是不同利益主体在追求自己利益的过程中的合作的一面,指的是不同利益主体共同享有某种利益的过程和状态。作为社会公平正义的内在要求及推动力量、人民尊严的基本保障和社会和谐的重要基础,共享应该是有尊严、社会公共利益与个体利益兼顾、普遍受益与合理差别相统一、发展型共享与补偿型共享相统一的共享。

可以看出,以上对共享的理解偏重于宏观方面。还有一些学者的理解偏重于微观。如Weitzman(1984)从单纯分配角度,更确切地说,是从"分享工资制"角度提出了分享经济的概念,在某种意义上,其提出的分享经济中的分享也具有共享的含义,指的是工人参与分享企业净收益。中国学者李炳炎在其提出的公有制分享经济理论中提出了"除本分成制""净收入分成制"等方法,指向的是与社会主义公有制相关的企业经营成果分配。上述两种理论形式上都是利益分享,所不同的是,Weitzman的分享经济理论是西方经济学家为了继续维护资本主义制度、克服滞胀而提出的一种旨在改变劳动报酬分配制度的微观经济理论,而李炳炎的分享经济理论是在社会主义公有制及按劳分配条件下对新创造价值的分享。前者虽然从形式上看雇员和资本家共同分享利润,但其实质仍然是按资分配,不可能实现公平的收入分享。而后者使国家、企业和个人三者结成了利益共同体,在追求共同利益的动力驱动下,做大"蛋糕",实现国家、企业和个人三者真正的分享(也是共享)。

上述对共享的分析,基本指向代内共享。代内共享,是从横向来看,指的是共享的主体范围应包括当代的各个社会群体。事实上,除了代内共享,代际共享也不应忽视。所谓代际共享,是从纵向来看,指的是共享还应包括数代社会成员、考虑资源的可持续发展问题、统筹养老等问题。

共享发展注重的是解决社会公平正义问题。让广大人民群众共享改革发展成果,是社会主义的本质要求,是社会主义制度优越性的集中体现,是中国共产党坚持全心全意为人民服务根本宗旨的重要体现。2016年1月18日,习近平在省部级主要领导干部学习贯彻党的十八届五中全会精神专题研讨班上指出:"落实共享发展是一门大学问,要做好从顶层设计到'最后一公里'落地的工作,在实践中不断取得新成效。"共享,是着力践行以人民为

---

① 《马克思恩格斯选集》第一卷,人民出版社1995年版,第243页。

中心的发展思想,体现全心全意为人民服务的根本宗旨,要落实在经济社会发展的各个层面上。它包括的内容全面而丰富。共享什么?共享改革与发展的成果,共享青山绿水、蓝天白云,共享高品质的物质文化生活,共享优质的医疗保健事业,共享安全舒适的居室,共享资源配置公平的教育,共享社会和谐与自然和谐的平安生活。当然,消灭贫困和贫富分化,实现共同富裕是共享的核心内容。共享理念的实质是坚持人民主体地位和以人民为中心的发展思想。要不断实现好、维护好、发展好最广大人民的根本利益。

共享是一个内涵不断丰富和完善的长期过程。共享不是均享。人的能力有大小,贡献有差异,因而个人收入分配不会均等。社会主义要经历初级阶段、中级阶段和高级阶段,各阶段生产力发展的状况和共享的状况各有特色,总趋势是不断发展和完善的。到未来共产主义社会,实现各尽所能,按需分配,消灭旧分工,消灭城乡差别、体脑差别,人们获得了自由全面发展,共享会提到一个更高的境界。

社会主义坚持共享理念和实践,仅靠生产力的发展和财富的不断增加还不够,这是物质保证。即使在生产力高度发展、财富充分涌流的条件下,也会出现贫富分化。因此,实现共享发展还需要制度保证。中国是社会主义国家,社会主义经济制度是以公有制为基础,劳动人民应是生产资料和财富的主人,是社会的主人,这样才能保证共享的真正实现(卫兴华,2017)。因此,必须通过深化改革,搞好搞活以国有经济为核心的公有制经济,使其发展成果真正归全民共享,同时,在其他经济形式以公有制经济有效补充成分的形式长期存在的情况下,积极探索该类经济形式中共享的实现路径。

无论是从哪种角度理解,需要明确的是,共享绝不是平均主义。在生产力达到极大丰富之前,为了使各种生产要素活力充分迸发,共享只能是有差别的共享,而不可能是平均的、无差别的、等份额的共享。这就要求在人类道德没有达到极高标准的情况下,共享制度的设计在保障低收入群体基本生活条件的基础之上,还应兼顾主要按贡献分配社会发展成果,以保持经济的活力。

2.1.2 共享发展理念的提出

发展理念是发展行动的先导,是管全局、管根本、管方向、管长远的宏观战略,是发展思想、发展方向、发展着力点的集中体现(陈金龙,2016)。共享发展理念的提出,是在马克思主义指导下中国特色社会主义理论和实践发展的必然结果。

早在新中国成立前夕,中国共产党就提出了"四面八方"的经济政策,即

"公私兼顾,劳资两利,城乡互助,内外交流"。这一时期,中国共产党虽然没有明确提出发展成果由人民群众共享的概念,但其始终以人民群众根本利益为工作的出发点和落脚点,为民争利、维护民利、兼顾民利,这实际上已经蕴含着维护社会公平正义之意,而维护社会公平正义正是实现社会发展成果由人民共享的核心要义(于昆,2017)。在社会主义建设过程中,从"一化三改"①"公私兼顾"②到"共同富裕"③概念的明确提出,以毛泽东为核心的中国共产党第一代领导集体一直在事实上探索着、实践着共享发展理念。可是由于当时对"共同富裕"的理解偏向于"同步富裕",由此带来了"吃大锅饭"和效率不高的问题,实践效果差强人意。以邓小平为核心的中国共产党第二代领导集体根据改革开放初期中国的实际情况,提出了先富带后富,最终走向共同富裕的思想,在政策上允许一部分人先富起来。这一思想极大地解放了生产力,积累了大量物质财富,为最终实现共享发展打下了坚实的物质基础。不过,邓小平所担心的贫富分化问题也随着经济社会的发展而日益严重。

共享发展理念,是在新的历史条件下对马克思主义社会公平思想的重要发展,对毛泽东共同富裕思想的继承和完善,对邓小平共同富裕思想在社会主义改革和现代化建设中的具体化、深入化,对习近平以人民为中心发展思想和一系列共享讲话精神的理论凝结。共享发展的本质,是实现经济社会发展的公平与正义,它体现的是中国共产党人始终不渝的奋斗目标。党的十一届三中全会以来,中国根据国内外形势的变化做出了改革开放的重大决定,取得了世界瞩目的成果,但也积累了一些问题,其中就包括公平与效率关系、收入分配差距过大等。究其原因,在于改革开放以来,虽然坚持以经济建设为中心符合社会主义初级阶段发展的特殊要求,但"效率优先、

---

① 从中华人民共和国成立,到社会主义改造基本完成,这是一个过渡时期。"一化三改"是过渡时期的总路线和总任务。其内容是要在一个相当长的时期内逐步实现国家的社会主义工业化,并逐步实现国家对农业、手工业和资本主义工商业的社会主义改造。

② 毛泽东在《论十大关系》中专门论述了国家、生产单位和生产者个人的关系。毛泽东强调,国家和工厂、合作社的关系,工厂、合作社和生产者个人的关系,这两种关系都要处理好。为此,就不能只顾一头,必须兼顾国家、集体和个人三个方面,也就是要"军民兼顾""公私兼顾"。拿工人讲,工人的劳动生产率提高了,他们的劳动条件和集体福利就需要逐步有所改进。

③ 毛泽东在1955年召开的资本主义工商业社会主义改造问题座谈会上的讲话中指出:"现在我们实行这么一种制度,这么一种计划,是可以一年一年走向更富更强的,一年一年可以看到更富更强些。而这个富,是共同的富,这个强,是共同的强,大家都有份……这种共同富裕,是有把握的。"《毛泽东文集》第六卷,人民出版社1999年版,第495—496页。

兼顾公平"的阶段性意义不仅被忽略,而且在阶段性的实践中效率比较充分地遮蔽了公平(吴波,2015)。

为此,党的十六大调整了政策,提出"发展为了人民,发展依靠人民,发展成果由人民共享""在经济发展的基础上,促进社会全面进步,不断提高人民生活水平,保证人民共享发展成果"的发展思路。党的十八届五中全会适时将这些思想凝练为共享发展理念,并在公报中对共享发展理念的基本内涵做了深刻阐述:"坚持共享发展,必须坚持发展为了人民、发展依靠人民、发展成果由人民共享,作出更有效的制度安排,使全体人民在共建共享发展中有更多获得感,增强发展动力,增进人民团结,朝着共同富裕方向稳步前进。"[①]在党的十九大报告中,共享发展与创新、协调、绿色、开放等发展理念一起,被确定为新时代坚持和发展中国特色社会主义的十四条必须坚持的基本方略之一,成为习近平新时代中国特色社会主义理论的重要内容。

"共享发展"的科学内涵包括:①共享是全民共享,共享发展是人人享有、各得其所,不是少数人共享、一部分人共享,而是实现全体人民共同富裕;②共享是全面共享,共享发展就要共享国家经济、政治、文化、社会、生态各方面建设成果,全面保障人民在各方面的合法权益;③共享是共建共享,共建才能共享,共享的成果要靠全民参与建设而获得,共建的过程也是共享的过程,充分发扬民主,广泛汇聚民智,最大激发民力,形成人人参与、人人尽力、人人都有成就感的生动局面;④共享是渐进共享,共享发展必将有一个从低级到高级、从不均衡到均衡的过程,共享成果的内容是依靠生产力的不断发展和财富的不断增多而丰富的,但即使达到很高的水平也会有差别。因此,实现共享发展,要在全体人民共同奋斗、经济社会发展的基础上,加紧建设对保障社会公平正义具有重大作用的制度,逐步建立以权利公平、机会公平、规则公平为主要内容的社会公平保障体系,努力营造公平的社会环境,保证人民平等参与、平等发展权利。同时要把握好共建、共享、共富的关系(刘武根和艾四林,2016)、效率与公正的平衡、一次分配和二次分配的平衡、个体在发展起点、过程和结果的机会平等、人人平等与自由等关系(叶南客,2016)。

---

① 《中国共产党第十八届中央委员会第五次全体会议文件汇编》,人民出版社2015年版,第13页。

2.2　冲突与分配冲突

2.2.1　分配冲突及其后果

　　为了使群体有效地完成组织目标和满足个人需要,必须建立群体成员和群体之间的和谐关系,即彼此间应互相支持,行动应协调一致。但是,冲突在组织或群体内是客观存在的,是社会中普遍的现象。在我们的日常用语中总离不开"冲突"二字:有国与国之间的冲突,有政党之间的冲突,有企业之间的冲突,也有个人之间的冲突,甚至还有一种由个人决定的一个问题两种矛盾解决方法之间的冲突。上述冲突有的是角色冲突或行为冲突,有的是利益冲突。不同的冲突经常搅和在一起,使得冲突问题愈加复杂。在现代企业里,冲突在包括股东、经理层、债权人、员工等在内的各利益相关者之间也普遍存在。"公司所有者(股东)雇佣经理为他们做出决策并从债权人那里借入资金,而这些债权人往往无法有效监督资金运用状况。以上三种利益相关者各自的目标及激励机制是不同的,这导致了他们之间的冲突。经理们会根据他们的最佳利益做出决策,而不确保股东利益;当经理们确实为股东利益最大化做出决策时,他们又会得罪债权人。如果我们再考虑其他三种利益相关者[①],这个问题更严重"(达莫德伦,2001)。认识冲突,了解其产生的根源和演化机制,有利于化解冲突,形成群体合力,实现共享发展。

　　冲突指对立的、互不相容的力量或性质(如观念、利益、意志)的互相干扰。在组织层面上,则可以定义为个人或群体内部、个人与个人之间、个人与群体之间、群体与群体之间互不相容的目标、认识或情感,并引起对立或不一致的相互作用的任何一种状态。从形成原因分析,冲突可分为认识性冲突、情感性冲突、利益冲突等。认识性冲突,即不同群体或个人在对待某些问题上由于认识、看法、观念之间的差异而引发的冲突。情感性冲突,即人们之间存在情绪与情感上的差异所引发的冲突。利益冲突,即利益主体基于利益差别、利益矛盾导致的利益纠纷和利益争夺,它表明不同的利益主体由于所追求的利益目标不相容,在情绪、思想和行为上处于自觉和不自觉的对立之中。分配冲突是最常见的利益冲突。这种冲突会使社会分裂为两大阵营,一个是维护现存分配结构的阵营,另一个是改变分配结构的阵营。前者通常在现存的分配结构中处于相对有利的地位,所以他们要维护现存

---

　　① 指雇员、顾客和社会。

分配结构；后者则通常在现存的分配结构中处于不利的地位，所以他们有动机去改变现有的分配结构。

传统观点认为冲突都是消极的，甚至是具有破坏作用的，因而应该尽力避免冲突。美国学者玛丽·帕克·福莱特则对此持有不同看法。她在其著作《创造性的经验》中提出了"建设性冲突"的概念，认为冲突利用得好，有时能够带来更好的决策和创新，为解决长期存在的问题提供创造性方法。福莱特分析，爆发的冲突将导致以下四种结果中的某一种：①其中一方自愿服从；②通过斗争，一方胜过另一方；③妥协；④整合。很明显，第一种和第二种结果是不被接受的，因为为了占据支配地位，它们需要运用力量或权力。妥协也被认为是无效的，因为它只是推迟了对这个问题的解决。只有整合能够为相互冲突的利益提供解决办法，应该在所有商业事务中扮演最重要的角色（雷恩和贝德安，2012）。

财务学对冲突的关注是滞后的。尽管财务学早在20世纪初期就已产生，但直到1976年以前，冲突问题都未被纳入财务分析框架。1976年，随着詹森和麦克林的代理成本模型的引入，财务分析框架才开始涉及冲突范畴，并且仅限于代理冲突分析（李心合，2012）。主流财务学之所以"冷落"了冲突，或许是有意淡化，或许是认为冲突不是一个财务问题。这么说的依据是，主流财务学认同的财务目标是股东财富最大化，并且一直试图让人们相信对股东财富的追求能够自动地增加社会财富，从而实现股东财富与社会福利、股东利益与其他相关者利益的统一或平衡。这种假设显然与我们平时所见的现实完全不一样。在追求股东财富最大化的目标下，现实中，我们经常看到的事实是：公司大量拖欠员工工资、银行利息和国家税金。主流财务学对如此明显的社会现实不加以关注，不是有意淡化又是什么？当然，财务学对追求股东财富最大化的目标进行了辩护，我们可以从中国注册会计师协会编写的《财务成本管理》一书的论述中窥其一斑。"从理论上看，任何学科都需要一个统一的目标，围绕这个目标发展起理论和模型。唯一的目标可以为企业理财提供一个统一的决策依据，并且保持各项决策的内在一致性。如果使用多个目标，就很难指导决策，无法保证各项决策不发生冲突。""主张股东财富最大化，并非不考虑利益相关者的利益。各国公司法都规定，股东权益是剩余权益，只有满足了其他方面的利益之后才会有股东的利益。企业必须交税、给职工发工资、给顾客提供他们满意的产品和服务，然后才能获得税后收益。其他利益相关者的要求先于股东被满足。"关于上述观点，龚凯颂（2009）指出，股东价值最大化名义上是将股东利益排在末尾，但实际上却常常放在首位，甚至通过转移其他利益相关者的利益来满足股东的利益。李心合(2009b)也对此进行了详细的分析,认为事实上股东财富最大化的目标函数是很难实现与其他利益相关者的利益平衡的。首先,一家公司只有在支付了员工工资,向供应商支付了货款,向债权人支付了利息,向政府支付了税金之后,才能支付股东的回报,但会计上对利润的计算遵循的是"权责发生制"原则,也就是说,对工资、利润、税金的扣除不考虑现金的流量。因此,即使在计算利润前就扣除了工资、利息和税金,也未必就实际支付了现金。现实中,我们经常看到的事实是:公司大量拖欠员工工资、银行利息和国家税金。因此,现实中客观存在的收益性与流动性背离,也就是会计学收益(权责发生制基础计算)与财务学收益(现金流动制基础计算)的背离,使得股东财富的最大化未必就能确保其他相关人的利益。其次,即使收益性与流动性是统一的,但工资、利息和税金毕竟是对利润的扣除,与利润之间是"此消彼长"的关系。公司可以通过扩大生产和销售以增加收入的方式来实现利润最大化,也可以通过压低工资等成本费用来实现。实践中,不乏公司在确保员工工资持续增长的基础上通过改善经营来增加利润的事例,但也有许多公司采取了苛刻的薪酬政策,以及合法或不合法的规避或逃避税收的财务政策。因此,对工资、利息和税金的优先扣除,未必就能说明股东财富最大化的目标函数是内含了利益平衡概念的。最后,即使收益性与流动性统一且工资等扣除因素与利润同步增长,也不能断定利润或股东财富与社会福利之间就是统一的,因为利润或股东财富的计算是以公司为主体设计的,公司行为所"额加的社会成本"在计算利润时并没有扣除。也即"外部性"问题没有得到考虑。显然,单一股东财富最大化目标并不能避免冲突,认为这一目标可以实现股东财富与社会福利、股东利益与其他相关者利益的统一或平衡的说法只是自欺欺人而已。

公司是由各要素所有者之间的经济性契约网络与社会性契约网络的集合。公司的建立与维护需要其成员具有合作的意识、倾向与行动,因此合作性是公司财务关系的重要特征。这种合作的动机,部分是为了合作盈余,部分是为了其他非经济性的目的。但是各要素所有者毕竟是相对独立的利益实体,财务性与非财务性的冲突普遍存在于公司网络内部。刘冬荣和贺勇(2009)认为,契约不完全性引发的契约主体的机会主义行为导致了企业内部的契约冲突,最后的表现形式都在于各缔约主体经济利益矛盾。企业总体经济利益在一定条件下是一个固定的数量,各契约主体之间利益的争夺,一方利益的增加必然以其他方利益的损失为代价,这种典型的"零和博弈"就是契约主体之间财务冲突的重要特征。我们必须正视财务冲突,并想办法加以化解,因为"有效地化解冲突是公司财务良性运作的基本前提"(李心合,2012)。

2.2.2 分配冲突的类别

尽管要素所有者提供要素组建公司的前提是合作。但基于私有产权的存在,要素所有者之间的利益冲突是客观存在的。早期的文献主要关注劳资冲突(如斯密的《国富论》、马克思的《资本论》等),随着企业形式和规模的变化、所有权与经营权的分离、企业代理链条的延长、社会分工的细化,分配冲突的内容已不仅仅局限于劳资冲突。股东与经理层的冲突、知识资本走上历史舞台引起的知识资本与财务资本特别是权益资本的冲突、国家凭借权力参与分配引起的政府与公司、股东、劳动者之间的冲突,甚至于大股东与小股东之间的冲突,在现实社会中经常发生。分析这些现象及其产生的原因,对我们设计共享发展的微观收入分配机制是非常必要的。

从要素角度看,分配冲突可以分为要素间分配冲突和要素内分配冲突。要素间分配冲突指的是参与共同价值创造的不同要素之间的分配冲突。其表现为不同要素所有者之间的利益侵占。早期的要素间分配冲突主要表现为劳资冲突,随着知识经济兴起,知识资本与货币资本的冲突日益增加。要素内分配冲突指的是参与共同价值创造的同种要素内部不同所有者之间的冲突。比如,在公司企业中,大股东和小股东提供的都是股权性质的货币资本,如果存在大股东通过掏空公司而侵害小股东利益的情况,则属此类。要素间冲突和要素内冲突都会随着要素的演化而发展出新的冲突类型和新的表现形式。劳资冲突是最典型的分配冲突,随着时代的发展,其表现形式也有差异。进入数字时代,异化的数字劳动不可避免地受到资本的控制(燕连福和谢芳芳,2017),这种劳动几乎都是无偿的免费劳动,它"产生于互联网使用者的具体操作行为中,范围广泛而单个影响甚微","但是互联网的聚合作用使之产生了巨大的数据价值,能够被资本所用"(朱阳和黄再胜,2019)。本书聚焦于初次分配,而要素内冲突要么可以归结为二次分配,要么可以归结为分配之外其他领域的问题,因此下面重点分析要素间冲突。

2.3 分配中的劳资冲突

2.3.1 劳资矛盾与劳资冲突

社会主义初级阶段私人资本存在的合理性决定了讨论共享发展的实

践,首先必然涉及作为人民群众主体的劳动群众与资本的代表主体之间的矛盾,必然涉及经济政治文化的因素在劳动与资本利益关系中的安排,由此形成共享发展必须面对的一个重大现实问题。

随着资本主义企业的产生,劳资矛盾就成为一个重要的经济和社会冲突问题。亚当·斯密认为,某些人手里积累有资本以后,就会运用该资本,为其他人提供原材料和生活资料,以期通过售卖他们的劳动产品,获得原材料增值的利润。劳动产品的价格,除了足够支付原材料的价格和人工工资之外,还必须有相应的部分,作为企业家先期投入资本的利润。所以,工人劳动使原材料增加的价值,必须分成两部分:一部分用于支付工人的工资,一部分作为企业家的利润。①马克思在斯密劳动价值论的基础上,在他的鸿篇巨著《资本论》中提出了剩余价值学说,认为劳动不仅创造了价值,而且创造了剩余价值,但工人仅得到价值,剩余价值被资本家凭借资本主义生产关系全部拿走。资本家不断积累财富的过程,就是工人不断积累贫困的过程。马克思的分析深刻揭示了劳资矛盾的根源。19世纪末20世纪初社会主义革命运动的兴起使资本家看到了工人的力量,并着手改善工人待遇以改善劳资关系。在理论界,20世纪30年代梅约提出了"人际关系学说",指出工人不仅是"经济人",还是"社会人",要求资本家采用一些新的管理方法,以鼓舞士气。②在社会制度方面,包括美国在内的部分资本主义国家实施了"工资集体谈判"等制度以保障工人的经济利益。上述种种在一定程度上缓和了劳资矛盾。但资本的逐利性质决定了资本对劳动的剥削不会停止。康芒斯曾形象地描述过此现象:美国有75%—90%的公司是如此"低效或贪婪……以至于只有工会或政府的大棒政策"才能够确保工人利益得到保证(Commons,1921)。到了现代,企业仍然普遍以裁员、削减工资福利、外包、劳动节约型技术作为主要竞争手段,导致劳动生产率与工资增长率缺口不断扩大。1989—2010年间,美国的劳动生产率增长了62.5%,而工人人均小时报酬却只增长了12%(崔学东,2012)。

在我国,由于新中国成立后实行的是生产资料公有制和按劳分配的制度,劳资矛盾一度消失,直到20世纪80年代才重新出现。从20世纪末开始,由于各地追求GDP、追求经济增长,过于关注初次分配的效率,关注积累,导致劳动收入比重持续下降,收入差距急剧扩大,劳资矛盾不断加深,部分地区甚至出现了暴力事件。中国社会科学院2012年12月18日发布的2013

---

① 参见[英]亚当·斯密:《国富论》,陈星译,陕西师范大学出版社2006年版。

② 参见吴星泽主编:《管理学基础》,化学工业出版社2007年版。

年社会蓝皮书——《2013年中国社会形势分析与预测》称,中国收入分配不平等程度总体上仍在继续提高,劳动关系紧张问题突出,每年因各种社会矛盾而发生的群体性事件屡见不鲜。而群体性事件的形成原因,以征地拆迁冲突、环境污染冲突和劳动争议为主。其中,"环境污染和劳动争议引发的群体性事件占30%左右"。

劳资冲突,其根源在于双方利益的对立。亚当·斯密在《国富论》一书中指出:"任何地方,劳动工资都取决于双方订立的契约。而双方的利益是绝对不一致的:劳动者希望多得,雇主希望少给。双方就在这样的利益基础上结合起来。"对于劳资双方的力量对比,亚当·斯密认为"在一般情况下,要预知在矛盾冲突中谁占上风谁处下风毫不困难。雇主的人数较少,容易团结;劳动者不仅人数多,难统一,并且他们的联合被法律禁止"。① 由此,在私有财产制度下,资本侵占劳动现象从来不会自动停止。我国在确立社会主义市场经济的改革目标后,这一现象亦随着经济的发展和分配制度改革的滞后而变得日益严重。此外,在公有制企业中,由于所有者缺位和委托-代理链条过长,劳资冲突有时则表现为劳动侵占资本现象。

2.3.2 资本侵占劳动

刘灿等(2017)认为,资本强权和劳资利益关系失衡是我国转型期初次分配领域的主要矛盾。资本对于劳动的侵占,也称为"利润侵蚀劳动报酬",一般发生在非国有企业。其突出表现在绝对额和相对额两个方面。绝对额方面,也就是最低工资标准方面。最低工资是指在劳动者提供正常劳动的情况下,用人单位依法应该支付的最低劳动报酬。中国最低工资存在的主要问题,一是最低工资标准偏低。国际上最低工资标准一般相当于社会平均工资的40%—60%,而中国绝大部分省区低于当地平均工资水平的40%。2009年,深圳特区内最低工资相当于当地平均工资的27.6%,北京市相当于21.4%,上海市相当于29.2%,天津市相当于31.5%。二是最低工资增长较慢,大大落后于经济增长和职工平均工资增速。2008年与1994年相比,北京、上海、深圳(特区内)的最低工资标准分别增长281%、336%、196%,而三市职工平均工资分别增长584%、434%、311%(岳颖,2010)。尽管各地最低工资标准几乎每年都上调,但由于社会平均工资也在不断上涨,二者的比例关系没有大的变化。从上面的数字可以看出,在最低工资规定方面,我国制定的标准还偏于保守,这给了资本侵占劳动较大的可能空间。

---

① [英]亚当·斯密:《国富论》,陈星译,陕西师范大学出版社2006年版,第57页。

相对额方面,指的是不断下降的劳动收入比例。一般说来,衡量一国国民收入初次分配是否公平的主要指标是分配率,即劳动报酬总额占国内生产总值的比重。如果劳动者的报酬总额占GDP的比重越高,则说明国民收入的初次分配越公平。根据第1章的分析,我国劳动报酬占比自20世纪90年代以来主要呈逐级下降的趋势,2004—2008年①之间触底并开始较大幅度回升,并且之后该比例基本稳定回升到45%以上的水平(见表1-2、图1-1)。这一水平在发展中国家是比较高的,但与主要发达国家相比,比重仍然偏低。美国国内生产总值的55%以上是劳动报酬,德国、法国、英国、日本、加拿大等国家也都保持在50%以上(详见表2-1)。上述比例还是在混合收入中的劳动者报酬没有被分解的情况下算出来的,因此,其实际劳动者报酬占比应该更高。澳大利亚的劳动报酬占比低于50%,2003—2011年期间基本稳定在47%—48%之间。韩国、意大利等国家的劳动报酬占比较低,为40%—46%之间,而墨西哥的劳动报酬占比在所列举的国家中最低,只有30%左右。从整体上看,实力较雄厚的市场经济成熟国家,劳动报酬总额占国内生产总值的比重基本稳定在较高水平上。从表中数据变化可以发现,美国的劳动报酬总额占比有缓慢下降的趋势,与之相反,资本报酬部分则呈缓慢上升趋势。这是美国资本重新对劳动报酬侵蚀的结果,还是2008年世界性金融危机的影响,抑或其他原因造成的,有待进一步分析。意大利则呈现相反的趋势变化,其劳动报酬总额占比从2003年的40.15%,缓慢上升到2011年的42.25%。

上述分析可以说明,不管从什么角度看,劳资冲突都是一个客观存在,并且随着资本对于劳动侵占程度的加深而有激化的迹象,除非受到国家政策的强力干预。其中,制度因素冲突水平可以通过调节最低工资、提升劳动报酬占比至合适水平来调节。资本强权和劳资利益关系失衡成为我国转型期初次分配领域的不可忽视的矛盾。

2.3.3　劳动侵占资本

劳动侵占资本现象,一般发生在国有企业。由于国有企业所有权人缺位,代理链条长,监督的利益距离和信息距离也长,故国有企业更易发生劳动侵占资本而非资本侵占劳动现象。而由于国有企业高管的特殊地位,其侵占资本的概率更大。

---

① 该段区间有两个年度统计数字空缺,分别是2004年和2008年。

表2-1　世界主要国家国民收入占比情况(2003—2011)①

国家和地区		2003	2004	2005	2006	2007	2008	2009	2010	2011
欧元区	劳动者报酬占比	0.4884	0.4825	0.4795	0.4755	0.4723	0.4775			
	营业盈余和混合收入占比	0.3956	0.3999	0.4008	0.4027	0.4060	0.4059			
	税减产品补贴占比	0.1160	0.1176	0.1197	0.1219	0.1217	0.1165			
日本	劳动者报酬占比	0.5286	0.5141	0.5139	0.5207	0.5136	0.5223	0.5161	0.5060	
	营业盈余和混合收入占比	0.3918	0.4016	0.4044	0.3925	0.3895	0.3801	0.4054	0.4140	
	税减产品补贴占比	0.0735	0.0763	0.0777	0.0809	0.0775	0.0788	0.0745	0.0761	
韩国	劳动者报酬占比	0.4446	0.4462	0.4578	0.4620	0.4605	0.4600	0.4635	0.4486	0.4511
	营业盈余和混合收入占比	0.4368	0.4414	0.4301	0.4235	0.4236	0.4248	0.4251	0.4388	0.4390
	税减产品补贴占比	0.1186	0.1112	0.1121	0.1144	0.1159	0.1143	0.1114	0.1127	0.1100
加拿大	劳动者报酬占比	0.5119	0.5091	0.5060	0.5130	0.5120	0.5144	0.5328	0.5230	
	营业盈余和混合收入占比	0.3724	0.3759	0.3814	0.3769	0.3789	0.3815	0.3597	0.3709	
	税减产品补贴占比	0.1158	0.1153	0.1130	0.1108	0.1086	0.1031	0.1073	0.1062	
墨西哥	劳动者报酬占比	0.3137	0.2964	0.2961	0.2859	0.2844	0.2801	0.2924	0.2821	
	营业盈余和混合收入占比	0.5939	0.6113	0.6047	0.6192	0.6216	0.6138	0.6167	0.6213	
	税减产品补贴占比	0.0924	0.0923	0.0992	0.0949	0.0940	0.1061	0.0909	0.0966	

① 表内数字根据经合组织OLIS数据库"收入法国内生产总值"数据计算。资料来源:国家统计局网站。

国家和地区		年份								
		2003	2004	2005	2006	2007	2008	2009	2010	2011
美国	劳动者报酬占比	0.5761	0.5672	0.5621	0.5611	0.5613	0.5599	0.5617	0.5532	0.5539
	营业盈余和混合收入占比	0.3541	0.3643	0.3751	0.3852	0.3703	0.3640	0.3604	0.3759	0.3749
	税减产品补贴占比	0.0683	0.0692	0.0691	0.0701	0.0695	0.0692	0.0693	0.0692	0.0691
法国	劳动者报酬占比	0.5251	0.5220	0.5204	0.5187	0.5151	0.5164	0.5355	0.5331	0.5347
	营业盈余和混合收入占比	0.3443	0.3433	0.3428	0.3458	0.3510	0.3520	0.3327	0.3371	0.3295
	税减产品补贴占比	0.1306	0.1347	0.1367	0.1355	0.1339	0.1316	0.1318	0.1298	0.1360
德国	劳动者报酬占比	0.5237	0.5146	0.5043	0.4943	0.4861	0.4904	0.5190	0.5125	0.5159
	营业盈余和混合收入占比	0.3711	0.3807	0.3891	0.3970	0.3986	0.3951	0.3778	0.3953	0.3888
	税减产品补贴占比	0.1052	0.1047	0.1065	0.1087	0.1153	0.1145	0.1031	0.1001	0.1037
意大利	劳动者报酬占比	0.4015	0.3992	0.4071	0.4099	0.4087	0.4166	0.4280	0.4229	0.4225
	营业盈余和混合收入占比	0.4702	0.4716	0.4611	0.4514	0.4543	0.4550	0.4491	0.4489	0.4475
	税减产品补贴占比	0.1282	0.1292	0.1317	0.1387	0.1370	0.1284	0.1229	0.1282	0.1297
英国	劳动者报酬占比	0.5413	0.5398	0.5447	0.5413	0.5322	0.5340	0.5579	0.5441	0.5372
	营业盈余和混合收入占比	0.3348	0.3363	0.3346	0.3383	0.3487	0.3519	0.3370	0.3353	0.3351
	税减产品补贴占比	0.1239	0.1239	0.1207	0.1204	0.1202	0.1140	0.1108	0.1225	0.1280
澳大利亚	劳动者报酬占比	0.4755	0.4803	0.4801	0.4791	0.4761	0.4848	0.4811	0.4753	
	营业盈余和混合收入占比	0.4069	0.4063	0.4088	0.4129	0.4162	0.4127	0.4261	0.4254	
	税减产品补贴占比	0.1174	0.1134	0.1111	0.1080	0.1075	0.0964	0.0996	0.0961	

国有企业分配冲突的一般分析

国有企业分配冲突源于国家股权特殊的性质。国家股权是一种公权,其权力行使必须通过代理人机制。与一般的私人股权相比,国家股的最终所有者与股权的实际管理机构之间代理链条较长,代表股权所有者行使股权管理的机构的本位利益较小,因而对究竟委派多少董事进入董事会、在董事会中获得多少投票权并不会给予足够的关心。同时,国有企业高管的契约不完备程度较私人公司更高,权力剩余空间更大,从而代理人利用契约不完备谋求自身利益的动机更强。在具体实践中,国家股东会象征性地委派少量代表或者委托上市公司的董事长及总经理直接作为代表国有股东的代表进入董事会。由于所有者权能弱化,在国家股权比例较大的公司,委托代理问题、内部人控制现象更为严重。

国有企业分配冲突的现实表现

国有企业分配冲突,集中表现在高管薪酬水平。这一冲突以2003年和2009年为界,又可以分为三个阶段。第一阶段是在2003年之前。这一阶段国有企业高管薪酬水平与市场严重脱钩,属于高管薪酬水平较低,与其责任和贡献不相匹配阶段。那时的劳动侵占资本现象较少。

第二阶段是2003年至2009年。这一阶段,我国政府开始借鉴市场经济的资源配置方式,在国有企业高管薪酬领域引入激励机制。这一机制的引入使国有企业高管薪酬增幅显著,但同时也因缺乏必要的监管导致国有企业高管薪酬乱象显现,各种天价薪酬层出不穷,造成了国有资本利益受损,给国有企业的发展带来负面影响。其中最典型的是"国泰君安天价薪酬"事件。

国泰君安是国泰君安证券股份有限公司的简称。它是一家大型国有相对控股股份有限公司,第一大股东为上海国有资产经营有限公司,持有高达25%以上的股权。2008年以来,由于A股巨幅下挫、交易量急剧下滑,"靠天吃饭"的国内各大券商纷纷采取降薪、裁员方式来应对该轮熊市。然而就在这样的背景下,国泰君安证券却大幅提高薪酬及福利费用至32亿元,较当年初预算数增长57%,按照国泰君安3000多人的员工计算,平均每个人的收入达到了让同行瞠目结舌的100万元。国泰君安这种天价薪酬的行为,直接损害了国有资产和广大股东的利益,属于典型的劳动侵占资本的行为。由于天价薪酬的大头是发给公司高管的,更准确地说,是管理劳动侵占资本的行为。

第三阶段是2009年至今，是国有企业高管薪酬的规范阶段。2009年六部委联合下发的《关于进一步规范中央企业负责人薪酬管理的指导意见》成为国家下定决心整改国有企业高管薪酬的开始。此后，2014年，中共中央、国务院又出台《关于深化中央管理企业负责人薪酬制度改革的意见》（中发〔2014〕12号），进一步对国有企业高管的薪酬进行改革。同年8月中共中央政治局会议审议通过了《中央管理企业负责人薪酬制度改革方案》和《关于合理确定并严格规范中央企业负责人履职待遇、业务支出的意见》，会上提出了"水平适当、结构合理、管理规范、监督有效"的十六字方针，为进一步推动国有企业高管薪酬改革明确了基本方向。

2.3.4　知识资本与传统财务资本的冲突

知识资本的构成

加尔布雷思（J. K. Gilbrainth）是最早提出知识资本概念的学者，他认为，知识资本是一种知识性的劳动，是一种动态的资本，而不是固定的资本形式（孙伯良，2008）。现代西方经济理论中关于知识资本的构成主要有以下四种观点：

①埃德文森和沙利文的H-S结构。埃德文森和沙利文（1996）将企业的知识资本分为人力资源（human resource）和结构性资本（structural capital）两部分。其中人力资源指组织中所有与人的因素有关的方面，包括企业的所有者、雇员、合伙人、供应商及所有的将自己的能力、诀窍和技能带到企业的个人。结构性资本指不依附于企业人力资源而存在的组织的其他所有能力。它包括有形的和无形的因素。其中，无形部分可包括企业的信息技术、用户数据库、经营流程、战略计划、企业文化、企业历史、企业目标、价值观等；而有形部分则可包括财务资产、设施和企业资产表中的有价值的所有项目。在结构性资本中，知识资产是其中的重要组成部分，知识资产是编码的、有形的或者是具有物质表现形式的专门知识，是企业商业创新的重要源泉。企业可以维护对知识资产的所有权，也可以将其用于非物质性贸易。知识一旦编码化，就非常容易被模仿，因此为了保证企业竞争优势，促进知识创新活动，保护知识产权是非常必要的。获得法律保护的知识资产就是知识产权。在知识资产向市场价值转化的过程中，企业的经营性资产会起重要作用。这种经营性资产包括分销网络、供应网络、服务力量和组织的外部能力。经营性资产是知识资产获得市场价值、实现价值和价值增值的重要途径，如果没有合适的经营性资产，知识的价值难以实现与

发挥。

因此,知识资本的构成可表示为:

知识资本＝人力资源(未编码知识)+结构性资本(已编码的知识资产和经营性资产)

②斯图尔特的H-S-C结构。斯图尔特(1997)认为,企业的知识资本由人力资本(human capital)、结构资本(structure capital)和顾客资本(customer capital)构成。人力资本是指企业员工所具有的各种技能与知识,它们是企业知识资本的重要基础,这种人力资本是以隐含的方式存在着,未被也难以被编码。结构资本是指企业的组织结构、制度规范和组织文化等。顾客资本主要指市场营销渠道、顾客忠诚、企业信誉等经营性资产。这三种资本相互作用,共同推动企业知识资本的增殖。

③斯维比的E-I-E结构。斯维比(1997)认为企业的知识资本由三部分构成:雇员能力(employee capability)、内部结构(inter structure)和外部结构(extra structure)。内部结构为雇员知识和技能在组织内的传递提供支持,而外部结构则保证企业知识资本的最大化。虽然这种观点不及前两种观点流行,但是它将人力资本仅局限于本企业的员工能力,而未扩及顾客、供应商等方面,同时它将结构性资本明确区分为内部结构资本和外部结构资本,从而更为明晰、简洁,具有较强的可操作性。

④安妮·布鲁金(1996)的M-K-H-Q结构。布鲁金把知识资本分为四类:市场资产、知识产权资产、人才资产、基础结构资产。市场资产包括各种品牌、客户和他们的信赖、销售渠道、专利专营合同协议等;知识产权资产包括技能、商业秘密、版权、专利等;人才资产包括群体技能、创造力、解决问题的能力、领导能力、企业管理技能等;基础结构资产指企业采用的技术、工艺、生产流程、管理方法等。

知识资本的崛起

在加尔布雷思明确提出知识资本概念之前,熊彼特、舒尔茨等就提出了管理者才能、人力资本等概念(熊彼特曾指出领导的劳动——知识劳动的一种——有某种创造性,并且企业家才能是利润的来源)。企业家才能、人力资本等概念的内涵之间有交叉,但都可以归为知识资本的范畴。

知识资本是伴随着知识经济时代的到来而崛起的。按照经济合作与发展组织(OECD)于1996年提出的定义,知识经济是建立在知识和信息的生产、分配、传播和使用基础上的经济。知识经济替代工业经济是一次划时代的革命,对社会的影响比工业经济替代农业经济更深远、意义更重大。工业经济时代,对企业发展起决定作用的战略性资源为硬资源即传统的自然资源和财务资源,而知识经济则将战略性资源转移到知识、信息及其创新能力上来,软资源或知识资源成为企业生存和发展的首位资源。据西方学者测算,20世纪初知识资源对经济增长的贡献仅为5%—20%,如今已达60%—80%。随着信息高速公路的开通,预计将达90%(李心合,2000)。一套基本的、新兴的创造财富体系正在形成,它既不是基于"第一次浪潮"的农田耕作,也不是基于"第二次浪潮"的工厂体力劳动,而是基于"第三次浪潮"的知识劳动(孙伯良,2008)。这种知识劳动即加尔布雷思所说的知识资本。

按照加尔布雷思的权力转移论,人类社会的"最重要的生产要素"在经济中的重要性会不断发生变化。在不同的社会和同一社会的不同时期,谁掌握了最重要的生产要素,谁就掌握了权力。在工业化时期,最重要生产要素是资本,因此权力掌握在资本家手中;而在后工业化时期,资本已经不再是最重要的生产要素,资本的地位被技术(加尔布雷思所指的技术其实包括技术知识和管理知识在内的专门知识)取而代之,所以社会权力落到了包括科技人员和管理阶层在内的技术型组织成员或技术专家手中。在后工业化时期,企业特别是大公司内部的利益和权力结构也相应发生了变化。在工业化时期,最关心企业(或公司)前途的是资本家。而在后工业化时期,公司所有权与控制权的分离,使得没有掌握专门知识的资本家(即股东)已经无权过问公司的经营管理活动;他们对公司的关心也不再专一不变:哪家公司更有前途,他们就购买哪家公司的股票。而技术专家却成了公司的实际主宰,他们与公司的利益休戚相关,已经与公司结为命运共同体。

随着知识经济时代在20世纪末悄然来临,知识资本的重要性被越来越多的人所认可。加尔布雷思所说的技术专家所拥有的"知识资本"正成为知识经济时代最先进的生产力,成为知识经济时代的本质——创新的源泉。21世纪不断创造奇迹、并被华尔街称为科技行业"奇迹成长的典范"的公司——苹果——其根本动力正是"知识资本"。产品创新、商业模式创新成就了苹果公司在2003年至2011年短短的8年内,市值飙升五十几倍的商业奇迹。知识资本的贡献可见一斑。事实上,知识资本的贡献不仅仅表现在科技行业,传统的行业插上创新的翅膀后,其经济效益亦可大幅度提高。2012年12月5日《中国证券报》报道了中国石油水平井技术取得突破的新闻。新闻中指出,该公司2009年依靠打常规井建产能,平均百口井实际增加生产能力不足4万吨;而2012年采用水平井开发工艺后,平均百口水平井新增生产能力达到26万吨以上。同时,水平井工艺技术的广泛应用,解决了超低渗油藏产量低、稳产难的问题,可以实现由"多井低产"向"少井高产"

的转变。这样的例子不胜枚举。知识资本已经作为知识经济中最重要的生产要素,登上历史舞台。在新的舞台上,"物质资本的地位相对下降,知识资本的地位则相对上升"(张兆国等,1999)。知识资本参与分配、获得剩余的要求自然而然产生。

知识资本参与剩余分配

20世纪90年代,知识经济进入一个快速发展时期,知识资本亦通过各种形式参与企业收益分配。不同形态存在的知识资本,其参与分配的形式有不同选择。以独立形态存在的知识资本,如专利、秘方等,通常通过折合成股份的方式转化为"资本",参与剩余分配。而与人力资源紧密结合在一起的知识资本,如人力资本(包括企业家才能、高技能等),则通过年薪、股票期权等形式参与分配。前者不是我们关注的重点,因为以独立形态存在的知识资本在折合成股份后,完全可以归入财务资本一类,按照财务资本的模式参与分配。后者由于与人的创造性劳动密不可分,将是我们重点阐释的对象。

前文介绍的关于知识资本构成的四种观点,对于认识知识资本的内涵和外延,分析知识资本的贡献帮助很大,但对于我们理解分配问题、解决知识资本参与分配的途径的方法帮助不大。为此,我们按知识资本存在的形态将知识资本重新分为两类,一类是以独立形态存在的知识资本,另一类是依附于人力资源的知识资本。为了说明问题的方便,我们将前者称之为可分离知识资本,后者称之为不可分离知识资本。下面以斯图尔特的H-S-C结构为分析对象说明这两类知识资本的分布及其参与分配的途径。在斯图尔特的理论中,知识资本由人力资本、结构资本和顾客资本构成。人力资本是企业员工所具有的各种技能与知识。结构资本是指企业的组织结构、制度规范、组织文化等。顾客资本主要指市场营销渠道、顾客忠诚和企业信誉等经营性资产。显然,结构资本和顾客资本都属于可分离知识资本。以独立形态存在的结构资本和顾客资本在企业的价值创造过程中具有重要的作用,这些知识资本是由企业的管理者、营销人员等创立的,归根结底还是由人力资本创造的,因此其贡献一般应归于人力资本。人力资本包含着以独立形态存在的和依附于人力资源的两类知识资本。独立形式存在的人力资本,包括工业产权、专利等,由于其在实务中参与生产和获得收益的方式主要是折价入股,因此在本质上与资本品没有区别,故在研究分配问题时可将其归入财务资本。而依附于人力资源的人力资本,由于其可以创造出较一般劳动贡献大得多的价值,且常常具有稀缺性和不可替代性的特点,故其参与企业收益的分配方式不能简单地照搬一般劳动获取工资的模式,亦不可简单地照搬财务资本的模式。但不管怎样,这类知识资本参与剩余分配的要求是不过分的。知识资本(实质是人力资本)参与剩余分配,必然减少财务资本的份额,由此,知识资本的崛起必然带来知识资本与传统财务资本的冲突。

2.4 分配冲突对共享发展的影响

企业是多边契约关系的总和,股东、债权人、经理阶层、一般职工等,对企业的发展而言,缺一不可(王化成,2006)。将自身的资源投入企业,其目的是从中获得自身收益。各利益相关者获得适当的收益有利于各方继续合作,去生产更大的“蛋糕”。作为利益相关者显性和隐性契约载体的企业对其利益相关者的合理利益要求不做慎重考虑且尽量满足,则企业难以长久生存和持续发展(Donaldson & Dunfee,1995)。如果由于人的自利性或者某种规则的安排,使得部分利益相关者感到分配不公,特别是,如果某一方试图通过损害另一方或几方利益而使自己获利,利益受损的相关者的生产积极性难免受到打击,产生懈怠甚至更严重的行为,比如出现职工罢工、债权人拒绝提供贷款、股东抛售股票、税务机关罚款等。无论上述哪一种情况出现,都将影响共享发展的物质基础。

分配冲突是一种客观现象,但并非不可协调。对企业目标的重新认识是协调好各方面利益的重要一环。获得较高的“权益收益率”作为目标并不能成为动员大多数人的强大精神动力(Cornell & Shapiro,1987)。在股东财富最大化目标下,由于利益相关者之间的目标函数不可能完全一致,财务契约中各个利益相关者往往站在自身利益需求的角度,凭借其对信息不对称占有、权力的不均衡配置及契约的不完全性,来对企业提出要求,因此企业财务冲突行为成为企业的一种常态(林钟高和徐虹,2006)。将企业目标定义为增加值最大化而不是股东利益最大化,有利于缓解股东与其他利益相关者的利益冲突,发挥各利益相关者的积极性,最终实现各利益相关者长期利益最大化,当然,其具体效果还要看各利益相关者在增加值中能够得到什么。这一问题在中国有着特别的意义。打破平均主义,“允许一部分人先富起来”是推动中国创造和经济增长提及的重要国策之一。而“先富”只是路径手段,最终达到“共同富裕”才是真正的诉求点。进入21世纪,特别是党的十八大以后,中国直面发展实践中的现实问题,正如习近平所指出的:

"我国经济发展的'蛋糕'不断做大,但分配不公问题比较突出,收入差距、城乡区域公共服务水平差距较大。在共享改革发展成果上,无论是实际情况还是制度设计,都还有不完善的地方。"①应该说,中国经过了改革开放以来40多年的经济高速发展,收入分配的语境已经改变,相应的收入分配路径亦应做出改变。如果继续强调股东利益,则会导致更大收入差距,更大劳资冲突,富士康"十三连跳"的悲剧仍会上演。所以,与国外企业相比,中国企业应重新考虑如何在初次分配中体现劳动要素应有的地位,以更加强调职工的利益与职工的权利,实现共同发展和共同富裕。

---

① 中共中央文献研究室编:《十八大以来重要文献选编》(中),中央文献出版社2016年版,第827页。

第3章 共享发展的价值创造基础

3.1 共享发展与共建共享

习近平在党的十九大报告中明确提出,中国已经进入中国特色社会主义新时代,新时代"是全国各族人民团结奋斗、不断创造美好生活、逐步实现全体人民共同富裕的时代",新时代中国特色社会主义基本方略的一个重要内容就是要坚持包括"共享"在内的新发展理念,"保证全体人民在共建共享发展中有更多获得感,不断促进人的全面发展、全体人民共同富裕"。①共享发展不仅包含对发展成果的"共享"之义,还含有对发展进程亲身参与、亲自尽力的"共建"之义。共享是人们的价值追求,然而共享的对象不是从天而降的,它有赖于人们的劳动创造,有赖于人们的共建。共建和共享互为依托、相辅相成。共建是共享的基础和前提,能筑牢共享根基;共享是共建的归属和目的,能激活共建动力(方昇和李争,2017)。

共享发展理念中共建与共享的关系,与微观企业中价值创造与价值分配的关系十分类似。价值分配是价值创造的目的和追求,分配的价值有赖于人们的劳动创造。价值分配和价值创造互为依托、相辅相成。价值创造是价值分配的基础和前提,能筑牢价值分配根基;价值分配是价值创造的归属和目的,能激活价值创造动力。如果这种关系被扭曲,则必然带来剥削和分配不公等社会问题。

比如,在剥削社会,人们可以凭借权力进行价值分配。如奴隶主、地主、资本家等占据统治地位的阶级利用自己的统治地位,尽可能多地占有"蛋糕",剥削奴隶、农民、工人。这样的分配就缺乏公平正义,最终引起受剥削

① 习近平:《决胜全面建成小康社会 夺取新时代中国特色社会主义伟大胜利——在中国共产党第十九次全国代表大会上的报告》,人民出版社2017年版,第23页。

阶级的反抗。而在经历了几次大的工人运动之后的现代社会,民主、和谐、共同发展成为社会的需要,即使是在资本主义国家,资本家也不能明目张胆地巧取豪夺,而是要受到法律、工会及一些民间团体的制约。其对剩余劳动成果的无偿占有也需要诸如要素贡献、承担剩余风险等美丽的借口。凭借权力而不是权利参与分配成为整个社会深恶痛绝的事情。为了建构共享发展理念下体现公平正义的微观收入分配理论,我们将从分析价值创造的要素基础入手。因为微观收入分配理论,主要就是研究价值的初次分配。初次分配的前提和起点是价值,研究初次分配自然不能离开价值创造过程,没有价值创造就没有价值分配。①价值创造的基础是要素。对价值创造要素基础的分析关系到分配的公平性,关系到分配是否存在侵占和剥削行为。按照有贡献方能索取的分配正义观,只有在价值创造的过程中做出贡献的要素,才有资格参与价值分配。因此,它直接关系到参与分配的要素的主体资格。

3.2 价值创造与创造价值的要素

3.2.1 价值与价值创造

价值是如何创造出来的?这是一个在生产领域和初次分配领域同样重要的问题。在生产领域,知道价值如何创造出来,人们才可能更加科学地对各种资源进行配置,以求"做大蛋糕"。而在初次分配领域,人们只有知道价值如何创造出来,才可能"公平正义"地"分好蛋糕",为实现共享发展创造条件。

经济学认为,价值(或财富)是如何创造的,就应该如何分配。对价值含义和价值创造过程的把握直接决定了初次分配的对象和参与者,也就是分配的客体和主体。价值的含义很广,可区分为交换价值、客观价值、主观价值、具体使用价值、抽象使用价值等(李俊霖,2010)。在大多数情况下,价值属于一种主观、可选择的关系范畴,因而在不同的学科和不同的语境中有不同的含义。在一般的语境中,价值通常被认为是商品所有者之间商品交换

---

① 此处所说的价值分配指的是新创造的价值的分配,因此说没有价值创造就没有价值分配。但没有价值创造仍然可能有财富的分配,比如人们对自然资源的直接分配,但那种分配显然是靠其他规则规范的,比如"先占"原则、"国有"原则等。这其实涉及"价值"与"财富"的区别。

关系的产物,因此一般所说的商品的价值,实际上就是商品的交换价值。在经济学中,价值往往指使用价值(效用价值)、交换价值、劳动价值、剩余价值等。亚当·斯密在《国富论》一书中使用了使用价值和交换价值两个含义,马克思使用劳动价值的含义,并对劳动价值、使用价值和交换价值进行了区分,对社会总价值和剩余价值进行了深入分析。在管理学中,价值有时指顾客价值,其实质是效用价值,有时指产品的功能与成本之比(价值工程中的价值)。在财务学中,价值则往往指公司价值(指的是公司市场价值或内在价值)、股东价值、EVA(经济增加值)等含义。价值的多重含义要求我们在研究价值之前先要明确价值内涵。本书研究共享发展的微观收入分配机制,其实质是研究共享发展理念下的价值分配。在价值分配的语境中,价值与上述价值含义虽有联系但不完全一样。它应当指政治经济学中所讲的社会总价值中的"V+M"部分(王化成,2000a;李心合,2007),即新创造的价值。与此相对应,价值创造就是创造出社会总价值中的"V+M"。

3.2.2 创造价值的要素

历史上,关于价值创造的理论可以划分为两大类:一要素创造价值论和多要素创造价值论。相应地,创造价值的要素为一种或多种。一要素创造价值论中的一要素,毫无疑问指的是劳动,因此一要素创造价值论也就是劳动创造价值论。17世纪威廉·配第提出劳动价值论,他认为,"劳动是财富之父,土地是财富之母"。他用劳动时间来测量商品的价值量,并把工人的口粮作为衡量价值的标准尺度。亚当·斯密也赞成劳动价值论,他说:"只有劳动才是价值的普遍尺度和正确尺度,换言之,只有用劳动作标准,才能在一切时代和一切地方比较各种商品的价值。"但是,决定商品价值的究竟是什么劳动呢?他提出了三种相互矛盾的观点:①价值由耗费的劳动来决定;②价值由购买的劳动来决定;③价值由劳动收入来决定。大卫·李嘉图坚持了劳动价值论,他认为:"效用对于交换价值来说虽是绝对不可缺少的,但却不能成为交换价值的尺度。"他始终坚持自己的理论出发点:商品的交换价值由劳动量来决定,而劳动量又由劳动时间来决定;只有直接劳动才创造新价值,而间接劳动只是把原有价值转移到新产品中去;决定商品价值的是必要劳动,是指最劣等条件下生产商品所耗费的劳动。然而,李嘉图体系存在两大难题:①资本和劳动的交换如何同价值规律相符合;②等量资本提供等量利润如何同价值规律相符合。马克思维护和发展了劳动价值论,认为劳动是价值的唯一源泉,同时,通过把劳动和劳动力区别开来,解决了导致李嘉图体系解体的两个难题。马克思认为,劳动力是潜藏在人的身体内的劳动能力,而劳动则是劳动力的使用过程,它体现出劳动力的使用价值,劳动是创造价值的源泉,可以创造出超过劳动力商品本身的价值,即创造出剩余价值,而劳动力价值是由生产、发展、维持和延续劳动力所必需的生活资料的价值来决定。

多要素创造价值论认为,价值不是仅由劳动创造,而是由包括劳动在内的多种要素共同创造的。多要素创造价值论中最著名的当数三要素创造价值理论。这一理论起源于19世纪初法国经济学家让-巴蒂斯特·萨伊[①],后经美国经济学家约翰·贝茨·克拉克等人的发展,形成三要素创造价值理论的现代形式。三要素指的是资本、土地和劳动。萨伊在其1803年出版的《政治经济学概论》中指出:物品的价值[②],是由资本、土地和劳动这三种生产要素协同创造的。为克服三要素创造价值理论原始形式的内在逻辑缺陷,西方经济学家建立了边际生产力理论。该理论是100多年前由克拉克在其著作《财富的分配》中提出,后经其他人补充、完善,形成三要素创造价值理论的现代形式。这一理论包括三个内容。第一个内容,要素创造的价值是其边际产品值。第二个内容,根据最大利润条件,报酬等于边际产品值即贡献。第三个内容,根据欧拉定律,总计相等,没有剩余。

对于一要素创造价值论,一些学者认为,尽管有经典作家的大量论述,但尚无任何逻辑一致性的证明,更很少有经验证据。[③]李俊霖(2010)从规范的角度分析了马克思的价值理论,认为在"价值"范畴已经被直接明确地界定为"抽象人类劳动"的前提下,创造价值的唯一因素自然就是劳动而不可能是其他任何要素。先把价值定义为人类劳动的凝结,然后又把劳动当作价值的唯一源泉,这实质上就等于说活劳动是物化劳动的唯一源泉、劳动创造劳动或劳动是劳动的源泉。"这种解释价值源泉的方式显然不能令人满意。"

对于三要素创造价值论,后来的经济学家有褒有贬,争议颇多。布鲁和格兰特(2008)这样评价它:这是"到他[④]那个时代为止关于分配的边际生产力理论的最清晰、最出色的分析","有助于解释在资本主义社会中收入是如何分配的,但是作为对我们观察到的分配的一种伦理解释,它还是远远不够

---

① 更早可以追溯到斯密的《国富论》,斯密在该书中提出了收入决定论。

② 此处的价值,指的是效用价值,不是本研究中所界定的"V+M",但这并不影响本研究对价值创造过程和创造价值的要素的分析。

③ 参见蔡继明:《论价值决定与价值分配的统一》,中国社会科学院经济研究所编,王振中主编:《市场经济的分配理论研究》,社会科学文献出版社2004年版。

④ "他"指约翰·贝茨·克拉克。

的"。马克思则在《资本论》第三卷中对萨伊的"三位一体"理论专门进行了批判。马克思认为,社会财富的生产过程涉及三要素:劳动、劳动资料和劳动对象。后两者又称为生产资料,是非劳动生产要素。劳动且只有人的活劳动才是创造价值的唯一源泉,其他任何非劳动生产要素是不创造价值的。白暴力(2002)指出边际生产力理论具有三个理论缺陷:第一,资本的测度与新古典生产函数的存在性问题;第二,成本函数的成立性问题;第三,"没有剩余"假定前提的一般性与最大利润二阶条件存在性问题。这是主张"三要素创造价值"理论,特别是主张"资本创造价值"理论的学者所面临的理论缺陷和必须解决的关键性理论问题。此外,白暴力(2007)进一步提出边际生产力理论在科学上是一个虚假的理论。尽管存在各种争议,三要素创造价值论对分配理论和实践的影响还是巨大的。

当代经济学家们认为,萨伊的错误在于,认为所有的生产要素都创造价值,进而得出了(所有要素)都分配价值和资本主义生产关系是合理的这样的结论。如果不是他的价值论,单就生产要素分配论而言,不是没有道理,也与马克思的理论不冲突(李心合,2007)。

随着时代的发展,关于价值创造的理论也不断发展。进入20世纪,特别是到了20世纪末期,随着知识经济的兴起,劳动价值论逐渐向知识价值论扩展。但究其实质,知识价值论仍属于劳动价值论的范畴。而多要素创造价值论也不断推陈出新。熊彼特将企业家才能从一般劳动中剥离出来,认为企业家才能是一种新的生产要素。

3.3 价值创造要素基础的演化

3.3.1 价值创造要素基础的争论

对于创造价值的要素,马克思主义早就给出了科学的答案,那就是劳动且只有人的活劳动才是创造价值的唯一源泉。但仅仅知道这一点,还不能够解决现实中的分配公平问题。因为价值创造的要素基础未必只有劳动一种。也就是说,一要素创造价值论科学,未必价值创造的"一要素"基础说就科学。虽然,劳动创造价值是马克思主义的不可动摇的观点,但是,劳动不可能孤立地创造价值。作为物化形态的劳动,在价值创造的过程中都是不可或缺的,都对价值创造做出了重要的贡献。"不论生产的社会的形式如何,劳动者和生产资料始终是生产的因素。"①事实上,除了极端的情况,如"原始未开化状态"(亚当·斯密语)下的徒手狩猎或采摘果实等,人类生产的场合几乎都适用价值创造的"多要素"基础说,而在企业的语境下则全部适用。一要素创造价值论的支持者或许要反驳这一观点,他们根据马克思提出的劳动且只有人的活劳动是创造价值的唯一源泉的论断,而坚定地认为对创造价值做出贡献的只有劳动这一要素,因而其价值创造的基础是"一要素"而不是"多要素"。这种辩解显然混淆了"劳动是创造价值的唯一源泉"与"劳动是创造价值的唯一要素基础"这两个命题。对于前者,即使是多要素创造价值论的支持者也是认同的。而对于后者,即使是马克思本人也是否认的。马克思指出,社会财富的生产过程涉及三要素:劳动、劳动资料和劳动对象。后两者又称为生产资料,是非劳动生产要素。马克思还曾引用过威廉·配第的一句名言:"劳动是财富之父,土地是财富之母。"这意味着财富的生产需要土地等生产条件。资本、土地等非劳动的生产要素尽管不创造价值,但参与了社会财富的创造(洪银兴,2010)。尽管马克思是在"财富创造"的语境中说明非劳动生产要素在"创造财富"过程中的重要性,但即使放到"价值创造"的语境中,马克思的论断也是成立的,除非人类回到"原始未开化状态"。遗憾的是,长期以来片面强调劳动创造价值问题,资本、土地、技术、管理等要素在价值创造中的作用被忽视了或者被片面化了。假如"劳动是创造价值的唯一要素基础"是个真命题,试想一下,在现代企业中,没有资本等非劳动要素的参与,价值如何能生产和表达出来?

此外,由于马克思在《哥达纲领批判》一文中对多要素创造价值论的代表人物萨伊的批判,使得萨伊关于价值创造的要素基础等一些合理的分析也被彻底否定了。萨伊认为,物质是一个既定的量,不能增加也不能减少,并非人类所能创造。人力能够做的,只是改变已经存在的物质形态,使之提供以前所不具有的效用,或者扩大原有的效用。效用作为物品满足人类需要的内在力量,是物品价值的基础。既然生产就是创造效用,那么,在生产过程中对效用做出贡献的,不仅有劳动,还有资本和土地。因此,物品的价值,是由资本、土地和劳动这三种要素协同创造的(王东京,2005)。也就是说,在萨伊看来,资本、土地和劳动都是价值创造的要素基础。综合上述分析,可以自然地得出结论:在公司企业中,价值创造的要素基础是多方面的。

---

① 《马克思恩格斯选集》第二卷,人民出版社1995年版,第279页。

3.3.2 作为价值创造要素基础的要素种类

尽管公司企业价值创造的基础只能是"多要素",但是对于哪些要素构成价值创造的基础,学术界却众说纷纭,莫衷一是。如表3-1所示,历史上出现过"两要素""三要素""四要素""六要素""七要素"等多种说法(李心合,1999;罗福凯和连建辉,2001;罗福凯,2003;罗福凯,2010;刘诗白,2003;李全伦,2008;王朋吾,2009)。17世纪中叶,威廉·配第提出"所有物品都是由两种自然单位——即土地和劳动——来评定价值","劳动是财富之父,土地是财富之母",由此后人认为配第提出了"两要素"说。这一分析可以认为是后人分析企业价值创造要素的起点。此后,萨伊明确提出了创造价值的"三要素",即劳动、土地和资本,这一说法直到20世纪初马歇尔提出"四要素"说之前,都占据着主导地位。20世纪80年代,随着知识经济的到来,对要素的看法又有了新的发展,出现了"五要素""六要素"等一些新的说法。而近年来随着数字经济与传统经济社会的交汇融合,特别是物联网技术和各类平台企业的发展,使数据规模呈几何级数高速增长。[①]数据要素的价值创造作用越来越明显。中国共产党十九届四中全会通过的《中共中央关于坚持和完善中国特色社会主义制度 推进国家治理体系和治理能力现代化若干重大问题的决定》(下表中简称《决定》)以明示方式提出的"七要素"之中就包括"数据"要素。

表3-1 价值创造的要素基础

提出者或出处	要素数量	具体要素	备注
配第	2	劳动、土地	配第的要素说为后人据其叙述总结
萨伊	3	土地、资本和劳动	
马克思	3	劳动、劳动资料、劳动对象	
李嘉图	3	劳动、土地、资本	
克拉克	2	劳动、资本	资本中包括土地
马歇尔	4	劳动、土地、资本、组织	

---

① 以我国为例,从20世纪90年代数字经济萌芽开始到2021年,我国数字经济规模从几乎可以忽略不计增长到45.5万亿元,数字经济占国内生产总值比重由几乎为"0"提升至39.8%。另据《国家数据资源调查报告(2021)》显示,2021年我国数据全年产量达到6.6ZB(即$6.6×2^{70}$B),同比增加29.4%,占全球数据总产量的9.9%,位居全球第二。

提出者或出处	要素数量	具体要素	备注
李心合(1999)	6	物力型资本、人力型资本、体力型资本、知识型资本、衍生型资本、整合型资本	针对知识经济
罗福凯和连建辉(2001)	7	人力资源、资本品、自然物、技术、信息、网络、财务资本	
罗福凯(2003,2010)	6	人力资源、财务货币资本、机器设备和原材料、技术、信息、知识	
刘诗白(2003)	6	劳动力、工具力、对象力、科学力、管理力、环境力	
李全伦(2008)	4	资本、企业家才能、劳动力、公共环境	
王朋吾(2009)	6	自然资源、资本、劳动力、技术、管理、信息	
吴星泽(2013)、吴星泽和岳贤平(2017)	5	劳动、人力资本、财务资本、信息、公共环境	
中国共产党十九届四中全会《决定》	7	劳动、资本、土地、管理、技术、知识、数据	列举法,从参与分配的角度提的

价值创造的"多要素"基础是随着社会及生产方式的变化而变化的。总的来说,非劳动生产要素的外延不断扩大,由土地而资本,继而到组织、数据、到公共环境,等等;而劳动本身也不断地分化,从中裂变出新的生产要素,如20世纪50年代之后出现并得到广泛承认的人力资本、20世纪80年代左右提出的技术、管理等。

3.3.3 价值创造的主导要素及其演化

回望历史可以发现,在历史上的不同时期,甚至在同一时期的不同地方,由于生产力发展的不平衡,作为价值创造基础的要素地位也不相同。但一般来说,在多种要素之中,有一种是起主导作用的。在农业文明阶段,土地和劳动力在生产中起关键作用,其中,土地起主导作用。在工业文明阶段,劳动、土地、资本、企业家才能构成价值创造的要素基础,其中,资本取代土地,成为主导性要素,而"土地进入企业生产过程的方式从'租赁交易'转化成'买卖交易',从而演变为非独立要素"(李全伦,2008)。在知识经济时代,人力资本取代企业家才能的说法,成为独立要素,并有取代货币资本(即原来的资本要素)主导地位之势。而正在走近人类的数字经济时代及未来的智能经济时代,数据、人工智能占据支配地位而成为该经济时代的主导要素(见图3-1)。

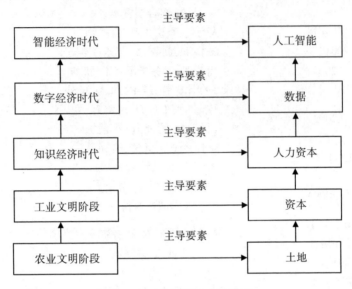

图 3-1　不同时期的主导要素

3.4　现代企业价值创造的"五要素"基础

3.4.1　要素的确认标准

　　要素具有历史性,不同时期价值创造的要素基础并不完全相同,要素的相对地位也有变化。从17世纪中叶威廉·配第提出价值创造的"二要素"论以来,人们经历了农业时代、工业时代、知识经济时代,并正在走进智能时代,价值创造的要素理论也由"二要素"说演化为"三要素"说、"四要素"说乃至于"六要素"说和"七要素"说等不同的说法。进入21世纪以来,随着移动互联网和大数据在生产生活中的广泛应用,数据要素在企业价值创造中的作用日益突出,在部分企业中甚至处于无可替代的主导地位,但基于历史的原因,此类要素或依附于资本,或依附于人身,或游离于企业内外,以公共产品或无主产品的形式存在,其贡献和价值无法通过自身表达和实现,这既与该类要素在现代企业中的地位和作用很不相称,也不利于该类要素的生产者或持有者积极性的发挥,更不能体现分配过程的正义。从理论上重新认识现代企业价值创造的要素基础十分必要。

不过,要素的确认不是随意的,要依据一定的标准对价值创造生产实践进行抽象。罗福凯和连建辉(2001)提出了确认要素的四条基本标准:时代性标准、商品性标准、规模性标准、相对独立性标准。时代性标准指的是要素的确认要符合经济发展和社会进步的真实内容和内在要求,全面、客观地反映全社会物品生产和服务提供的基本因素。商品性标准指的是要素也应是一种商品。规模性标准指的是作为要素的因素不是个别的、偶然的、突发的,而是普遍的、必然的、稳定的。相对独立性标准则包括三层意义。一是各要素之间可以相互独立,以独立的商品形态出现在市场上进行交易和流动;二是各要素有着各自的运动规律;三是除劳动力以外,其他生产要素均能够从"人体"中相对剥离出来,以独立的使用价值形态出现在市场上。上述标准中的前三条,将作为本书确认要素的标准。而对于第四条标准,我们拟将其改为相互区分性标准,指的是各种要素具有自身的典型的区别于其他要素的特征。其原因是,如果采用相对独立性标准,目前被社会广泛承认的劳动与人力资本这两类要素将无法区分,而如果不做区分,势必无法反映知识经济时代的特征,从而不能体现第一条时代性标准。另外,随着知识经济的到来,各类"软资源"如知识、技术、信息、"关系"等成为企业生产经营的重要基础,此类"软资源"要素的具体表现较多,如仅按照上述四个方面标准确认要素,则上述每一种"软资源"都可以作为一类要素,导致确认的要素过多,不利于理论的建构,也不便于企业的实践。因此,在上述标准之外,我们又加入一条概括性标准:即按照要素的本质内容将具有不同外在表现的要素概括为一类。

综上,本书将采用五个标准确认要素:时代性标准、商品性标准、规模性标准、相互区分性标准、概括性标准。

3.4.2 "五要素"的内涵

依据上述标准并结合已有研究成果,本书提出现代企业价值创造的"五要素"论,即价值是在劳动、人力资本、财务资本、数据和公共环境这五种要素的配合下创造出来的。"五要素"中,劳动指一般劳动,其表现为劳动者的普通技能;人力资本指高级劳动,表现为企业家才能、高技能、依附于人身的知识、技术①等;财务资本指投入生产过程的物质、技术等,表现为货币、资本品、土地、独立形态的技术等;数据为存储在电子媒介中的,以数值、文字、图形、图像、音频、视频等形式存在的,以0或1的二进制计数法组成的编码或数字化的记录。这些记录体现的是技术信息、市场信息、政策信息、生产销售数据、客户信息、商誉等;公共环境指各种作用于企业,影响其生存和发展的基础设施、商业氛围、人文社会因素等构成的综合体,表现为基础设施环境、商业环境、人文环境、政策环境等政策因素。各要素的含义如表3-2所示:

表3-2 作为价值创造基础的五种要素

要素名称	要素含义	要素表现形式
劳动	一般劳动	普通技能
人力资本	高级劳动	企业家才能、高技能、依附于人身的知识、技术等
财务资本	投入生产过程的物质、技术	货币、资本品、土地、独立形态的技术等
数据	存储在电子媒介中的,以数值、文字、图形、图像、音频、视频等形式存在的,以0或1的二进制计数法组成的编码或数字化的记录	技术信息、市场信息、政策信息、生产销售数据、客户信息、商誉等
公共环境	各种作用于企业,影响其生存和发展的基础设施、商业氛围、人文社会因素等构成的综合体	基础设施环境、商业环境、人文环境、政策环境等

3.4.3 "五要素"的争论

对这五种要素的划分,争议最小的是财务资本,在历史上各种不同的要素划分方法(见表3-1)中,财务资本都占一席之地。"五要素"说沿袭了以往的说法,仍然将其视作价值创造的重要要素基础。同时,根据工商业实践中以土地使用权②、技术折价入股的通常做法,将土地、独立形态的技术亦视作

---

① 技术包括专利、工业产权、工艺、秘方等。本文没有采用将技术单列为独立要素的说法,而是根据其存在的不同状态,将其分别视作人力资本和财务资本要素。技术可以依附于人身,也可以独立存在。对于依附于人身的技术,本文将其视作人力资本;对于独立存在的技术,尽管其是劳动的结晶,但由于其在实务中参与生产和获得收益的方式主要是折价入股,因此在本质上技术与资本品没有区别,故将其归入财务资本。

② 在中国,土地为国有,公司等主体只可能拥有土地使用权,而无所有权。这一点与西方不同。

财务资本,而不单独列为一类要素。

稍有争议的可能是将劳动区分为一般劳动和高级劳动,从而产生(一般)劳动和人力资本两个要素。反对者或许会说,劳动者的劳动只有量的差别,而不存在质的差别。的确,作为抽象,无论是一般劳动还是高级劳动,都可以归为劳动一类。尽管如此,我们不能否认一般劳动和高级劳动在创造价值能力与效率方面客观存在的差别。事实上,一些经济学家早已经这么分析了。如马克思在《资本论》中分析商品价值量时,把生产商品的劳动,区分为简单劳动和复杂劳动,在分析生产过程和价值形成过程时,又将劳动区分为高级劳动和社会的平均劳动。熊彼特在其1934年著作《经济发展理论——对于利润、资本、信贷、利息和经济周期的探究》中指出,领导的劳动和被领导的劳动之间有区别,"领导的劳动有某种创造性","似乎形成了第三种生产要素"。[①]在20世纪60年代西奥多·舒尔茨明确提出人力资本概念以后,人力资本不仅在学界而且在实务界都产生了极大影响。1986年保罗·罗默将知识作为一个独立的因素纳入了经济增长模式,提出了著名的罗默模型(Romer,1986)。在该模型及新经济增长理论的另一位代表人物罗伯特·卢卡斯随后提出的"两资本模型"中,人力资本都被视为最重要的内生变量。在我国,哲学界对劳动理论的研究取得的一个重要进展,就是深化了对劳动质的规定性的认识,将劳动区分为创新劳动和常规劳动(董振华,2011)。回到现实,高级劳动体现了我们所处的这个知识经济时代的特性,其所占的比重越来越大,完全符合确认要素的时代性和规模性标准。同时,其表现形式与一般劳动的表现形式也容易区分,满足确认要素的相互区分性标准。至于商品性标准和概括性标准,将劳动区分为一般劳动和高级劳动之后,仍然是满足的。在表述方面,则参考理论界一般习惯,将高级劳动表述为人力资本,而将一般劳动仍以劳动名之。

将数据单独作为一种要素,已经成为普遍共识。这在2017年前还不敢想象。那时,论证信息(数据)作为一种要素加以确认,还是一项具有挑战性的工作。罗福凯和李鹏(2008)较早提出,信息既可消除不确定性,又可发现价值、创造价值,因此,人们愿意支付一定的成本获取信息。"信息已成为经济活动不可缺少的生产要素。"王朋吾(2009)也认为,信息与企业价值增长有着密切关系,信息能够为企业管理决策提供依据,改进生产制造工艺和技术,规避可能的风险,从而使其他要素达到最优的配置,共同为企业创造价

[①] 另两种要素为土地和劳动。熊彼特将领导的劳动从一般劳动中区别出来,称之为企业家才能。

值。此后,吴星泽(2013)、梁春晓等(2015)都明确提出信息作为生产要素的观点。但并没有在学术界引起大的反响。畅销书作家涂子沛写了大数据三部曲,引起了社会的广泛关注,但主要是描述现象,没有将数据上升到理论高度。

2017年12月8日,习近平在主持党的十九届中共中央政治局第二次集体学习时的讲话中指出,要构建以数据为关键要素的数字经济,发挥数据的基础资源作用和创新引擎作用,加快形成以创新为主要引领和支撑的数字经济。这是数据第一次作为关键要素被提出来。2019年10月,中国共产党第十九届四中全会审议通过的《中共中央关于坚持和完善中国特色社会主义制度 推进国家治理体系和治理能力现代化若干重大问题的决定》(以下简称《决定》)明确指出,要"健全劳动、资本、土地、知识、技术、管理、数据等生产要素由市场评价贡献、按贡献决定报酬的机制",从宏观上提出了对数据要素贡献进行确认的要求。《决定》对要素类别的新概括,突破了传统要素观念的束缚,是党和国家在要素认识问题上再一次的完善和深化,符合现代企业生产的时代特征,体现了要素地位的新变化。①数据成为关键要素成为全党全国人民的共识。不久之后的2020年3月30日,《中共中央 国务院关于构建更加完善的要素市场化配置体制机制的意见》出台,进一步提出加快培育数据要素市场的愿景。种种迹象表明,如同农业经济时代以劳动力和土地、工业经济时代以资本和技术为新的生产要素一样,数字经济时代,数据已经成为新的关键生产要素。

数据作为现代企业价值创造的要素基础之一,在现实中也得到了充分的实践,以下四个典型应用场景,可以作为例证部分地说明问题:

例证之一:淘宝网淘出成功——信誉的功劳。互相不认识的交易对象,如何在见不到实物的互联网上打消买家买到假货、卖方收不到货款等顾虑而达成交易?其中关键的问题是买方、卖方和平台方的信誉问题。建立有效的信息彰显机制,减少信息不对称现象,才能使买卖双方放心交易。淘宝网的信用评级制度②在淘宝网及淘宝网商户的成功中厥功至伟,而其依靠的正是数据。

---

① 参见吴星泽:《完善和深化要素认识,健全按要素贡献分配机制》,《审计与经济研究》2020年第1期。

② 淘宝会员在淘宝网每使用支付宝成功交易一次,就可以对交易对象做一次信用评价。评价分为"好评""中评""差评"三类,每种评价对应一个信用积分,具体为:"好评"加一分、"中评"不加分、"差评"扣一分。根据信用积分评定信用等级。信用等级是公开易得的信息。

例证之二：现代物流效率和成本的降低——数据信息是关键。成千上万的存货如何管理？零库存和精益生产如何做到？一条路况信息对运输企业意味着什么？在货场，如何做到不停车通行？这些问题的答案都隐藏在数据中。电子标签、GPS、GIS等技术和产品的出现和广泛应用，使企业利用数据信息及时做好相关规划和安排成为可能，既大大提高了物流效率，又降低了物流成本，从另一个角度创造了企业价值。

例证之三：广告的定向投放——数据信息是基础。数字时代，人们在各种活动中留下了大量的数据痕迹。如谷歌、百度等搜索引擎中的搜索数据，快递过程中产生的快递数据，淘宝等购物网站的购物数据，万事达、Visa等信用卡公司的客户刷卡数据，QQ群、微信朋友圈等社交网络中的社交信息，等等。通过这些数据信息，分析客户的分布区域、兴趣爱好、消费习惯等，以实现广告的定向投放，提高广告的效果。在数据挖掘技术日趋成熟的今天，实现广告定向投放已不存在技术障碍，并且已被很多公司应用。

例证之四：不受时空限制的信用贷——基于大数据的自动审批。信贷审批是指一笔信贷业务自客户提出授信申请，经过授信调查、受理审查到审批批复、授信后重检的全部管理过程。信用评价是银行审批贷款的基础。在传统的模式下，需要审核员人工地审查客户提供的申请表、身份证、信用报告、收入证明等决策性资料，以及经营证明、住址信息、亲友信息等非决策性资料，在完成核验之后，根据业务经验对申请人打分并排序，再由权限人决定是否通过或拒绝，以及审批多少额度。为了规避信贷风险，银行往往需要贷款客户提供抵、质押物。随着大数据技术的不断发展，基于大数据技术的信贷审批解决方案日趋成熟。阿里巴巴旗下的蚂蚁金服是较早利用大数据放贷的金融企业。由于阿里巴巴旗下拥有淘宝、饿了么、高德导航等多种平台，特别是支付宝接入各种生活场景带来的全面信息，为蚂蚁金服研判客户信用提供了较为可靠的决策依据，使蚂蚁金服成为大规模信用贷的较早提供者。相较于传统信贷审批模式，大数据环境下的信贷模式是一种业务与数据共同驱动的智能审批模式。在新的业务模式下，客户仅提供少量必要补充信息，即能不受时间和空间的限制，通过网络办理信贷业务，并在短时间内由风险决策系统自动完成信贷的审批和定额。相较传统信贷工厂模式，无论是在效率还是在客户体验上都带来极大的提升。目前，包括国有大行和城市商业银行等在内的各类金融机构都已开始利用大数据进行客户信贷审批，信用贷款总额持续上升。就企业而言，截至2020年12月底，已与178个"信易贷"地方平台或站点实现技术对接和数据交互，累计注册企业419.3万家，发放信用贷款总额1.01万亿元。

上述实例只是数据在价值创造中作用的冰山一角,但它们却足以说明数据是十分值得企业重视的因素。进一步,对照确认要素的五个标准,数据都能一一满足,因此,我们将数据作为价值创造的"五要素"基础之一,并且认为在社会由知识经济时代转向数字经济时代时,数据极有可能取代人力资本成为新的标志性主导性要素。

公共环境指各种作用于企业,影响其生存和发展的基础设施、商业氛围、人文社会因素等构成的综合体。在大多数分析中,公共环境被视作企业的一个外生变量,尽管其对企业施加重大影响,但并没有被视作一类生产要素。随着经济日益社会化和国际化,不同区域或国家的政府在营造公共环境的差异性方面展开了激烈竞争,从而公共环境成为任何企业组织必需的要素之一(李全伦,2008)。本书也认为应将公共环境视作企业的内生变量,因此将公共环境列为"五要素"之一。

3.4.4 价值创造"五要素"论的意义

劳动、人力资本、财务资本、数据、公共环境等因素已成为现代企业普遍利用的创造价值的要素,随着工业4.0、中国制造2025等目标由概念到具象,数据、公共环境等因素在企业创造价值活动中的作用将越来越重要。研究共享发展,自然要将对价值创造有贡献的要素所有者或提供者都考虑在内。然而目前理论界对上述变化的呼应远远不够。大部分理论分析仍然停留在劳动与资本二分法的传统框架内。

本书结合时代特点和现代企业生产的实际,适时将数据与公共环境要素纳入企业价值创造的要素分析体系中。"五要素"基础说,不仅对于完善要素理论有重要的学术意义,而且可以更好地反映现代企业价值创造的现实,使之更加符合现代企业生产的实际,进而可以为实现按要素贡献公平分配,改善初次分配现状,构建符合中国国情的更加公平合理的收入分配模式,实现发展成果共享的政治和社会目标提供新的思路。

首先,为数据这一知识经济、数字经济及未来的智能经济中日益重要的要素参与企业价值分配提供依据。大数据已经在相当大程度上影响了企业价值创造,并极可能在未来的信息经济社会中成为最重要、最有价值的要素,必须在理论上明确数据要素的地位,为其参与企业价值分配提供依据。

其次,为政府税收的合理性提供新的解释。由于政府是公共环境的最重要的塑造和维护者,政府通过公共环境的贡献参与企业价值分配合情合理。与依靠国家强制力征税的理论相比,按公共环境贡献征税更易为企业所接受,并且使按要素贡献分配中的各个要素参与价值分配的依据趋于统一。

再次，为中央完善按要素贡献分配的初次分配政策提供依据。明确要素类别是科学制定政策的前提。一直以来，要素的外延不够清晰。理论界劳动与资本二分法的要素分类模式远远落后于实践，2002年党的十六大报告在阐述按要素贡献分配原则时，采用列举的方式明确生产要素的种类，明确提到了劳动、资本、技术和管理等几种要素，这已经说明实践突破了二分法的局限。随着近几年大数据、公共环境要素对企业价值创造影响的不断增加，越来越需要对影响价值创造的各项要素进行重新分类、整合，以使之反映现代企业价值创造的现状，并为科学地、公平地制定初次分配政策奠定基础。

最后，为我国实现共享发展目标提供新的思路。在"五要素"框架下，企业微观分配可由目前以利润分配为表现形式的狭义财务分配发展为以增加值(V+M)分配为表现形式的广义财务分配。通过广义财务分配，劳动要素不再只是成本扣除项，只给劳动以工资性补偿而不进行剩余产品分配的情况将改观，劳动者参与税后纯收益分配的"第一位的、天然的特权"(阎达五和徐国君，1999)不再受剥夺。另外，由于政府以提供的公共环境要素贡献而不是国家强制力参与分配，资本也不是以所谓"剩余风险"的承担者身份独享"剩余"，资本侵占劳动、税收侵占劳动等现象必然减少乃至消失，"五要素"所有者更可能实现公平分配从而实现国家共享发展的目标。

第4章　共享发展的广义财务分配

4.1　收入初次分配理论

4.1.1　收入分配理论回顾

从内容上看,收入分配研究主要有以下几个视角:①工资理论;②股利分配理论;③新创造价值(V+M)分配理论;④剩余价值(M)分配理论。早期的收入分配理论主要是工资理论,按现在的认识,这一理论可以归结为收入二次分配的范畴。[①]股利分配理论在财务学中常常被视为"分配"的理论,但如果深入分析,其实质其实是筹资,归属于筹资理论更为合适。退一步来说,纵然将其视为收入分配理论,也应是属于二次分配的范畴。[②]对于股利分配理论的分析,在后面的内容中会详细展开。③④研究的都属于收入初次分配的范畴。从分配方式上看,收入初次分配的理论可以分为两大阵营,按劳分配与按要素分配。按劳分配是由马克思提出的,并被认为是社会主义的一种基本的分配方式。对其他大多数(理论)经济学家来讲,不论是过去还是现在,首要的分配问题是功能性分配(布朗芬布伦纳,2009)。所谓功能性分配是指收入被划分为来自劳动的收入和来自财产的收入,也就是按要素分配。

对收入分配理论做出重要影响和贡献的学科首推经济学。这些影响和贡献可以追溯到重商主义学派,尽管重商主义并没有提出自己完整的分配理论。一些重商主义者(如威廉·佩蒂、让-巴普蒂斯特·柯尔培尔等)认为,

---

[①] 收入的初次分配指的是企业全部收入分成薪酬、税收、利息、利润等几部分。工资理论研究的是薪酬的再分配,因此说其相当于二次分配。

[②] 理由同上。

要减少懒惰和增加劳动力就业,低工资是必不可少的措施(布鲁和格兰特,2008)。从理论上说,这一措施必然会人为减少劳动从收入中获得的分配。重农主义者杜尔阁发展了一种工资理论,在这个理论中,他认为工人之间的竞争使工资可以降低到维持最低需要的水平上。

古典学派奠基人斯密提出了一系列关于工资、利润和地租的观点,是阐述收入的功能分配(要素份额)理论的一种尝试。斯密不赞成低工资的做法。在他看来,高工资可以增强工人们的健康与体力,可以激励工人们努力工作。斯密将工资与工作绩效联系在一起,并且意识到了谈判在工资决定过程中独到的作用。

古典学派的其他代表对收入分配理论也有重要论述。李嘉图认为,分配是社会总产品在工资、利润和地租之间的分配,分配应遵循边际原则和剩余原则。边际原则以土地报酬递减规律为基础,将地租看成土地这种要素的级差收益,以说明地租份额的变化;剩余原则以生存工资理论为基础,认为工资等于维持劳动力生存和延续所必要的生活资料的价值,利润是产品价值减去工资之后的余额,用以说明商品的价值在工资和利润之间的分配。值得一提的是,李嘉图从理论上提出了"工资铁律",认为工人在长期只得到最低工资。萨伊则从价值创造的角度提出了"三位一体"公式,即资本-利息、土地-地租、劳动-工资。其理由是价值由三种生产要素共同创造,三要素的所有者理应取得相应的报酬,即工人得到工资,资本所有者得到利息,土地所有者得到地租。穆勒对分配问题也提出了他的论断。穆勒认为,分配仅是人类的一种制度而已。东西一旦存在,不管是个人还是集体,都可以以喜欢的方式处置它们。穆勒没有认识到生产和分配是相互关联的,对其中一个的干预会牵扯到对另一个的干预。如果收入分配不利于生产的维持,那么生产流量就会减少或者完全中断。尽管存在这一缺陷,但穆勒指出了政治程序在决定合理的收入分配方面发挥着更大的作用,这一观点直到今天仍然有着重要的意义。

此后,一些经济学家,如马歇尔、熊彼特、舒尔茨和贝克尔,开始注意到除资本、土地、劳动之外的要素,并将其纳入收入分配的考虑范围。马歇尔是新古典学派的代表,他认为,收入分为工资、利润、租金和准租金。在一个竞争经济中,收入分配由生产要素的定价来决定,企业家肯定会不断比较他们所使用的每一种生产要素的相对效率,并且还一定会考虑用一种要素替代另一种要素的可能性。工资不是由劳动的边际生产力单独决定,还由需求与供给共同决定。正常利润包括利息、管理报酬和企业组织的供给价格①,地租的量本身由土地的肥沃程度、产品的价格及边界土地的位置决定。准地租是指短期内旧有资本投资的回报。舒尔茨和贝克尔于20世纪60年代提出了人力资本的概念,这一要素在20世纪后20年中受到了越来越多的关注,并被许多学者纳入收入分配的研究范畴(如李心合,2007;孙伯良,2008;李全伦,2008;王甫勤,2010)。

新古典学派的观点也受到了一些学者的质疑。万秀丽(2001)指出,从表面上看,马歇尔和新古典综合派似乎在解决按生产要素分配中的数量决定问题上取得了一定进展,避开了边际生产力分配论的种种不足。但事实上,从决定收入分配的思想上看,这一理论在向前推进一步的同时,又往后退了两步。后退的第一步是它离开企业行为来建立分配理论,而分配最终是在企业层次上决定的。后退的第二步是它割裂了各个生产要素市场之间的内在联系,在单个生产要素市场上分别决定生产要素价格,而现实中完全孤立的单个市场是不存在的。

马克思指出,生产方式决定分配方式,生产关系决定分配关系。"消费资料的任何一种分配,都不过是生产条件本身分配的结果;而生产条件的分配,则表现生产方式本身的性质。"②因此研究分配问题,必须嵌入国家、社会、企业组织形式、所有权等表现生产关系的因素。黄少安(2000)还认为对经济学的理解和应用应考虑经济学的哲学基础,具有代表性和巨大影响力的经济学体系包括古典经济学体系、马克思主义经济学体系、新古典经济学体系和凯恩斯主义经济学体系。这几大代表性的经济学体系都是以"竞争"为主线的,或者说,其理论体系的灵魂是竞争,是揭示或解释人类经济行为竞争性的经济学,也就是竞争的经济学。个人主义、功利主义和自由主义是竞争经济学的哲学基础。

李全伦(2008)从企业的契约理论出发,提出了一种基于所有权理论的四维收入分配模型。模型中不仅考虑了人力资本,还将公共环境因素纳入其中,作为一种要素参与收入分配。他认为,随着经济社会发展,要素的分化与归并、要素所有者的独立与统一,以及要素进入企业生产经营过程的方式及其作用在不断发生变化。在农业文明阶段,土地和劳动力在生产中起关键作用,其中,土地起主导作用,因此,土地所有者成为生产组织(如农庄)及社会统治者。在工业文明阶段,资本取代土地,成为主导性要素,资本所有者成为生产组织(如企业)及社会统治者,而土地逐步演化为资本的附属

---

① 企业组织的供给价格,是企业家精神的回报。

② 《马克思恩格斯选集》第三卷,人民出版社1995年版,第306页。

物,土地进入企业生产过程的方式从"租赁交易"转化成"买卖交易",从而演变为非独立要素。在后工业时期,随着知识经济日益显现,企业家才能,逐步从劳动力要素和资本要素中分离出来,成为独立要素,以租赁交易方式进入企业生产过程,并有取代资本主导地位之势,且有分裂为技术、信息、管理等要素的倾向。另外,公共环境随着经济日益社会化和国际化,成为任何企业组织必需的要素之一。

张昭俊(2013)以微观主体企业为研究对象,主要运用人力资本理论、产权理论、收入分配理论及会计核算方法,重点研究企业人力资本的产权制度安排、人力资本产权价值的定价、公平的企业收入分配制度及会计制度的创新问题。其从人力资本与物力资本共同拥有企业产权的观点出发,提出了基于企业人力资本与物力资本平等产权主体的企业剩余收益公平分配的新模式。该理论突破了传统财务理论中以股东为中心计算利润的狭窄视野,不仅承认部分人员而且承认全体人员有权平等分享企业剩余。不过其理论要解决人力资本核算的难题,而截至目前,这一问题还没有令人满意的解决方案。

相比经济学而言,财务学对收入分配的关注过于狭隘。其关注的重心主要是公司与股东之间的分配。综观中外财务学的教科书,大多只关心股利分配与企业价值有关无关,股利有哪些分配方式。这反映了股东利益导向的公司价值观念。迄今为止,股东利益导向的公司价值观念依然是经济学、管理学和公司法学的主流观念,正如约翰·凯(2001)所指出的:"舆论普遍接受的观点是,我们最需要的是对现有的股东意向责任结构持肯定态度"(李心合,2004b)。股东利益导向的公司价值,源于人们对股东与企业剩余风险的传统认识。通常,人们认为,股东承担了企业全部剩余风险,就应享受因经营发展带来的全部税后收益(王化成,2006)。

王化成(2000a)突破了股东价值分配理论,指出财务管理中的分配对象有三个概念:小口径的概念,仅指税后利润;中口径的概念,指利润总额;大口径的概念,指薪息税前盈余,即支付工薪、利息和所得税之前的盈余,也就是薪息税前盈余(即 V+M)部分。从企业价值形成的角度来看,以 V+M 作为企业的分配对象是比较合理的。王化成进一步指出,当把企业分配的对象确定为薪息税前盈余后,企业的分配关系主要有以下几个方面:一是企业与劳动提供者的分配关系(包括企业的高级管理人员和一般的职工);二是企业与资金提供者之间的分配关系(包括债权人和股东);三是企业与主要服务提供者之间的关系(指各级政府)。由此,王化成把社会主义初级阶段分配受益者分为三个方面:资金提供者、劳动提供者和服务提供者。

由于企业理论、嵌入理论、社会责任理论和利益相关者理论的发展，财务学的视角逐步拓宽，产权、契约、冲突、利益相关者得到了更多的关注。李心合（2008）认为，冲突是普遍存在的现象，但主流财务学因把公司视为"合法虚构"而将公司客观存在的财务冲突网络给大大简化了。李心合（2007）从公司的实体性而非"合法虚构"出发，系统地分析了公司所存在的各种财务冲突的表现形式和形成机理，并从决策机制和分配机制方面对整合性财务制度安排进行了初步研究。其提出的基于价值创造的广义收益分配理论，将公司的利益相关者及供应链纳入了收益分配的框架，这个框架在流行的按要素分配理论的基础上又有扩展。

4.1.2 缺位的财务学初次分配理论

在主流认识上，国民收入初次分配问题一直被认为是政治经济学和宏观经济学的研究内容，鲜有学者将其作为财务问题专门研究。由于中国处于转型经济时期，同时分配问题又直接影响人民切身利益，是人民的重大关切，国内时不时掀起研究收入分配的热潮，形成了大量研究成果。在规范的成果之外，实证的成果也出了不少。但从总体上看，不管是规范的，还是实证的研究，多是宏观视角。实证分析数据也多来源于宏观数据，鲜有使用微观数据的。宏观领域的收入分配研究从福利、收入分配的未来趋势和现实状态出发，给出了收入分配合理性的判断标准，也对收入分配和经济增长之间的关联进行了理论探讨（金振宇，2011）。其成果对我们认识初次分配的重要性和分配原则具有重要的意义。遗憾的是，虽然经济学对初次分配的关注是较为系统的，但却更多地停留在宏观和理论层面，针对"按劳分配""按生产要素分配"等分配形式在市场经济中的活动主体——企业框架内实现形式的研究则相对薄弱（张广科，2009），因而其对微观企业分配实践的指导性大打折扣。不过如果据此将板子打在经济学的头上，将收入分配中存在的各种问题没有得到很好解决的原因归咎于经济学，则实在是"不公"的。至少在初次分配的领域如此。在微观领域，初次分配应该是财务学研究的对象，提出初次分配相关理论并对实践做出指导是财务学义不容辞的责任（吴星泽和肖高玉，2013）。

然而，财务学初次分配理论是缺位的。有人可能会说，财务学也涉及分配问题。比如股利分配理论，几乎尽人皆知其是财务学的理论，而且是"分配"的理论。但持这种看法的人看到的仅仅是表象。如果仔细分析就会发现，股利分配理论并不是分配理论，至少不是完整的财务学意义上的初次分配理论。股利分配理论主要研究股利分配是否影响股东价值（股利相关论和股利无关论)和股利分配政策的确定(四种典型政策)。如果将公司视作股东的公司[1]，则上述两个问题就仅仅是股东自己的事情，只是涉及股东自身财富存放位置的不同，是股东自身财富的"分割"，与初次分配所讲的价值在不同要素主体间的"分配"完全不是一回事。此外，有的财务教科书甚至将股利分配问题附属于其他问题内。比如，在我国具有重大影响的注册会计师考试指定教材《财务成本管理》中，开篇即明确指出财务学有三个分支：金融学、投资学和财务管理，这三个分支具有共同的理论基础并且相互联系，但是讨论的重点领域不同。金融学主要讨论货币、银行和金融市场的有关问题；投资学主要讨论个人和专业投资机构的投资决策；财务管理学主要讨论一个组织的筹资和内部投资决策。从上述描述中我们找不到财务分配问题的位置。事实上，股利分配问题被归入了筹资范畴。"长期筹资还包括股利分配。股利分配决策，主要是决定净利润留存和分给股东的比例，它同时也是内部筹资决策。"我们觉得，将股利分配看作筹资倒是抓住了股利分配的本质。

至此，财务学初次分配理论缺位已是不争的事实。财务学是应用经济学。由于缺乏微观领域初次分配理论的配合和承接，导致经济学分配理论难以传导和转化为对微观企业分配问题的有效指导，初次分配中一些重要的原则，如公平正义原则难以在企业中实现。

4.1.3 初次分配是一个财务问题

初次分配是一个财务问题。[2]首先，这是由财务管理的内涵所决定的。我国著名财务、财政学家张国干教授在1979年就提出，"财务的实质是一个分配问题，分配是财务活动中存在的特殊矛盾，体现了财务关系的性质，制约着财务活动的内容"[3]。申波(1986)则强调，企业财务之所以成为一个经济范畴，从根本上说，是由企业财务分配所形成的经济关系决定的。如果忽视了财务分配，那无疑是取消了作为经济范畴的企业财务，剩下的仅仅是财务管理的业务技术方法问题。这些观点在我国改革开放初期，市场经济的地位没有明确之前是占主流地位的。随着市场经济的逐步确立，以公开市场为依托的美式财务学理论逐步占据主流，人们对财务的认识与先前有所

---

① 在新古典的范式下，公司被视作股东的公司。

② 此处并非否定初次分配是一个政治经济学问题之类的判断，而是为了强调初次分配问题的财务属性，从而为把初次分配问题引入财务学打下理论基础。

③ 张国干：《论社会主义国营生产企业财务的本质与财务职能——兼评财务的货币关系》，《财经论丛》1979年第3、4期合刊。

不同。尽管如此,分配仍然被视作财务管理的应有之义。在我国的财务学教科书中,基本都体现了这一点。如杨丹和王宁(2009)指出,财务管理就是"在微观层面上,企业筹集、配置、运用现金资源开展营利性活动,为企业创造价值并对创造的价值进行合理分配"的活动。可惜的是,教科书的内容在展开时,没有一以贯之地将完整意义的价值分配贯彻到底,而是仅仅局限于股利分配这一狭窄领域。

其次,初次分配是在企业层次上决定的。能在微观层面上对分配发挥实际重要作用的是财务管理。考察一下企业利润的一般形成过程即可看出这一点。企业通过生产经营活动首先取得主营业务收入等收入,在弥补生产经营耗费、缴纳流转税之后,其余部分成为企业的主营业务利润;主营业务利润和投资净收益、营业外收支净额等构成企业的利润总额。利润总额首先要按照国家规定缴纳所得税,净利润要提取公积金和公益金[①],分别用于扩大积累、弥补亏损和改善职工福利,其余利润作为投资者的收益分配给投资者或暂时留存企业或作为投资者的追加投资。

最后,初次分配影响企业的现金流。现金流是财务的重要特征。王庆成等(1988)指出,财务的实质是"企业再生产过程中客观存在的资金运动及其所体现的经济关系",这种财务的"资金运动论"在今天仍能较好地反映企业财务管理的实践活动。随着分配过程的进行,资金或者退出或者留存企业,它必然会影响企业的资金运动,这不仅表现在资金的规模上,而且表现在资金运动的结构上,如筹资结构。

遗憾的是,至今为止,在企业财务理论的研究中,还没有将初次分配视作财务问题提出一个完整的统一的理论框架或体系。由此,实务中各要素报酬的确定依据、形式、份额是在不同的框架内决定的,如劳动报酬在企业外部由市场竞争和劳动力的再生产条件决定,获得所谓生存工资;人力资本报酬则由人力资本在进入企业时,物质资本所有者和人力资本所有者通过评估或"讨价还价"形成(刘启亮,2002),其形式则为工资、年薪、股权、期权等;国家凭借国家机器的强制力对企业征收流转税和所得税;债权人凭借资产使用权的让渡获得利息;而股东则凭借对企业的所有权占有利润。各种要素所有者提供的要素共同生产的"蛋糕","分割"的依据和标准各不相同,这样的安排很难保证分配的公平合理性,甚至可以说先天就是不公平的。

---

① 从2006年1月1日起,按照《公司法》组建的企业根据《公司法》第一百六十七条进行利润分配,不再提取公益金;同时,为了保持企业间财务政策的一致性,国有企业及其他企业一并停止实行公益金制度。

马克思在100年前就曾分析过早期资本主义的劳资矛盾,认为工人只得到相当于用于再生产劳动力的价值部分,而资本家却无偿占有工人创造的全部剩余价值,是赤裸裸的剥削。当今时代的情况虽谈不上赤裸裸的剥削,但强势群体利用规则侵占弱势群体利益(如资本侵占劳动、税收侵占劳动)、内部人利用信息优势侵占外部人利益(如逃税)的事情还是时有发生的。如果不将要素报酬放在一个统一框架内决定,则上述问题不会消失。此外,各种要素报酬在会计处理上的不同——劳动报酬进成本,利息进费用或资本化,人力资本报酬进成本、费用或从利润中分配(股权期权等),税收进成本、费用和从利润中分配,以及股利从利润中分配——更使人们难以看清初次分配的结构,形成了改进分配的障碍。

财务分配问题的现状与我国财务分配的历史沿革有关。新中国企业财务是在全盘照搬苏联企业财务模式基础上逐步发展的。"一五"时期,财务管理和其他工作一样开始起步,在理论上学习苏联,在实践上出台了一系列政策和措施,构建了国有企业财务管理体制及其基本内容。1958年和"文化大革命"时期,财务管理曾两度受到冲击,企业的财务制度被冲击,甚至被取消,财务管理陷入了混乱和无序状态。在这个时期,财务无思想、财务无理论,财务管理几乎不存在成了这个时代的特征(杨雄胜,2007)。从实践上看,这一时期,企业在财务收支上几乎是政府的出纳,国家统负企业盈亏,企业费用开支由国家详细规定,成本如何核算也由政府统一明确;企业盈利往上交,企业亏损国家补。企业收入分配实际上是财政分配。

随着经济改革和企业自主权扩大,企业财务的分配职能日益突出。企业有权参与利润分配,企业的留利要分配为后备基金、生产发展基金、新产品试制基金、职工福利基金和职工奖励基金。财务管理在初次分配中的实践范围扩大了。然而这种情形并没有保持多久。随着我国市场经济改革的不断深化和现代企业制度的建立,我国的财务管理逐步由苏式财务转向美式财务。在主流的美式财务学领域,对分配的关注则集中在公司与股东的利益分配方面,即股利分配理论。然而若将公司视为股东的公司,则这种分配只是资本要素自身收入的再分配。显然,主流财务学的分配理论不仅不能解决初次分配问题[①],而且使资本对劳动的侵占合法化,在劳动者缺少维权手段的情况下,导致劳资矛盾恶化。由于缺乏系统完善的微观收入分配

---

① 作为初次分配重要内容的税收、工资等是作为成本在生产流转环节扣除,虽然其客观后果也是对收入的分配,但由于没有将各种要素放在一个系统内考虑,很难保证分配结果的公允公正。

理论指导,企业等微观主体很难科学合理、公平正义地实现初次分配。企业的分配更多的是在政府(通过法规)和内部人(通过制度)的安排下完成的,在积累和效率等堂皇的理由下,在政府强权、资本强权、劳工谈判能力受限等背景下,初次分配中出现资本侵占劳动、税收负担过重等侵害处于弱势地位的要素利益的现象就不足为奇。

面对社会上存在的分配不公等问题,学者们关注得更多的是二次分配、三次分配,而忽视了从源头即初次分配解决上述问题才是治本方法。为了将经济学关于初次分配的研究成果有效地运用于企业中,将国家宏观的发展理念落实到微观主体,必须在经济学与企业实践间架起一座桥梁,而财务学无疑是这座桥梁的最恰当之选。因此,初次分配是一个不折不扣的财务问题。从财务角度讲,研究共享发展的微观收入分配机制,就要对现有的追求股东价值的股利分配理论进行批判和扩展,构建基于价值创造的以初次分配为研究对象的广义财务分配理论。

4.2　追求股东价值的狭义财务分配理论

4.2.1　股东价值的追求

股东价值表示公司在一段时间内,经济价值总的提高。其中的经济价值是指一项资产或者索取权为股东提供税后现金流量的基本能力。这个现金流量可以通过收益、合同付款或将来某一时刻的部分或全部清算而产生(海尔菲特,2000)。主流的经济学、公司法学、管理学和财务学理论普遍认为:公司是由股东所有的,董事是股东的受托代理人,其首要任务和主要职责就是为股东创造价值(李心合,2009b)。在美国及世界其他地方,越来越多的公司管理者重新检查公司的整体结构及职能、加强公司决策来完成其为股东创造价值的使命。为了创造股东价值,公司管理者致力于重组、并购、提高成本收益,开发用于衡量价值的程序、数据库、措施、激励机制等(海尔菲特,2000)。

一个世纪以来,追求股东价值成为公司首要的和终极的目标。尽管历史上公司财务目标以利润最大化、每股盈余最大化、股东财富最大化、公司价值最大化等不同形式出现,但其实质是相同的①,实现的都是股东价值最大化。公司价值由于将债权人利益考虑在内,因此,有人认为公司价值兼顾了股东以外的利益相关者。李心合(2009a)对这种说法进行了批判。李心合指出,从目标与方法一致性角度看,投资决策遵循价值最大化的标准,而投资决策方案中的价值标准是根据以利润为基础计算的现金流决定的,也就是根据归属于股东的利润计算的,完全没有考虑股东以外的其他利益相关者。实际上,在财务学的逻辑框架内,目标函数和决策标准是不可能考虑股东以外的利益相关者的,否则也就难保理论上的逻辑一贯性。因此,不管是利润最大化还是价值最大化,说到底都是股东财富最大化。

此外,尽管现在的许多教科书在描述财务目标时通常包括价值创造(价值最大化)和社会责任两部分,但事实上,社会责任是著书者附加或强加的。因为按照通常的解释,公司财务或财务管理主要解决投资决策、融资决策和股利决策,但书中对这三类主要财务决策的分析标准均采用单一的价值标准,而这个价值标准又是根据与股东利益有关的、以净利润为基础计算确定的现金净流量折现而来的,社会责任和社会成本并没有被纳入财务决策的标准体系。因此,在正统的财务教科书中,我们经常看到:一方面,面对现实世界,在设定公司财务目标函数时不得不附加一个次要的或辅助的社会责任;另一方面,为更好地进行数量分析,在设定公司财务决策标准时又不得不舍掉社会责任,而专注于体现股东价值的现金净流量。综观西方数理财务学的体系框架,主线是单一的"价值",目标是价值函数,决策是价值标准,因此可以称之为价值财务学(李心合,2012)。这里的价值指的就是股东价值。由此,我们看到,主流财务学体现的正是企业对股东价值的追求。

4.2.2　股东价值追求下的狭义财务分配理论

企业分配理论应研究哪些内容,历来有不同的观点。财政部会计资格评价中心主编的《财务管理》教材认为企业分配有广义和狭义两个层面的含义。广义地说,分配是指对企业各种收入进行分割和分派的过程;狭义的分配仅指对企业净利润的分配。②王化成(2000a)指出,从西方财务管理理论来看,其研究的分配对象是税后利润,即主要探讨税后利润如何在企业和股东之间分配;从我国财务管理理论来看,研究的分配对象是利润总额,即研

---

① 参见[美]埃伦哈特、[美]布里格姆:《公司财务:一种关注方法》(第1版),北京大学出版社2003年版;杨雄胜主编:《财务管理原理》,北京师范大学出版社2007年版。

② 参见财政部会计资格评价中心主编:《财务管理》,中国财政经济出版社2004年版。

究利润总额如何在国家、企业、企业所有者和企业职工之间进行分配。而就其本人的观点,则认为企业分配的对象应是薪息税前盈余,即应研究支付工薪、利息和所得税之前的盈余的分配。因此,财务管理中的分配对象有三个概念:小口径的概念,仅指税后利润;中口径的概念,指利润总额;大口径的概念,指薪息税前盈余。

目前主流财务教科书中的分配理论,是股利分配理论。"股利分配的核心问题是如何权衡公司股利支付决策与未来长期增长之间的关系,以实现公司价值最大化的财务管理目标。"(中国注册会计师协会,2012)实际上也就是研究税后利润如何在企业和股东之间分配及这种分配是否影响股东财富。[①]与研究初次分配的广义财务分配理论相比,股利分配理论是一种狭义的财务分配理论。这一理论附属于股东价值理论,是追求股东价值的产物。无论是股利有关论,还是股利无关论,其实质都是追求股东价值最大化。而股利政策的选择,其主观目的无非都是为了稳定和提升股价,提升投资者信心,吸引和留住投资者。Ross(1977)、Bhattacharya(1979)、Ghosh & Woolridge(1988)等提出的股利分配信号传递理论,其着眼点也是研究股利对股东超额收益的影响,同样是追求股东价值的产物。

4.3 狭义财务分配理论批判

为了便于叙述和突出其特点,我们将狭义财务分配理论(股东价值追求下的股利分配理论)简称为股东价值分配理论。无疑,股东价值分配理论在历史上是存在巨大贡献的。股东价值分配理论的基础是股东价值理论,是"资本雇佣劳动"。在合理合法地取得公司剩余、追求股东价值最大化的目标下,股东利用其他各种要素(包括利用借贷资金)组织生产,极大地促进了资本的积累,促进了社会生产力的发展。美国GDP从1950年的0.29万亿美元增长到2020年的20.89万亿美元,70年翻了6番多(图4-1)。中国自1992年以来的经济增长情况也差不多(图4-2),但用时更短,GDP由1992年的2.72万亿元增长到2021年的114.37万亿元,29年翻了接近5.5番。[②]1992

---

① 中国注册会计师协会主编、中国财政经济出版社2012年出版的《财务成本管理》教材第一章(第8页)明确提出,教材在不同问题的讨论中,分别使用股东财富最大化、股份最大化和企业价值最大化等,其含义均指向增加股东财富。

② 1963年到1978年,用时15年中国GDP翻了不到1.7番。1978年到1992年,用时14年中国GDP翻了不到2.9番。

年是中国确立建立中国特色社会主义市场经济体制的时间节点,也是企业逐步接受和践行股东价值理论的起点。如果与1978年到1992年的增长情况做一个对比,会发现1992年之后的增长斜率明显较之前陡峭。相信如果没有股东价值分配理论做保障,在资本短缺、资本成为企业的关键性资源的情况下,股东受到的激励不足,中国经济不会取得这么快这么大的发展。

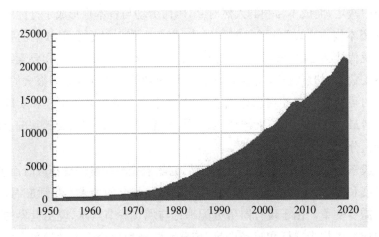

图4-1 美国1950—2020年GDP变化情况

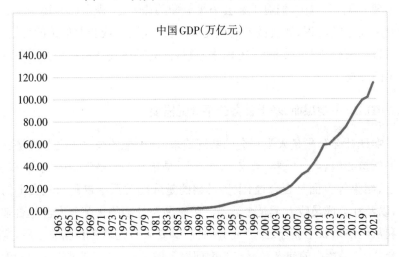

图4-2 中国1963—2021年GDP变化情况①

然而,在股东价值分配理论的框架下,各利益相关者的分配利益并不像某些调和主义者所说的,可以在实现股东价值最大化的前提下,通过加进更

---

① 资料来源:国家统计局网站。网站没有提供1950—1962年GDP数据,故图中数据时间起点为1963年。图中的数据以万亿元为单位,小数点后取2位,并采用四舍五入的进位方法。

多的约束条件、促使企业履行社会责任而得到保证,因为股东价值分配理论的基础是股东价值论。而对于股东价值论的不足,即使是西方财务学者也是心知肚明的。为了理论体系的易于建构,股东价值论事实上舍弃了社会责任、利益相关者价值等目标。在企业剩余归属于股东的情况没有改变之前,相关者的分配利益实质上是对立的。由于劳动等要素的报酬在成本的范畴中决定,而成本与利润天然对立,因而劳动与资本也形成了分配中的对立。"资本侵占劳动"的现象时有发生,引起人们对社会公平分配的强烈关注。现代社会已经进入知识经济时代,企业组织的规模、形态和要素组织方式与工业文明时代已有显著不同,人们对企业的认识亦发生了很大的变化,全球对可持续发展的理念达成了共识,要求企业承担社会责任和实现利益相关者最大化的呼声越来越高,以上种种,都对股东价值论及其基础上的股东价值分配理论提出了挑战。

股东价值分配理论是个历史范畴,它随着企业制度的变革应时而生,不断发展和完善。当这一理论与时代的发展和社会的要求不相适应时,它也必然需要变革。由于现行财务分配理论与现实脱节严重,现实世界的财务分配冲突也相当广泛和日益严重,拓展财务分配理论成为时代和实务的共同需要。无论是从人们对于社会公平分配的需要(主观层面),还是企业分配制度变革的历程、现实世界的变化(客观层面),抑或企业理论的变迁、财务目标的演化(理论层面)等方面来考察,都会发现支持拓展企业财务分配理论的证据。

4.3.1 主观层面:基于社会公平分配需要

实现社会公平是人类社会的共同追求,而分配的公平正义是经济社会发展的核心内容。经济学意义上的公平,是指有关经济活动的制度、权利、机会、结果等方面是否合理,主要考察的是分配关系中权利和机会上的平等,以及社会成员收入上是否适当。公平涉及社会绝大部分人群是否都有权利从经济增长中获益这一"充分条件"。要妥善处理各种利益矛盾,实现社会公平,最核心的问题是要在制度问题上做文章,只有通过优化的制度安排才能使社会公平有制度保障(常修泽,2009)。分配作为一种经济活动,从表面上看,反映的是"人与物"的分割关系,而从本质内容上,则反映了分配主体之间的"人与人"的权利关系。具体到企业中,则反映的是依据要素产权而对企业产生分配利益要求权的各要素主体(即利益相关者)之间的关系。如果仅仅追求经济的快速发展,则"效率"是第一位的。但要实现经济社会的可持续发展,就要坚持"公平分配"的原则。这一原则在世界人口达到80亿^①、人类的生产能力得到大幅释放的今天尤为重要。由于生产的体量巨大，如果忽视公平，在一个很短的时间内就可能造成巨大的收入分配差距，激化劳资矛盾，造成社会资源的严重破坏，后果是极其严重的。李心合（2001a）提出了"公平分配"原则的三个方面的完整内容：第一，代内公平分配，要求任何企业的发展与资源耗费都不能以损害社会的发展为代价。财务上贯彻这个原则的关键是防止因资源配置和收益分配而出现两极分化。因为，社会资源和环境恶化的根本原因，有富裕者为求最大利润和奢侈享受而滥用资源，也有贫困者为求温饱而不得不掠夺性地利用资源。第二，代际公平分配，要求当代人自觉担当起在不同代际之间合理分配资源的责任。第三，人类与非人类的种群之间的公平分配，要求企业在分配资源和利益时不仅要考虑人类的正常需要，而且还要兼顾环境保护和生态平衡。

然而，这些原则在股东价值分配理论的框架下是很难落实的。且不说代际之间，人类与非人类的种群之间，即使只从代内看，股东价值分配理论也保证不了"公平分配"。在追求股东价值最大化的制度安排下，效率永远是第一位的，由此，其他利益相关者的利益是从属的，受到的保障程度是较低的，甚至是受侵犯的。股东价值是由公司股价加上某些红利的调整来决定的。有研究表明，当前的盈利最多只能解释公司价值的20%，其他的则要由利润的预期增长来决定（杨雄胜，2007）。然而无论是当前的盈利还是未实现的利润，其来源都来自收入增长和成本削减两大途径。在企业竞争日益激烈的今天，削减成本日益成为企业增加盈利的重要方法。尽管企业可以采用节能降耗等降低资源耗费的、对各利益相关者都有益的方式，但也有许多公司采取苛刻的薪酬政策，以及合法或不合法的规避或逃避税收的财务政策来增加利润，因为工资、税金等毕竟是对利润的扣除，与利润之间是"此消彼长"的关系。20世纪80年代以来，主要西方国家出现了总体劳动份额下降（张涛，2010），自20世纪90年代中期^②起中国劳动者报酬占GDP比重也呈持续下降趋势（白重恩和钱震杰，2009；罗长远和张军，2009a等）。上述事实只能证明在股东价值最大化的制度安排下，资本侵占劳动的现象是必然的。此外，因为利润或股东财富的计算是以公司为主体设计的，公司行为所"额加的社会成本"在计算利润时并没有扣除（李心合，2009a），所以不排除有企业为了自身利益而损害环境、侵害其他主体利益的情况。上面的分析与斯拉法所提出的劳动与资本的分配利益是对立的观点及经济学中有关

---

① 2022年11月15日，联合国宣布世界人口达到80亿。

② 这个时间节点恰是中国开始推行现代企业制度，重视出资者利益的时间。

外部性的观点都是一致的。①

即使是与股东提供同样要素的债权人，其权益也可能受到伤害。彭绍兵和邢精平(2005)描述了一种责任履行危机。根据代理学说理论，当企业向债权人借入资金后，两者便形成了一种委托-代理关系，即债权人与债务人(股东及其管理者②)之间的关系。资金一旦进入企业，债权人就基本上失去了控制权，股东就可能通过管理者为自身利益而伤害债权人的利益，这种情况在发生财务危机时尤为突出。作者进一步指出股东这么做的原因在于股东对企业债务只承担有限责任，却对企业剩余资产具有无限的索偿权。有限责任给予股东只需要将充其量企业的全部资产交付给债权人而不必偿付全部债务的权利，无限索偿权给予股东获得潜在收益的最大好处。这种损益的不对等不公平的分配机制，使股东具有强烈动机去从事那些尽管成功机会甚微但或许获利颇丰的投资活动。如果投资成功，债务人随之受益可观；如果投资失败，债权人将承担大部分损失。其结果是财富从债权人手中转移给了股东，而风险则转移给了债权人。

成本削减的效果是有限的，而且往往是短视的。当公司为了避免利润的降低，大力削减研发、新品开发的投入、员工的培养投入、客户关系的开发和维护投入，甚至变相压低工资时，尽管这些做法在当期和短期内看是减少了支出，甚至与前期比还提高了利润，但很快就会发现公司失去了增长的潜力，而一旦这种行为成为企业的"多数行为"，则还会带来收入分配差距加大、需求不振、社会冲突加剧等社会后果，所有这些都有悖于公司的长期利益。中华全国总工会2010年的一项调查显示，23.4%的职工5年未增加工资；75.2%的职工认为当前社会收入分配不公平，61%的职工认为普通劳动者收入偏低是最大的不公平。因此，作为价值增长基本条件之一的成本削减必须是在不削弱公司持续发展根基前提下的资源的节约(杨雄胜，2007)。也就是说，必须是在不违背公平分配原则下的节约。然而，在股东价值分配理论的指引下，由于实施不削弱公司持续发展根基前提下的资源的节约难度较大，通过显性或隐性侵犯劳动者、国家等其他要素主体的权益而实现成本削减成为诸多公司的现实选择。

在资本为关键资源，劳动等其他要素为附属性资源的情况下，股东对其他利益主体利益的漠视甚至侵犯在大多数时期不会受到其他利益主体的强烈反抗。其中一个重要的原因是，尽管分配利益对立，但股东在追求自身价

---

① 参见刘海生：《按技术分配：理论与实践》，中国财政经济出版社2006年版。

② 根据原作者的注释，假设股东与经营者不存在冲突，两者利益一致。

值的过程中为其他主体创造了就业和收入机会、创造了税收来源,随着股东价值的提高,其他利益主体的利益也可能得到一定的提升,即使这种提升与他们应得的相比可能不值一提。

随着社会的发展,知识经济的兴起及人们对所处环境的日益关切,作为股东价值分配理论基础的"资本强权"理论和"企业是股东的企业"理论正受到越来越多和越强烈的质疑。人们要求"公平分配"和共享发展的呼声越来越高。

4.3.2 客观层面:基于分配制度沿革,以及现实世界的变化

基于企业分配制度的历史沿革

从历史角度来看,企业分配制度是随着生产组织方式的改变而不断发生变化的,"消费资料的任何一种分配,都不过是生产条件本身的分配的结果"。马克思在《资本论》中,认真考察并总结了资本主义企业制度产生和突变的三个阶段:第一阶段即资本主义早期,是与简单协作相适应的"手工作坊和工场制度";第二阶段是与工业革命和机器大工业生产相适应的"工厂制度";第三阶段是与技术革命发展和生产规模不断扩大相适应的"股份公司制度"。在第一阶段,投资者单一,企业内部没有复杂的管理机构,所有权与经营权合一,企业主既是投资者也是经营者,而且可能还是生产者。此时企业规模较小,所需资金不多,企业基本不借债或很少借债。因此,在这一阶段,企业分配活动十分简单,企业实现的利润都归企业主所有。在第二阶段,由于企业规模的扩大,部分管理职能已经开始独立,工头、车间领导等开始享有部分经营权,但企业的主要领导仍然为企业的所有者,所有权与经营权没有分离,企业与其所有者的分配关系还十分模糊。但是,由于企业规模的扩大,资金需要量加大,一些资金短缺的企业不得不借入一定数量的资金,这就产生了企业和债权人的分配关系。在第三阶段,由于劳动生产率的提高,科技的不断进步和生产力的飞速发展,出现了所有权与经营权的分离及所有权主体的多元化、经营权主体的一元化趋势。分散化的股东,为追求"合成效应",只保留所有权,而把各自的财产统一合成为法人财产,将经营权交给企业法人统一管理,这样,企业便成为独立的法人实体和理财主体,出现了企业与其所有者的分配关系。随着后来企业制度的不断完善,这种分配制度也不断完善和发展,形成了企业理财主体与债权人和所有者的分配关系(王化成,2000c)。

在马克思之后,20世纪初,泰罗科学管理理论的提出和推广,使劳动生

产力得到了极大的解放,组织管理理论、流水线、有差别的计件工资制等一系列新的管理理论和方法产生并在企业中得到应用,企业规模不断扩大,机器体系的应用越来越广。股份制企业对于资金的需求促进了资本市场的发展,而机器体系特别是流水线的出现造就了许多简单劳动,实现了"劳动对资本的形式隶属向实质隶属的转变"(孟捷,2011)。以发达的资本市场为背景,以出资者权益即股东权益最大化为企业目标的财务理念在美国扎下了根。在这一理念下,大多数投资者不直接控制企业财权,只是通过股票的买卖来间接影响企业的财务决策;职业经理人的报酬也与股票价格直接相关,因此,股票市价成了财务决策所要考虑的最重要因素。而股东权益也是通过股票的市价得以充分体现(陈良华,2007),以股东利益为核心的股东独享企业剩余的股东价值分配理论开始形成,并一直沿用至今。在这一背景下,劳动者基本上只能获得工资报酬,而不能参与企业剩余分配,但在美国等一些国家,法律赋予了劳动者进行工资集体谈判的权利,这在一定程度上为防止股东和管理层恶意损害劳动者权益提供了些许保障。

20世纪五六十年代,随着人力资本理论的发展,人力资本得到了企业的重视,并从一般劳动中分离出来,开始逐步与财务资本分享企业剩余。其分享剩余的方式,主要是股票期权,也就是说,人力资本实际上是通过一种机制(股票期权)转化为股东之后参与企业剩余分配的。所以,人力资本参与分配并没有触动股东价值分配理论的本质。股东价值分配理论依然是当今社会占主导地位的财务分配理论,并且直到20世纪90年代,没有受到大的质疑和挑战。

上述过程实质上是资本主义国家企业收入分配制度历史变迁的一个缩影,从中可以看出,企业财务分配制度主要是随着生产力的组织形式和生产要素的地位的改变而变化的。除了上述因素外,社会制度和经济法律制度也对企业的财务分配产生影响。比如,社会主义国家与资本主义国家的企业财务分配制度有很大的不同,计划经济与市场经济体制下的企业财务分配情况差异也很大,转型经济国家与成熟市场经济国家环境不一样,企业财务分配制度亦不完全相同。即使在资本主义阵营内,大陆法系国家与海洋法系国家的企业财务分配制度也有显著区别。我国属于计划经济向市场经济的转型国家,考察我国收入分配制度历史可以发现上述差别,并可以对我国现行的企业财务分配理论和制度形成客观的认识,避免陷入不顾国情、盲目追求股东价值的分配误区。

在新中国成立后,我国主要按苏联的模式实行计划经济体制。为了与这种体制相适应,不论是对个人还是企业来说,几乎都不允许拥有非人力的生产资源所产生的收益要求权和决定如何使用这些资源的权利,每个企业能做的就是完成国家下达的计划指标,企业经营者和职工的利益(主要是政治上的利益,而非物质上的)与这种指标的完成程度相联系(张鸣等,2006)。在国有企业体制下,企业在财务收支上几乎是政府的出纳,国家统负企业盈亏,企业费用开支由国家详细规定,成本如何核算也由政府统一明确;企业盈利往上交,企业亏损国家补。企业没有自己的利益。

1978年以后,我国进行了改革开放,并开始建立社会主义市场经济体制,企业财务也展开了一次又一次改革。首先,尊重企业,认为企业应该有一定的经济利益,推行了"企业基金制度""利润留成制度"和"利改税制度"。1978年10月,四川省选择六家企业进行扩大自主权试点,让企业在完成生产定额后,超额部分自销,实现利润留成。1979年5月,国家经委、财政部等六部委选择了首钢等八家企业进行产权试点,同年7月国务院颁布了《关于扩大国营工业企业经营自主权的若干规定》等五个文件。同年底,试点企业扩大到4200多家,占国营企业总户数的10.1%,产值占42.8%,利润占48.3%。到1980年7月,又发展到6600多家,约占国营企业总户数的16%和总利润的70%。1983—1986年,我国进行利改税改革,企业利润首先用于上缴所得税,国家还对部分营利好的企业征收调节税。在这种制度运行下,企业内部自负盈亏的机制并未形成,加上调节税的存在,使企业管理者倾向于企业资产规模的扩大,而非利润水平的上升。企业实际上的财务目标倾向于贷款最大化、资产规模最大化,并将留利当奖金发放,以减少或逃避调节税,以至于补贴、奖金不断增多,而国家下达的生产和财务计划完成情况却越来越差,造成许多银行呆账(张鸣等,2006)。

其次,扩大企业经营权,实行"经营承包制度"。1987年4月,国家经委布置全面推行企业承包经营责任制①,1988年2月,国家颁布《全民所有制工业企业承包经营责任制暂行条例》,到1988年底,全民所有制工业企业的承包面已达95%。承包制使国有企业改革向前大大跨进了一步,企业拥有了经营权。当时普遍的做法是:包上缴国家利润,包技改任务,包工资总额。在国家和企业的关系上,确定"包死基数,确保上交,超收多留,欠收自补"16字方针。在这种制度运行下,企业利益已基本上与经营利润挂钩,企业也逐渐面向市场,成为自主经营、自负盈亏、自我发展、自我约束的企业。国家也以企业实现利润的大小,对企业管理层进行考核,这在一定程度上强化了企业利益与所实现利润之间的相关性(张鸣等,2006)。应该说,此时企业的财务目

---

① 实际上,我国企业承包制改革在1982年就在"首钢"进行试点。

标是利润最大化,而在分配方面,则是承包人、企业管理层和国家分享剩余。

最后,为了适应建立社会主义市场经济体制的需要,我国开始实行现代企业制度,借鉴国际企业财务惯例,以财务通则形式对企业财务做出了新的规范,这使我国企业财务走上了按国际惯例运作的轨道(杨雄胜,2007)。我国的财务分配理论开始逐步由苏式财务全面转向美式财务,在学习西方,引进西方先进管理经验的口号下,分配中提倡尊重股东利益,但由于转轨经济和畸形发展的资本市场的原因,股东在分配中冷热不均,大股东与小股东、原始股东与二级市场投资者之间的利益分配差异明显,实际上并没能实现股东财富最大化。与此同时,西方的管理层激励制度引入中国以后,受到管理层尤其是上市公司管理层的重视和积极推进,形成了事实上的"大股东财富最大化"和"管理者收益最大化"。[①]尽管如此,不可否认的是,中国自1978年以来的经济体制和收入分配体制改革对生产力的促进作用是巨大的,但显然,这并非都是股东价值分配理论的功劳。相反,由于上市公司的大量"圈钱"和"造富"运动,造成了社会收入差距的急剧扩大,引发了社会的强烈不满。

综上可以看出,企业财务目标同企业财务分配制度与生产力的组织状况密切相关,又受到制度和路径依赖的巨大影响。财务分配理论的建立不能脱离生产力水平,也不能脱离社会制度。众所周知,我国财务学教学内容与实务存在严重脱节现象。事实上,这一现象与我国在1992年会计、财务改革之后财务理论全盘西化的"拉郎配"有关。由于改革后我国高校中几乎没有符合市场要求的财务学教材,于是采取了"拿来主义"的做法,其结果就是我国的财务学教材基本"照搬西方教材的内容"。然而,任何"拉郎配"的做法都是结不出正果的。西方教材是建立在成熟的市场经济基础上的,与我国转型经济的背景不相符合,教材内容与我国的现实脱节几乎是不言自明的(吴星泽,2010b)。我国目前远未达到发达市场经济的水平,国内的证券市场距离西方成熟资本市场的标准还很遥远,用西方成熟市场的美式财务来指导实践,只会给机会主义者在攫取机会主义利益时多了一层维护股东利益的幌子和遮羞布而已。事实上,在企业初次分配层面,由于缺乏有效

---

① 现实中没有哪家公司的财务管理的目标选择"管理者收益最大化"这种观点。但值得注意的是,在国内外都存在这样的公司,由于委托-代理关系处理不当,内部人监督失控,公司管理当局忽视股东利益,不以股东财富最大化为目标,而是追求经理人员个人利益最大化,贪图享乐、追求名利等。在我国企业转制实践中这种现象十分普遍,虽然没有人公开声明同意和履行这种目标,但财务管理却按此目标在运转。参见陈良华主编:《财务管理》,科学出版社2007年版。

的财务分配理论指导①,已经积累了很多亟待解决的问题。

　　这一现象已经引起了国内许多学者的注意,郭复初、李心合、汤谷良、张兆国、罗福凯等学者从各自不同的角度,试图找出契合我国国情的财务理论。这些理论具体表述虽然不同,但有一点是共通的,那就是财务理论要考虑中国的制度背景。李心合甚至将制度由外生变量变为内生变量,提出了制度内生的制度财务学,试图解决美式财务学在我国的"水土不服"问题。显然,在财务分配理论上,我们不能因股东价值分配理论在西方(更确切地说是在美国)应用得较好而认定其在世界的其他地方(包括中国)都适用。采用什么样的财务分配制度,最终还要结合企业生产的组织方式、结合企业所在国和所在地的基本制度、结合企业的变革路径,同时还要考虑财务分配制度引致的可能后果。

基于现实世界的变化

　　马克思主义基本原理告诉我们,生产力发展推动生产关系的变化,生产关系必须适应生产力的变化,否则必将成为生产力发展的桎梏。自20世纪80年代以来,我们居住的现实世界出现了巨大的变化。李心合(2001b)指出,在过去的二三十年里,人类社会的演进发生了与理财学密切相关的三大重要变化,其中第一大变化②就是人类社会正进入"知识社会",人力资本、知识资本正成为企业成长的主要动力,而非财务资本。财务学必须解释由此而来的问题:教育、伦理、人本管理、人力资本、知识资本的培育与配置等。吴星泽(2010b)指出近年来企业生存和发展的环境发生了迅速而巨大的变化。诸如市场结构的转型、客户需求模式的改变、新技术的冲击和阴影、战略联盟的出现、高度流动的资本市场、经济全球化、对商业伦理和道德问题的关注、对环境和生态问题的重视、信息化手段的普遍使用、对内部控制的高度重视等,都对财务管理的目标、对象、职能乃至工具等产生重大的影响。

---

① 在计划经济体制被否定之后,按劳分配的财务制度在很大程度上已不能反映我国日益复杂的经济状况。而股份经济的发展又与西方不同,股东价值分配理论也不完全适合于我国。我国事实上出现了财务分配理论缺位现象。目前,我国的财务分配主要靠宏观政策和法规指导。

② 另外两个变化分别是计划经济国家普遍地向市场经济过渡所带来的包括经济制度在内的整个社会的大范围变迁,以及首先从发达市场国家提出来的,并正成为所有市场社会不得不思考和处理的,涉及如环境与增长极限问题、效率与公平的关系等"未来学"和"可持续发展学"问题。李心合认为,财务学必须关注社会制度文化结构变迁背景下企业理财行为模式的变迁过程,关注"未来学"和"可持续发展学"问题对企业理财理念与行为模式的影响。

Kelly(2001)也认为,由于下列四个方面的变化而使"企业是股东的企业"这一支撑股东价值理论的基本假设越来越偏离现实世界。第一,企业的规模越来越大。"企业是股东的私人财产"已经不能描述企业的特性了。第二,所有权功能的退化。如今,股东的所有权功能退化到只剩下一个纬度,那就是提取财富,而不是创造财富。第三,知识经济的到来。对许多公司而言,雇员在财富的创造中发挥了重要作用,而公司财富的增加却全部为股东享有,这明显是不当的。第四,生态系统的不断破坏。Kelly指出,在西方人的大脑中,自然似乎是一个巨大的资源蓄水池,同时又是一个巨大的天然垃圾场。这种思想早已过时,但现行的会计准则仍然在遵循着古代的腐朽观念,维护了股东财富最大化的做法,却对生态系统的保护不力。[①]进入21世纪,低碳经济、排污权交易等受到社会各界的重视,学者们也越来越关注碳会计的发展。知识经济的兴起、组织的规模化、人力资本的崛起、信息化和网络化的出现、可持续发展的要求等方面,都对企业的生产组织产生了重要影响,现代企业中资源的整合方式已经较古典企业复杂了许多,甚至出现了网络型、平台型等新型企业组织形式。现代企业复杂多变的生存环境和运作机理,正使"资本强权"这个生成于古典企业时代的理论丧失其有用性和解释力(宗新颖和李心合,2006)。在"企业属于谁"的回答上,也许是大部分属于股东,并且越来越多的属于雇员(Kelly,2001)。由此,在收益分配问题研究上,就不能仅限于在原有的股东价值分配理论框架内打转,而应"从泛资源产权的角度研究确立新的收益分配的理论框架"(李心合,2001a)。

4.3.3 理论层面:基于企业理论变迁和财务目标理论变化

基于企业理论的变迁

由于历史上不同时期生产力组织状况的不同和人们认识问题的角度不同,形成了不同的企业理论。大多数企业理论关注以下几个组成部分:①企业的性质;②企业的规模或边界;③企业内部的权利结构安排(张维迎,1995;普特曼和克罗茨纳,2000;郭毅,2004;等等)。这几个问题是相互关联的,其中对第一和第二个问题的理解在很大程度上决定了第三个问题的内容。财务分配理论实质上是对各利益相关主体收益权的权利安排,涉及产权、剩余控制权、剩余索取权等权利内容,属于第三个问题的一部分。对企业性质和边界的认识不同会影响财务分配理论的内容。

---

① 参见龚凯颂:《基于价值创造的企业财务管理研究》,中国财政经济出版社2009年版。

在经济学发展的古典和新古典时期,财务学没有形成自己的体系,分配主要是经济学研究的内容。经济学家们认为市场是唯一的资源配置机制,追求自身利益的个人依据既定的技术和偏好,受观察到的价格和成本的引导,协调他们的消费活动和生产活动。市场通过价格机制这只"看不见的手"将社会经济生活组织成一个完美的有机整体,自发实现生产与消费、供给与需求等方面的多元化与均衡化发展。即使经济生活中出现一些不和谐的状态或因素,价格机制也能够迅速、准确且无成本地加以克服,并使之回归应有的秩序。企业不是被看作一种组织,而是一个由技术变量决定的关于投入与产出关系的生产函数(郭毅,2004)。彼时的人,被假设为"理性"[1]的"经济人";彼时的企业,相对于今天而言,规模较小,所有权与经营权结合得较为紧密,分配关系相对简单。彼时对分配理论的研究主要集中在工资分配理论,其中主要有古典经济学中的维持生计理论、新古典经济学的边际生产力理论,其研究的重点是劳动与资本的分配。[2]古典经济学家的代表人物亚当·斯密认为"工人劳动使原材料增加的价值,必须分成两部分:一部分用于支付工人的工资,一部分作为企业家的利润"(斯密,2007)。同时,"在任何地方,劳动工资都取决于双方订立的契约。而双方的利益是绝对不一致的:劳动者希望多得,雇主希望少给。双方就在这样的利益基础上结合起来","但在一般情况下,要预知在矛盾冲突中谁占上风谁处下风毫不困难。雇主的人数较少,容易团结;劳动者不仅人数多,难统一,并且他们的联合被法律禁止"(斯密,2007)。在新古典经济学、阿罗-德布鲁的世界里,企业被看成一个黑匣子,按有关产出和投入的边际条件运行,以实现利润或价值最大化(刘媛媛,2010)。由于企业是业主(对公司企业来说即股东)的企业,企业利润最大化也就是业主(股东)利益最大化,业主(股东)凭以要求利润的权利是所有权。

古典和新古典经济学的"经济人"假定,在一定意义上有利于经济学家们对企业问题做深入的分析,因为理论的假定前提越是简单,就越容易绕过复杂情况的干扰。但很显然,将人性理解为是纯粹利己,并可以获得充分信息和进行完全准确的判断,这种假设与参与现实经济活动的人的行为特征相去甚远。

新制度经济学的兴起,使人们对企业有了新的认识。1937年科斯发表了《企业的性质》这篇论文,开创了将交易成本分析方法引入经济学研究的

---

① 在新古典经济学中,"理性"就是追求价值最大化的代名词。

② 虽然其中也有对利息和地租的描述,但主体是劳动与资本的分配。

先河。科斯将企业视为市场价格机制的一种替代，从交易成本的角度回答了为何要有企业、企业起着什么样的作用、企业的边界当如何确定等问题。科斯认为，企业边界的确定可以视为在协调和组织生产过程中，通过企业配置内部生产要素所产生的交易成本和通过市场协调生产所产生的交易成本权衡的结果。科斯论文的发现者、同是新制度经济学的著名代表威廉姆森认为，企业与政府、市场一样，也是一种经济组织或治理结构，是使某种形式的交易实现交易费用最小化的一种组织结构，企业组织所对应的是适宜于采用一体化关系契约的交易形式，在特征上，企业往往控制着一系列资产，并以法律实体的名义完成与其他企业或个人之间的交易。新制度经济学的一大进步是将制度因素内生到经济问题中。新制度经济学的另一个代表人物诺斯（思）认为："制度经济学的目标是研究制度演进背景下人们如何在现实世界中做出决定和这些决定又如何改变世界。"①

　　从20世纪70年代后期开始，以詹森为代表的财务经济学家认识到，企业的本质是契约关系，企业作为一种组织，和大多数其他组织一样，是一种"法律虚构"，其职能是为个人之间的一组契约关系充当连接点；就企业而言，这一组契约关系就是劳动所有者、物质投入和资本投入的提供者、产出品的消费者三方之间的契约关系。从这个观点出发，当企业人格化时，比如问企业的目标函数是什么，就会造成严重的误导。企业不是个人，而是使许多个人冲突的目标在契约关系框架中实现平衡的复杂过程的焦点。因此产权这个概念便有了决定成本和报酬如何在一个组织的参与者之间分配这个更宽一些的含义。由于权利通常都是有或明或暗的契约规定的，所以组织中的个人，包括经理人员的行为等，都取决于这些企业的性质（刘媛媛，2010）。企业可能是完备契约的联结，但更多是完备契约和不完备契约的联结。在完备契约理论下，企业是一个资本专用性、高度纵向一体化的组织，企业组织的高层管理者对员工有紧密的控制，企业组织边界清楚且稳定（Williamson，1988）。如果企业是完备契约的联结体，那么所有相关者的利益都会得到完备性契约的保护，这些完备的契约可以为各种契约相关者所付出的机会成本提供补偿，从企业获取的回报中剔除这些契约方的机会成本就是企业创造的价值。在这种情况下，股东是财务决策损失的唯一承受者，即唯一的剩余索偿者，所以企业应该在股东价值最大化的原则下进行经营（刘媛媛，2010）。这种情况下，股东享有全部剩余无可厚非。

---

① ［美］道格拉斯•C.诺斯：《经济史中的结构与变迁》，陈郁、罗华平等译，上海三联书店1994年版，第2页。

但是,绝对完备的契约在现实世界中是不存在的,这是因为签约方在事前对未来所做的预期仅仅是基于双方的主观评估,未来所面临的不确定性在本质上是不可预期的。在有限理性观、信息不完备与信息不对称分布的假设条件下,企业是完备契约和不完备契约的联结(Baker et al.,1999)。如果认识到不完备契约的存在,则企业中除了股票持有人之外还有其他的剩余索偿者。同时,有关企业的控制权是否应当掌握在股东手中也有疑问,因为单纯追求股东价值最大化的行为常常是无效行为,股东侵犯其他不完备契约缔约人利益的行为时有发生,如果试图通过损伤其他主体利益而使股东单方面获利,结果将导致矛盾冲突,如职工罢工、债权人拒绝提供信贷、生态破坏、环境损失等,这些都不利于企业的发展。因此,在不完备契约存在的情况下,股东价值最大化不是一个理想的财务目标,股东价值分配理论也不是理想的财务分配理论。

随着知识经济的到来和人力资本强势登上历史舞台,随着利益相关者利益日益受到重视,人们对企业的契约理论进行新的思考。李心合(2009a)认为,如果用契约论的观点定义,现代公司就是财务资本、市场资本、人力资本、公共资本等缔结的一个契约网络。在这个网络内部,各种资本的提供者均构成公司的产权所有者,对公司拥有权利和分享利益,并且他们是在同时具有利己性和利他性的人格基础上以公司的形式实现合作的。此外,这些资本提供者的动机往往是多样化的,对公司的期望结构也是多元化的。不过,用契约论来定义公司的局限性很大,由于没有触及任何关于公司的身份特征与道德行为的问题,声誉、信任、诚信等在这种定义中很难有合适的地位,这也是财务学家们热衷于用股东财富最大化来定义公司目标函数的重要原因。但是,无论公司在理论上如何被界定,现实世界里的公司是一个实实在在的经济主体和法律主体,它有自己的特性、使命和行为。考虑到公司的身份,公司的定义需要在契约论的基础上扩展,其应具有经济的、法律的、道德的、文化的和社会的多重属性和人格,而不仅仅是单纯的经济人。换句话说,公司是一个具有多元效用函数的实体。这种看法显然更接近现实。

20世纪30年代,当英国学者科斯怀着对新古典企业理论的不满而提出一种新的企业理论分析框架时,在美国一些同样具有探索精神的理论工作者基于经验观察和对公司日益巨型化所产生的社会问题的关注,提出了另一种挑战传统的企业角色和目标定位理论——公司社会责任理论(或利益相关者理论)。尽管公司社会责任理论自提出以来一直存有争议,诸如,始于20世纪30年代并持续至50年代的"贝利-多德论战",60年代管理学派与新自由学派展开的有关企业角色的论争,80年代末美国学界掀起并一直持续到现在的关于非股东利益相关者立法的大辩论,但是实践中有关公司社会责任的呼声持续增高,并毫无争议地引起经济学、管理学、伦理学、社会学、法学等诸多学科的关注。从社会责任或利益相关者角度,企业契约边界遍及包括股东、政府、债权人、雇员、消费者、供应商,甚至是社区居民在内的所有利害关系人,公司的发展离不开各种利益相关者的参与和投入,因此企业不仅要为股东利益服务,同时也要保护其他利益相关者的利益。这一观点受到越来越多的人的支持,也有越来越多的企业践行这种理念并获得了巨大成功,如德国的西门子公司、美国的壳牌石油公司、中国的阿里巴巴公司[①]、格力电器公司等。

在企业性质的认识上,管理学大师彼得·德鲁克走得更远。他曾指出大工业时代企业使命、企业利润和企业发展的关系。他认为:企业使命就是指一个企业存在的理由,而不是一些经济学家们想当然的"实现利润"。由于决定一个企业使命的因素是外在的,因此企业管理人员不可能去"制定什么企业使命",而只能去发现存在的企业使命。当企业管理人员成功地做到这一点,并以正确的使命感作为指导来开展正确的经营管理活动时,作为结果,企业可以获得利润,甚至是丰厚的利润。[②]从德鲁克的观点可以看出,利润对于企业来说是一种重要的生存和发展条件,因此它必须是管理者应关注的经营衡量标准,但显然,企业的目标从而财务目标不是股东价值最大化,在分配中也不能只有股东分享剩余。

综上,从企业理论的变迁看,尽管股东价值分配理论的出现有其合理性,但现实中人们对企业契约缔约各方在企业中的作用、风险和权利的不同认识,以及现代企业日益复杂化、网络化,社会对企业的限定性因素越来越多的情况下,这一理论需要加以拓展。

基于财务目标变化

财务分配是一项重要的财务活动,财务分配关系是财务管理中一项重要的财务关系,涉及企业诸多利益相关者。财务分配关系受财务目标影响,因为财务目标是一切财务活动的出发点和落脚点(谷祺和刘淑莲,2007),财务目标决定企业经营为谁服务,决定了财务分配的主体和方式。反过来,财务分配关系也对财务目标产生影响。当财务分配关系处理不当,导致企业利益相关者之间的矛盾和冲突时,财务目标能否实现及其实现程度必然受

---

① 阿里巴巴前CEO马云认为股东永远是第三,参见张刚:《马云十年》,中信出版社2009年版。
② 参见杨依依:《企业价值与价值创造的理论研究》,2006年武汉理工大学博士学位论文。

到影响。

在历史上,财务目标有产量最大化、产值最大化、利润最大化、每股盈余最大化、所有者权益价值最大化、股东财富最大化、企业价值最大化、相关者利益最大化等多种说法。其中产量最大化和产值最大化是中国及部分社会主义国家在计划经济时期使用的财务目标。中国在确立建立中国特色社会主义市场经济体制之后,上述两种目标已基本为利润最大化等其他目标所取代。利润最大化目标在历史上作为财务目标出现的时间很长,是为人们所熟知也最易接受的财务目标之一。20世纪50年代以前,西方财务管理理论界认为利润最大化是财务管理的最优目标(王化成和刘亭立,2006)。利润最大化目标的支持者认为,从根本上说,财务目标取决于企业的目标,财务目标和企业的目标是一致的。创立企业的目的是盈利。对于已经创立起来的企业,虽然有改善职工待遇、改善劳动条件、扩大市场份额、提高产品质量、减少环境污染等多种目标,但是盈利是企业最基本、最一般、最重要的目标。盈利不但体现了企业的出发点和落脚点,而且可以概括其他目标的实现程度,并有助于其他目标的实现。[①]但也有观点认为,利润最大化目标与社会性目标协调性差,忽视企业所承担的社会责任,可能会为了利润最大化而放松对污染的控制、对产品质量的要求(张鸣等,2006)。

在公司尤其是上市公司大量出现之后,利润最大化目标演化为每股盈余最大化、所有者权益价值最大化、股东财富最大化等形式。上述目标尽管表述各异,但其核心都是赤裸裸地追求股东利益,充分体现了"股东至上"和企业是所有者即股东的企业理念,以至于现代许多教科书对上述目标不做细分,笼统地称之为股东财富最大化。股东财富最大化是指通过财务上的合理经营,为股东带来最多的财富(王化成,2007)。该目标源起于美国,并已导出一套比较完整的财务管理理论和方法体系(傅元略,2009)。由于股东财富最大化目标"只强调股东的利益,而对企业其他关系人的利益重视不够"(王化成,2007),因而也受到了很多学者的反对。在Modigliani & Miller(1958,1963)提出著名的MM定理之后,企业价值最大化成为财务经济学文章最常采用,同时也被实务界广泛接受的目标(傅元略,2009)。由于企业价值最大化目标兼顾了股东和债权人的利益,"连通了投资决策与融资决策的内在联系,使得财务理论真正成为一个概念明确、结构严谨、分析规范的学科整体"(张鸣,2008),相比于其他明确标明股东利益最大化的目标来说,具有相当的迷惑性,一度被认为是"最佳的财务目标"(张鸣等,2006),

---

[①]　参见中国注册会计师协会主编:《财务成本管理》,中国财政经济出版社2012年版。

并与股东财富最大化目标一起,成为教科书最常采用的财务目标。

　　笔者考察了15本代表性的内容涉及财务目标①的中外财务学教材,发现其中绝大部分将财务目标定位为股东财富最大化,其余的则基本定位为企业价值最大化,而在5本西方教材中,无一例外地选择将股东财富最大化作为公司财务目标(详见表4-1)。

表4-1　教材对财务目标的定位

教材名称	著者(主编)	出版社及出版日期	罗列目标						采用目标	
			产值最大化	利润最大化	股东财富最大化	公司价值最大化	社会责任	其他	股东财富最大化	公司价值最大化
Fundamentals of Corporate Finance, 6th	Ross, Westerfield & Jordan	McGraw-Hill Irwin, Boston, MA							√	
Corporate Finance, 6th	Ross, Westerfield & Jeffe	McGraw-Hill Irwin, Boston, MA (2002)							√	
公司财务:理论与实务(中译本)	达莫德伦	中国人民大学出版社(2001)	√	√	√	√			√	
Fundamentals Of Financial Management, 12th	Van Horne & Wachowicz	Prentice Hall (2005)							√	
公司理财(英文第5版)	Brealey, Myers & Marcus	中国人民大学出版社(2007)	√	√					√	
高级财务管理理论与实务	刘淑莲	东北财经大学出版社(2005)	√	√	√					
高级财务管理	王化成,刘亭立	首都经贸大学出版社(2006)	√	√	√					√

---

① 中国教材一般讲两个目标,一个是公司目标,另一个是财务目标或财务管理目标,而在西方教材中,一般只讲公司目标,从其内容来看,相当于我国教材中的财务目标。

教材名称	著者(主编)	出版社及出版日期	产值最大化	利润最大化	罗列目标				采用目标	
					股东财富最大化	公司价值最大化	社会责任	其他	股东财富最大化	公司价值最大化
财务管理	谷祺,刘淑莲	东北财经大学出版社(2007)		√	√	√				
财务管理学(第4版)	荆新,王化成,刘俊彦	中国人民大学出版社(2006)	√	√	√	√				√
财务管理原理	杨雄胜	北京师范大学出版社(2007)			√	√				
公司财务管理	王化成	高等教育出版社(2007)	√	√		√①				
高级财务管理	陆正飞,朱凯,童盼	北京大学出版社(2008)			√	√				
财务管理学研究	杨淑娥	经济科学出版社(2008)		√	√	√	√			√②
财务管理	陆正飞	东北财经大学出版社(2006)			√	√				
财务管理	陈良华	科学出版社(2007)		√	√	√	√	√	√	

　　为理论界广为接受的股东财富最大化和企业价值最大化目标,其实质是相同的,都是股东财富最大化。美国学者 Ham Levy 和 Marshall Sarnat 对"普通股每股价格最大化""所有者权益价值最大化"和"企业价值最大化"作了专门研究,通过严密的数学证明论证了这三种"最大化"的表述方法只

---

① 该教材进一步将公司价值最大化目标分为股东财富最大化和相关者利益最大化两种理解来表述。

② 教材编者的看法是:以企业价值最大化为主要目标,针对不同企业组织形式,也可兼用利润最大化、股东财富最大化等目标,同时兼顾社会责任目标。

不过是"股东财富最大化"的名异实同的表述而已。[①]中国注册会计师考试指定《财务成本管理》教材对股东财富最大化、股价最大化和企业价值最大化这几种目标的含义也不加区分,明确"其含义均指增加股东财富"。

由于教材的影响广泛,而且自20世纪90年代以来中国财务学科受美式财务的影响非常大,因此股东财富最大化目标在中国的认可度也变得较高。但如果将眼光放宽,我们会发现,追求股东价值的信念在世界的认同度并非铁板一块。相关的研究已经证实,在不同制度和文化背景下,公司的目标结构是不同的。美国《长期计划》杂志1995年发表的一份调查报告显示,在英国和美国,70%以上的企业经理认为股东的利益是第一位的;而在法国、德国和日本,绝大多数的企业经理认为企业的存在是为所有的利益集团服务的。在利益相关者群体中,被视为是最重要的利益相关者——员工——的财务利益受到重视的程度在各国之间也有差别,日本、德国公司对员工财务利益的重视程度明显地超过英国和美国。此外,即使在股东财富最大化目标认可度最高的北美地区,实务界实践也早已超出理论教条的范围。Y. 赛迪(Y. Shetty)在对北美一些大公司的经理调查时发现,公司的目标通常是多元化的,既有经济目标,又有社会目标。与经济目标相关的主要是:获利能力、增长率、市场份额。尽管股票价格最大化与这三个指标相关,但很少被经理作为财务管理的目标。由于引起股票价格变动的因素很多,而有些因素既不能被经理控制也不能被经理完全理解,所以尽管利润目标有很多缺陷,但被调查公司中有89%仍将其作为财务管理目标。除经济目标外,大约65%的公司将社会责任作为其目标,详见表4-2。

表4-2　北美82家公司目标调查结果[②]

目标类型	公司数量	百分比(%)
获利能力	73	89
增长率	67	82
市场份额	54	66
社会责任	53	65
员工福利	51	62
产品质量和服务	49	60
研究与开发	44	54
多元化经营	42	51

① 参见杨雄胜主编:《财务管理原理》,北京师范大学出版社2007年版。

② 参见谷祺、刘淑莲主编:《财务管理》,东北财经大学出版社2007年版。

目标类型	公司数量	百分比(%)
效率	41	50
财务稳定性	40	49
资源保存	32	39
管理发展	29	35
跨国经营	24	29
合并	14	17
其他	15	18

股东财富最大化目标在历史上的出现有其合理性和必然性。股东利益导向模式的理论根据主要是资本强权理论和股东利益与社会利益相统一理论(李心合,2003)。在资本稀缺的情况下,资本要素成为企业创造价值的关键要素,"资本雇佣劳动"必然出现。由于资本的主导地位,财务目标界定为资本所有者即股东的财富最大化也就顺理成章。然而,股东财富最大化目标下企业财务行为引起的一系列不良后果却引起了人们的反思。比如,资本对劳动的严重剥削引起的劳资纠纷甚至革命,企业过度追求经济效益而对生态环境造成的严重破坏,使得人们日益关注企业的社会责任和利益相关者利益,股东利益与社会利益相统一理论受到了质疑。

吴星泽(2011a)认为,财务目标应该是个历史概念,根据时代和制度背景的不同,其内容应有所变化。随着知识经济时代的到来、社会责任意识的增强及人们对可持续发展的担忧,这种在财务资源配置和收益分配中,仅仅考虑人类种群中"股东"利益需求的、"狭隘"的传统财务学,受到越来越多的质疑和批判(李心合,2003,2009a;宗新颖和李心合,2006;唐勇军,2011b等)。由于企业的活动范围越来越大、越来越广,现实中各利益主体之间、代际之间甚至是人与自然之间的冲突也越来越多、越来越频繁,需要我们寻找一种有利于各利益主体和谐发展的财务目标和财务分配方式。

经济学理论的突破为我们重新思考公司财务目标提供了新的视角和依据(吴星泽,2011a)。"人力资本与非人力资本合作产权论"和"共同所有权论"或"利益相关者合作产权论"(周其仁,1996;杨瑞龙和周业安,1998),都已突破了传统的"股东至上"的逻辑。随着利益相关者企业理论的提出和发展,理论界提出了一种新的财务目标。Clarkson(1995)直接提出企业的目标[①]"是为其所有的利益相关者创造财富和价值"。李心合(2003)、刘媛媛

---

① 在西方学者的著述中,一般只涉及企业目标,而其企业目标相当于我国常说的财务目标。

(2010)等也认为,如果采纳利益相关者理论观点,公司财务决策应该是关注所有利益相关者的利益,而不仅仅是股东的利益。温素彬(2010)则提出了企业财务管理目标应该从基于"单一底线"的经济利益转向基于经济利益、生态利益、社会利益"三重底线"的综合利益的观点。而在实践中,早在20世纪80年代后期,美国29个州的公司法进行了改革,要求公司经理为公司的利益相关者服务,而不仅为股东服务,在立法实践上支持了利益相关者理论(崔之元,1996)。一些英美大公司如壳牌于20世纪90年代中期更是在管理实践上从"股东至上"的管理模式转向了"利益相关者"的价值管理模式(唐勇军,2011a)。在中国,由于利益相关者价值最大化目标与中国对企业早就提出的"国家、集体和个人兼顾"的目标很相似,也与中国特色社会主义实现"共同富裕"和共享发展的思想相一致,这一目标已经得到了越来越多的认可。一些公司也在践行这一模式。如中国最早的互联网企业慧聪网就实行了"商者有其股"的类似身股分红的制度。①温素彬(2010)对上市公司的使命陈述做了调查分析,其结果显示多元财务管理目标在中国具有合理性和可行性。目前,一些权威的教材已将利益相关者价值最大化作为企业财务目标加以介绍②,甚至许多股东价值最大化目标的支持者也在股东价值目标之外附加了越来越多的社会责任。Van Horne等在其所著《财务管理基础》一书中提道:"股东财富最大化并不意味着管理层可以忽视社会责任,这些责任包括消费者权益保护、雇员的公平薪酬、保持公平雇佣和工作安全、支持教育及参与像清洁空气和清洁水源之类的环境事务。对经理层来说,考虑利益相关者而不仅仅是股东的利益是合适的。""工人、消费者和企业所在社区公众的利益相关者的期望也是外部环境的另一方面,企业必须做出股东财富最大化与社会责任相协调的行动。"(张鸣等,2006)我国财政部会计资格评价中心编写的2010年全国会计专业中级会计资格辅导教材《财务管理》一书中更明确指出:相关者利益最大化是企业财务管理最理想的目标③,企业应在相关者利益最大化的基础上,确立财务管理的理论体系和方法体系。李心合(2007)、唐勇军(2011b)提出的将"有效增加值最大化"——

---

① 慧聪网于1992年创办,公司创始人郭凡生于创业伊始就确定了"30%归股东,70%要分给那些不持股的普通员工"的分红制度。参见郭凡生:《耕者有其田 商者有其股》,《印刷经理人》2012年第8期。

② 如财政部会计资格评价中心主编,中国财政经济出版社2010年中级会计资格考试《财务管理》辅导教材;王化成主编,高等教育出版社2007年出版的《公司财务管理》教材;傅元略主编,复旦大学出版社2009年出版的《中级财务管理》(第二版)教材;等等。

③ 参见财政部会计资格评价中心主编:《财务管理》,中国财政经济出版社2010年版。

一种囊括所有利益相关者利益的整体企业价值指标——作为财务目标无疑是一种现实的有益的探索。在关注利益相关者共同利益的财务目标下,财务分配理论必然要做相应的拓展和创新。

由于公司由多种要素结合形成,是"合同之'网'"(德姆塞茨,1999),公司中的各种利益关系非常复杂,尤其是分配方面,"涉及多个利益集团的利益,各方面的利益虽然有统一的一面,但矛盾冲突却时刻存在"(王化成,2006)。现实社会中,利益侵占、分配不公引发的种种问题影响了各要素所有者之间的合作关系,对企业的发展形成了不利影响。社会呼唤和谐,呼唤公平正义,呼唤共享发展。然而由于主流的股东价值分配理论奉行的是"股东利益至上"的逻辑,实行的是劳资利益对立的分配方式[①],不可能完成上述使命。因此,必须扩展股东价值分配理论,创立广义财务分配理论。

4.4 广义财务分配论的创建

4.4.1 广义财务分配论创建必要性

广义财务分配理论是相对于狭义财务分配理论(即股东价值分配理论)而言的,是一种基于价值创造、以利益相关者利益最大化和公司可持续发展为目标、以共同收益分配思想为指导的财务分配理论。由于狭义财务分配理论为单一的股东服务,追求的是单一的股东财富最大化,在诸多方面表现出了与时代不和谐的音调,因而受到了来自理论界和实务界的批评。广义财务分配理论摒弃了狭义财务分配理论中将公司视为股东这一单一主体的私有物,并以股东利益最大化为公司目标的做法。在广义财务分配的理论框架内,我们试图在一个承认私人产权的社会里,针对公司这一由众多要素合作形成的微观单元,提出一种以利益相关者整体利益最大化和长期利益最大化为目标的财务分配理论,使企业的各利益相关者在这种理论的指导下,合理地分好"蛋糕",同时又能促进大家生产"蛋糕"的积极性。也就是说,既做大"蛋糕"又分好"蛋糕",实现公司的长期和良性发展的同时,使公司各利益相关者共享发展成果。

---

① 在股东价值分配理论中,劳动者得到工资,股东得到利润,工资是成本,是利润的减项,在追求股东财富最大化的目标下,劳资矛盾天然对立。

减缓分配冲突的需要

达莫德伦(2001)描述了现实世界中存在的至少四种类型的涉及公司财务领域的冲突:①股东与经理的冲突;②股东与债权人的冲突;③公司与金融市场的冲突;④公司与社会的冲突。威廉姆森从资产专用性角度指出劳动与资本之间的对立,他认为,劳动者的利益是否会受到侵蚀,和劳动者所具有的人力资本的性质有关,劳动者所具有的人力资本的专用性越强,他的利益受到(资本)侵蚀的可能性就越大。[①]在现实生活中,我们经常看到劳资冲突、普通工人与管理层冲突、征税冲突等。这些公司及其利益相关者身上的冲突归根结底都与分配有关。在狭义财务分配理论的框架下,不仅利益相关者利益无法获得保证,而且他们之间的财务冲突不断。过于关注股东的红利安排只能起到强化财务冲突的结果(李心合,2012),因而不是理想的分配理论。狭义财务分配理论利益相关者间的财务冲突主要是围绕资金、收益和权力展开的。从公司来看,权力及其相关联的资金问题主要依赖共同的治理与决策机制来协调,而收益问题就需要设计一个更广泛意义上的共同收益分配机制(李心合,2012)。广义财务分配理论就包括这样一个共同收益分配机制。"不管是股东(利润)、债权人(利息)、经理(年薪)和员工(薪酬)的私人利益还是政府的经济性公共利益(税收)或公众期望的社会效用,都内含在公司的增加值中,把增加值这块蛋糕做大并分配好,就能有效地平衡公司与其相关者的经济利益关系。"(李心合,2009a)广义财务分配理论有助于强化合作而不是冲突,也与管理实践中"股东价值取向正逐渐地向利益相关者价值取向转变"(李心合,2012)的历史趋势相吻合。

共享合作盈余的需要

罗尔斯指出,社会是一个合作体系,而合作体系的核心问题就是合理公正地分配合作产生的利益和负担。[②]分配方式、分配格局、分配机制等牵动企业各方面的经济利益关系,分配是否合理,会影响各方面的积极性和主动性,最终影响企业经营效率、发展状况和企业价值(王化成,2006)。传统上,人们都认为股东承担了企业全部剩余风险,也应享受企业发展带来的全部税后收益。所以股东所持有的财务要求权就成为剩余索取权,股东成为企

---

① 参见沈芳、白暴力:《马克思企业理论和新制度经济学企业理论的比较》,《经济学家》2006年第5期。

② 参见廖申白:《〈正义论〉对古典自由主义的修正》,《中国社会科学》2003年第5期。

业的所有者,其他利益相关者则不然。在新经济形态中,股东的这种独享合作盈余的情况变得更加隐秘。由于知识产品资源限制约束消失及可重复使用的特征,成本约束限制不再起作用。在收益递增和成本递减规律的支配下,企业收益必然会出现较大的变动,这就导致了企业收益的不稳定性。再加之收益产生基础的模糊性,使收益分配的合理程度难以界定。[①]这种情况下,由于股东拥有剩余索取权,股东价值必然优先得到保证,而其他主体可能的利益即使被侵占,也变得更加难以主张。

但如果将企业视为利益相关者的企业网络,不同的利益相关者都对企业投资了专用性的资源,那么企业分配的过程就可以理解为各利益相关者(群体)放弃个人的绝对利益,通过联合的生产方式生产合作收益(组织租金),然后获取相应的份额(唐勇军,2011a)。剩余索取权不再是股东的专利。这时,需要设计一种基于利益相关者的广义价值分配机制和模型,合理计量各利益相关者提供的资源对价值增值的贡献,然后按照"谁贡献,谁受益"的原则,合理分配"企业价值"这块蛋糕(唐勇军,2011a)。

事实上,股东独占合作盈余是在资本稀缺和承担主要风险(如购买固定资产形成的资产专用性风险等)的情况下出现的,在历史上有其合理性。但随着劳动分工的不断细化、教育投资的增加等成为社会的现实,随着企业家阶层在历史舞台上的强势崛起,劳动、人力资本等要素的提供者同样面临资产专用性等风险,在企业失败的情况下,其面临失业、重新学习等压力,承受的损失也很大。根据风险-收益对等原则,他们自然要求在企业盈利时能够分享合作盈余。此外随着技术要素在价值创造过程中的作用越来越大而资本要素的重要性相对降低,同时由于技术具有开发成本高(也就意味着风险大)、可重复多次用于生产等特点,技术要素的所有者也会要求分享盈余。这些分享盈余的要求在狭义财务分配理论框架内不能很好地满足,但却可以在广义财务分配理论的框架内实现。

持续经营的需要

持续经营指公司成立后能够持续存在并且在可预见的将来,其经营活动会继续下去,不拟也不必终止经营或破产清算。除非一些特殊情况,人们投入各自拥有的要素组建公司的目的都是为了持续经营。企业目标是创造价值,只有创造价值才能保证企业的生存和发展,而价值如何分配对价值创

---

① 参见全国会计领军(后备)人才企业一期英国培训专题报告"转变财务职能 提升企业价值"。

造有显著影响,从而也会影响到企业的持续经营。美国心理学家弗鲁姆在20世纪60年代提出来的期望理论可以帮助我们进一步理解这一影响的过程。

期望理论认为,人之所以能够从事某项工作并达成组织目标,是因为这些工作和组织目标会帮助他们实现自己的目标、满足自己某些方面的需要。或者说只有当人们预期到某一行为能给个人带来有吸引力的结果时,个人才会采取特定的行动。

弗鲁姆提出了一个公式:

$$M = V \cdot E \hspace{6cm} （公式4-1）$$

其中,M——激励力。表示个人对某项活动的积极性程度,希望达到活动目标的欲望程度。

V——效价。即活动结果对个人的价值大小。

E——期望值。即个人对实现这一结果的可能性的判断。

上述公式表示激励是个人寄托于一个目标的预期价值与他对实现目标的可能性的看法的乘积。从公式可以看出,促使人们做某种事的激励力依赖于效价和期望值这两个因素。效价和期望值越高,激励力就越大。公式同时还表明,在进行激励时要处理好三个方面的关系,这三个关系也是调动人们工作积极性的三个条件。

第一,努力与绩效的关系。人总是希望通过一定的努力达到预期的目标,如果个人主观认为通过自己的努力达到预期目标的概率较高,就会有信心,从而可能激发出很强的工作力量。但是如果他认为目标太高,通过努力也不可能会有很好的绩效时,就失去了内在的动力,导致工作消极。

第二,绩效与奖励的关系。人总是希望取得成绩后能得到奖励,这种奖励是广义的,既包括提高工资、多发奖金等物质方面的,也包括获得表扬、自我成就感、同事或领导认可和信赖等精神方面的奖励。如果他认为取得绩效后能够获得合理的奖励,就有可能产生工作热情,否则就没有积极性。

第三,奖励与满足个人需要的关系。人总希望自己所获得的奖励能满足自己某方面的需要。然而,由于人们在年龄、性别、资历、社会地位、经济条件等方面都存在着差异,他们对各种需要要求得到满足的程度不同。因而对于不同的人,采用同一种奖励办法能满足的需要程度不同,能激发出来的工作动力也不同。[1]

由此可见,如果一项活动的效价越高,实现的概率越大,所产生的激励

---

[1] 参见吴星泽主编:《管理学基础》,化学工业出版社2007年版。

力也会更大;反之,如果一项活动对受激励者来说缺乏价值,再加之实现概率小,就不会产生出激励力量。就企业而言,要素提供者通过提供各种要素组建企业(努力),创造价值(绩效),获得报酬(奖励),评价报酬是否符合预期(个人需要)。其受到激励将要素投入企业的前提是,预期到合作可以产生合作盈余,并从中获得自己应得的份额。这一过程可以用图4-3表示。

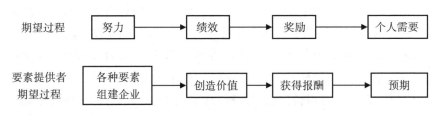

图4-3 要素提供者期望过程

从图中可以看出,要素所有者将要素结合起来组建企业的目的是创造价值,同时期望获得各自的报酬。如果得到的报酬与预期的报酬相符,则这一报酬对要素提供者而言是有吸引力的,要素提供者会继续将要素留在企业,企业可以继续创造价值。[①]Murphy(1985)研究了企业业绩与高管薪酬的关系,认为给高管提供足够的鼓励性薪酬能够激励高管为完成目标而更努力工作,从一个侧面证明了上述判断。反之,如果得到的报酬(属于价值分配过程)低于预期,要素提供者则可能撤回或减少自己投入企业的要素,价值创造的基础将被动摇,企业必然发生动荡甚至解散,持续经营将受到严重威胁。这种情况在企业处于阴态经济环境时更易发生。

尽管弗鲁姆的期望理论是针对个人在组织中的工作激励提出的,而要素提供者形成企业的过程远比工作激励复杂,但通过上述期望过程还是可以清晰地看出,价值分配对价值创造有显著影响。历史和现实也证明了这一点。当罗伯特·欧文提出劳动不仅可以获得生存工资,而且应该参与利润分配时,工人的劳动积极性被极大地激发,他们能够为企业创造出更多的价值,资本从中也同样获益。同理,当财务资本提供者能够从企业中获得超过预期的报酬时,企业筹资将变得不再困难,而投资的范围或领域也可以不断扩大,同样有助于企业创造更多的价值。反之,我们也看到,2012年11月23

---

① 我们也注意到,组成企业的不同的要素的提供者之间的地位是有差异的,比如所有权与经营权合一的企业,出资者往往是主导,其他要素提供者处于被支配地位,在所有权与经营权分离的企业,出资者与经营者往往处于实际主导地位。

日,美国沃尔玛百货公司一些员工及其支持者,在全国多家沃尔玛连锁店外示威,抗议这家全球最大零售商剥削员工。这无疑是由价值分配不合理引起的。所以,建立广义财务分配理论有助于稳定要素所有者的预期,保持企业持续经营。

分配正义的需要

在财务学中,把"蛋糕"做大与公平地切"蛋糕"同等重要。因为尽管收益分配是对投融资活动中所缔结的财务关系的管理,但是如果缺少对公平的考虑,最终只能使财务活动的效率降低至无效率(李心合,2012)。价值如何创造出来,就应该如何分配,这是分配正义的基本要求。公正合理的价值分配方式必然是通过对价值创造过程的科学分析推演出来的。价值分配涉及价值分配主体、价值分配方式、数量等方面。

劳动是创造价值的唯一源泉,这一点毋庸置疑,但创造价值的要素基础并不都是劳动,这一点亦得到大多数人的承认。既然各要素都对价值创造过程做出了贡献,各要素的所有者均有依据某种规则参与价值分配的权利,成为价值分配的主体。不同时代、不同生产条件下价值创造的要素基础有差别,从而价值分配的主体不同。如早期资本主义的工厂,其要素基础主要是劳动、资本和土地,因而要素的所有者,即劳动者、资本家和土地所有者是价值分配的主体。进入数字经济时代,要素基础变为劳动、人力资本、财务资本、数据和公共环境,因而要素的所有者,即劳动者、人力资本所有者、财务资本所有者(股东和债权人)、数据主体或数据拥有者和公共环境提供者[①]成为价值分配的主体。

价值分配的方式与数量也应与价值创造过程联系。要素之间的合作方式、主导要素与辅助要素、要素所有者在价值创造过程中承担的风险等都应该成为确定价值分配方式与数量时重点考量的因素。但狭义财务分配理论无视这些因素,在"资本雇佣劳动""公司是股东的公司"等教条的认识下,天然地排斥"劳动雇佣资本"[②]"公司是利益相关者的公司""分享利润"等与当代实践相符合的说法和做法,从而无法做到正义分配。而广义财务分配理论将把上述因素作为决定价值分配的内生因素加以考虑,从而使分配更加科学合理、更接近正义分配。

---

① 公共环境这一要素的所有者很难确定,因此用公共环境提供者的说法。公共环境提供者实际上是对提供和维持公共环境负有责任的主体,一般指政府。

② 如大量的基金管理公司、科技公司、管理咨询公司等。

4.4.2 广义财务分配论的理论基础

马克思"六项扣除"理论

"六项扣除"理论又称社会扣除理论,由马克思在《哥达纲领批判》中提出。"六项扣除"理论是马克思在批判拉萨尔所谓的"公平分配不折不扣的劳动所得"之类口号的虚伪性和荒谬性的基础上,对共产主义社会两个阶段的社会产品分配进行的系统回答,是社会主义初级阶段对社会产品实施按劳分配的主要理论依据。"六项扣除"包括:①用来补偿消费掉的生产资料的部分;②用来扩大再生产的追加部分;③用来应付不幸事故、自然灾害等的后备基金或保险基金;④和生产没有直接关系的一般管理费用;⑤用来满足共同需要的部分,如学校、保健设施等;⑥为丧失劳动能力的人等设立的基金。马克思的"六项扣除"理论,指明了社会总产品分配的顺序和原则,阐述了社会总产品分配的内部结构,要求在社会总产品分配时,既要满足社会再生产的需要,又要保证社会共同消费的需要,这是整个社会经济进步和发展不可或缺的重要条件。虽然马克思提出"六项扣除"理论的初衷是批判拉萨尔所谓的"公平分配不折不扣的劳动所得"的谬论,并且本着实事求是的思想和现实条件的有限性,没有对社会主义的经济建设蓝图进行详细的规划,但马克思对共产主义社会两个阶段的劳动所得分配问题的阐释,对按劳分配社会产品的公平性问题的回答,对实现社会财富源泉充分涌流与按需分配的思想的分析,以及"六项扣除"理论本身所蕴含的诸如持续发展、保险与社会保障等思想,对构建共享发展的广义财务分配理论仍有重要的指导意义。

扩展的企业契约理论

自科斯开创性地提出企业只是市场的替代这一观点以来,新制度经济学家一直沿着科斯开创的从交易角度来认识企业的起源,威廉姆森、阿尔钦、德姆塞茨、哈特、詹森、张五常、杨小凯、周其仁等分别从不同的角度提出了对企业的认识。科斯将企业视为市场价格机制的一种替代。威廉姆森、克莱因等认为,企业是一种经济组织或治理结构,是使某种形式的交易实现交易费用最小化的一种组织结构,企业组织所对应的是适宜于采用一体化关系契约的交易形式。如果资产专用性存在,依靠企业来组织生产,就可以通过纵向一体化的形式,减少机会主义的严重程度(Williamson,1971,1981,1988;klein et al.,1978)。阿尔钦和德姆塞茨利用团队生产理论解释了企业,他们认为团队生产能带来超额收益,即1+1>2的收益,企业这种制度安排就是为了降低团队生产带来的监督成本。而契约条款是构成企业——特别是利用团队生产的组织——的基础(Alchian & Demsetz,1972)。詹森等认为,企业的本质是契约关系,是一种"法律虚构",其职能是为个人之间的一组契约关系充当连接点(Jenson & Meckling,1976),他们的研究视角是代理理论。张五常认为,企业的出现就是用要素市场合约代替了产品市场合约,而要素市场上也存在着交易费用不为零等一些现象,这样也就是说,企业的本质同市场机制并没什么不同(Cheung,1983)。哈特从不完全契约角度研究企业问题,同时引入了剩余控制权的概念(Hart,1988),"(剩余控制权)这个契约维度的引入,我们不仅对企业的本质和一体化问题有了更为深入的认识,而且也使得我们比任何时候都更为深刻地理解财务工具的性质和财务结构安排问题。不仅如此,不完全合同的分析框架使我们真正找到了分析其他与合同和制度相关问题的有效工具,因此使企业和合同理论达到了一个前所未有的新高度"(杨其静,2005)。杨小凯认为企业由三要件组成。第一是与企业有关的合伙人有两类不同的人,一类叫雇主,一类叫雇员,雇主与雇员之间有所谓剩余控制权的不对称,或称权威的不对称;第二是雇主与雇员的合约对雇员应得收益有明确规定,而合约中并不写明雇主得多少;第三是雇主利用雇员的劳动生产出某种产品后,必须向市场出售。周其仁(1996)通过研究认为,企业是一个人力资本与非人力资本的特别合约。

经过几十年的发展,企业的契约理论已经为理论界和实务界的绝大多数人接受,并为人们理解企业行为和解释分配现象提供了一种新的视角和分析武器。有一点需要注意的是,经济学的契约理论所指的契约是经济性契约。李心合(2012)在研究制度财务学问题时,对契约理论进行了扩展,将公司定义为经济性契约网络与社会性契约网络的集合,也就是把公司看作社会经济机构。①我们认为这一假定符合现实企业的状况,因此,这一扩展的契约理论是广义财务分配理论的理论基础之一。

博弈论

博弈论亦名"对策论""赛局理论",属应用数学的一个分支,现在已经成为经济学的标准分析工具之一,并在生物学、经济学、国际关系、计算机科学、政治学、军事战略和其他很多学科都有广泛的应用。博弈论关涉的是多

---

① 实质上,这一公司定义包含了经济社会学的"嵌入"思想。

人相互依赖性决策的理性问题,也就是说,当一个主体的选择受到其他主体选择的影响,而且反过来影响到其他主体选择时的决策问题和均衡问题。博弈论有合作博弈和非合作博弈、静态博弈和动态博弈、完全信息博弈和不完全信息博弈之分。合作博弈与非合作博弈之间的区别主要在于人们的行为相互作用时,当事人能否达成一个具有约束力的协议,如果有,就是合作博弈;反之,则是非合作博弈(张维迎,1996)。合作博弈强调的是团体理性,强调公平公正,非合作博弈强调的是个人理性、个人最优决策。Taylor & Nowak(2007)总结了促进合作涌现的五大机制:亲缘选择(kin selection)、直接互惠(direct selection)、间接互惠(indirect selection)、网络互惠(network reciprocity)和群组选择(group selection),斯科姆斯(2011)也提出了促进合作演化的三种主要机制:本地互动、信号和联合。

收入分配涉及包括劳资双方在内的多个主体之间相互作用的决策选择,可以用博弈论的方法去分析。谢德仁(2001)认为,在实践中,企业剩余索取权的合约安排是股东与经营者在资本市场、产品与劳务市场、经营者市场、工人市场等合力运作下,进行长期博弈的结果,并且这一博弈是合作性的。博弈论是一种方法论,对于分析各要素所有者签订合约组建企业之后的要素分配问题提供了一种解决问题的思路。

利益相关者财务理论

利益相关者一般是指那些与企业存在直接或间接利益关系并享有合法性利益的组织或个人,包括投资者、债权人、雇员、顾客、供应商、政府等。李心合(2001a)提出了利益相关者财务理论,这是一种面向可持续发展的财务理论。该理论将"泛资源"作为财务配置资源的对象并将泛资源的配置主体由股东拓展为企业的全部"利益相关者",配置的目标定为利益相关者的财务利益最大化和均衡化、社会和道德责任最大化及成本最小化,同时提出应从泛资源产权的角度研究确立新的收益分配的理论框架。

利益相关者财务理论认为,财务学的利益相关者概念应是广义的和宽泛的,包括所有人类的与非人类的、现实的与潜在的利益相关者。不同利益相关者对企业有不同的财务利益要求,企业的财务分配必须兼顾和均衡各利益相关者的财务利益财务责任要求,实现公平与效率的有机结合。当不同利益关系者出现矛盾时,面向可持续发展的利益相关者财务要求坚持"公平分配"的原则。该原则的完整内容应当包括三个方面:第一,代内公平分配,要求任何企业的发展与资源耗费都不能以损害社会的发展为代价。财务上贯彻这个原则的关键是防止因资源配置和收益分配而出现两极分化。第二,代际公平分配,要求当代人自觉担当起在不同代际之间合理分配资源的责任。第三,人类与非人类的种群之间的公平分配,要求企业在分配资源和利益时不仅要考虑人类的正常需要,而且还要兼顾环境保护和生态平衡。

嵌入理论

嵌入理论是新经济社会学中的核心理论之一。新经济社会学是格兰诺维特(Granovetter)提出的一门学科。新经济社会学认为,经济现象是嵌入社会结构之中的,"在各个经济单元中,社会关系都是规则或不规则地进入其中的,并或多或少地发挥着作用"(Granovetter,1985)。嵌入分为关系性嵌入和结构性嵌入。关系性嵌入是指经济行为主体嵌入个人关系之中,结构性嵌入则指经济行为主体嵌入更为广阔的社会关系网络之中。在关系性嵌入中,各种规则性的期望、对相互赞同的渴求、互惠性交换等是经济行为主体所面临的主要社会因素;在结构性嵌入中,值得注意的是经济交换与更大范围的社会结构的关系,这种大范围的社会结构为特定的交易提供了具体的规则性期望,并能有效地阻止违反个人互惠性义务的行为发生。在新经济社会学家看来,经济行为主体所嵌入的社会结构是一种网络,牵涉到个人之间、角色之间、群体之间、组织之间等多种层次的社会单位之间的关系模式。

格兰诺维特的嵌入思想是建立在对传统经济学与社会学研究范式中的"低度社会化"与"过度社会化"的两种倾向的直接批判基础上的。他的这种批判对于我们正确认识财务分配问题很有帮助。低度社会化问题主要存在于新古典经济学研究范式中。经济学总是假设市场中的人是理性经济人,是通过不断计算追求利益最大化的个体。格兰诺维特认为,新古典主义的经济学,是与原子化的、低度社会化的人类行动概念一道运转的,它处于功利主义传统之中,由假设界定的理论论断拒绝承认社会结构和社会关系对生产、分配和消费的任何影响。而过度社会化问题主要出现在新制度经济学甚至社会人类学的研究中,即个体完全把集体的规则和要求内化以后变得在实际生活中完全受控于集体而没有自己的偏好,"人对于其他人的舆论具有压倒一切的敏感性,因而服从共识地发展起来的规范和价值观系统的指令,通过社会化而将之内化,所以服从并不被视为一种负担"(Granovetter,1985)。格兰诺维特将之斥为另一种形式的原子化,一种完全受控于集体后的孤立。我国计划经济体制下的分配情况就是典型的过度社会化,而狭义财务分配理论则明显是建立在格兰诺维特所说的低度社会化假设之上。过度社会化和低度社会化是两个极端,不能代表社会的主流。

嵌入理论中的"弱嵌入性"思想比较符合公司的情况。按照利益相关者经济学和社会学的解释,公司是由若干利益相关者缔结的一组利益网络。这个网络同时也是公司的财务支持网络。从现实看,企业利益相关者财务网络不是一个封闭的结构,而是动态的、开放的系统。这个开放的财务网络系统既受社会网络结构的限定,比如信任机制时刻限制着企业财务网络的建立与发展,同时又对社会网络结构系统的正常运行施加一定的影响。"弱嵌入性"思想为我们建立一种包容社会责任的、以利益相关者最大化和公司可持续发展为目标的广义财务分配理论提供了很好的理论基础。

4.4.3 广义财务分配论的基本假设

假设是对实际的抽象。假设的合理性来自抽象的合理性。抽象是一种归纳过程。抽象的目的在于舍弃复杂问题中的若干枝节和表面现象,保留其关键和本质的因素,以使复杂问题简单化。运用假设建立模型是经济学常用的方法。用此方法建立的很多经济学模型对解释和解决现实问题有很大的帮助。我们准备运用这种假设-演绎的理论构建方法构建广义财务分配理论体系。同时我们也注意到,分配过程是一个在既定的生产技术和财产所有关系条件下,各个不同经济利益集团和个人相互较量和相互作用的因果交叉的复杂过程。对于这样一个不能明确区分原因和结果的过程,舍弃任何一方面因素的影响都将导致对问题的片面性描述(孙洛平,1996)。因此,我们在做出假设的时候将尽可能地小心,做出尽可能少的假设并使假设尽可能地贴近社会的真实。按照上述要求,我们提出以下假设:第一,公司是一个实体而非"法律虚构";第二,包括公司在内的利益相关者是有限理性的社会人。

公司是一个实体而非"法律虚构"

对公司地位的不同认识关系到对公司财务现象的理解,并影响到包括财务分配在内的理论构建和制度安排。主流经济学理论至今仍奉行"资本至上"的逻辑,将公司认定为依附于股东的"法律上的虚构"(李心合,2012)。以经济学为基础建立的财务学也将这种认定作为基本前提,代理理论、股东财富最大化目标都是建立在这种认定基础之上的。在"法律虚构"的假设下,公司不是一个人格化的个体,没有独立的利益,仅"作为一个复杂过程的聚焦点,在这个过程中个人相互抵触的诸多目标会被一个契约关系的框架带入均衡"(Jenson & Meckling,1976)。"如果把公司看成一个法律意义上的虚构,则经济的权利和义务关系就发生在股东与经理之间,也就是在股东与经理之间存在委托-代理关系,代理的对象是股东投资的或经理受托经管的资本,目标是实现股东资本的保值增值,也就是常说的股东财富最大化。"(李心合,2012)

公司的"法律虚构"假说是在早期资本主义社会的实践中产生的。公司是企业的一种组织形式。古典经济学中,企业被看作生产函数,新古典经济学中,企业被看作市场机制的替代,看作一组契约,公司亦然。然而现代公司已与彼时的企业大不相同,"法律虚构"这一假说与现代公司管理理论与实践,以及法律理论与实践都是脱节的,由此导致在其基础上建立的财务理论亦与实践脱节。与公司的"法律虚构"假说不同,我们假设公司是一个实体,一个有着自身利益并承载着利益相关者利益的独立的个体。这一假设更符合公司实践,也为法学界所认可。李心合(2012)指出,围绕公司地位,法学界有三种学说,即法人拟制说、法人否认说和法人实在说,其中被更多的法学家所接受并成为法学主流的是法人实在说。该假说认为,公司法人并非法律的虚构,亦并非没有团体意志和利益,而是一种客观实在的实体。刘冬荣和贺勇(2009)也认为,公司所有权不应仅是股东投资的实物资产,还包括企业管理者投入的人力资本产权,雇员所投入的专用技能,债权人、供应商和客户所投入的专用投资。因此,"从这个意思上说,企业是一个为所有缔约主体即利益相关者创造价值的实体,而利益相关者财务契约是公司整体契约的核心"。

有限理性的社会人

对人性的假设很多。到目前为止,至少有"经济人""社会人""决策人""复杂人""自动人"等不同的看法。在分配问题上,将包括公司在内的利益相关者视为"社会人"是很有必要的。首先,分配问题涉及效率与公平,而对公平的把握离不开社会标准。其次,不管是作为个体的人,还是构成组织的人,甚至包括组织在内,都是有社会需要的。这些需要包括但不限于友谊、归属、信任与接纳、尊重、荣誉等。第三,任何社会主体的逐利动机,都必然受社会结构的限定,并建立在社会互惠性期望的基础上,公司和个人完全不能超越社会制度结构和法律设定的边界追求其私利(李心合,2005)。最后,"社会人"假设符合"众数原理"。

另外,我们还假设包括公司在内的利益相关者是有限理性的。20世纪50年代,赫伯特·A.西蒙在《管理行为》一书中提出了"有限理性"概念,这一概念一经提出,即对经济学、管理学、社会学等学科产生了重大影响并被广泛地应用于管理实务中。有限理性观点认为,人的理性介于完全理性和非理性之间,在高度不确定和极其复杂的现实决策环境中,人的知识、想象力和计算力是有限的。决策者在识别和发现问题中容易受知觉上的偏差[①]的影响,而在对未来的状况做出判断时,直觉的运用往往多于逻辑分析方法的运用。由于受决策时间和可利用资源的限制,决策者即使充分了解和掌握有关决策环境的信息情报[②],也只能做到尽量了解各种备选方案的情况,而不可能做到全部了解,决策者利用信息和选择的理性是有限的。此外,评估所有的方案并选择其中的最佳方案,需要花费大量的时间和金钱,这极可能是得不偿失的,因此决策者在决策中往往只求满意的结果,而不愿费力寻求最佳方案。现实生活中,诸多公司在包括财务分配问题在内的决策领域出现的"羊群现象",即明证。

4.5　广义财务分配论的核心机制:共同收益分配机制

财务分配理论的本质是一种收入分配的微观制度安排。这种制度安排要综合考虑企业目标、宏观制度约束、权力分配和制衡、公平和效率等问题,涉及分配主体、分配客体、分配目标和原则、分配依据、分配份额、分配顺序等内容。与重点关注股东红利安排的狭义财务分配理论不同,广义财务分配理论是一种基于价值创造的利益相关者共同收益分配机制,可以在初次分配的层面为实现共享发展打下良好的微观基础。

4.5.1　分配利益相关者:扩展分配主体

公司利益相关者外延很广,包括股东、债权人、雇员、客户、供应商、政府、社会公众等诸多方面。但在财务分配的语境中,利益相关者应该指为公司设立和运营贡献资源(提供要素)、为公司价值创造做出贡献并承担公司风险的那一部分相关者。因为只有如此,其才有权利参与生产成果的分配。这类利益相关者可以称之为有权参与分配的利益相关者,简称分配利益相关者。分配利益相关者并不一定是企业的所有者。

---

① 知觉上的偏差,是指由于认知能力的有限,决策者仅把问题的部分信息当作认知对象。
② 事实上,组织内外存在的一切对组织的现在和未来都会直接或间接地产生某种程度的影响,但决策者很难收集到反映这一切情况的信息。

股东为公司提供权益资本,债权人提供债务资本,这两类资本构成了公司的财务资本。财务资本直接参与资本的循环,在循环过程中为企业创造价值。在传统上,股东被认为是全部剩余风险的承担者,故被视为公司的所有者并享受全部税后收益。债权人则承担了企业经营不好时,不能收取利息甚至不能收回本金的风险。按照前述标准,股东和债权人是分配利益相关者。

雇员包括一般员工、企业经理、技术人员等,他们为公司提供劳动、人力资本、信息(数据)等要素,是企业价值的创造者。雇员在公司中承担着诸如安全、失业等风险。显然,雇员也是分配利益相关者。

政府像其他要素所有者一样向公司投入了其相对优势要素:公共环境,这一要素在公司价值创造的过程中亦发挥了不可替代的作用。公共环境涉及经济、文化、治安、交通、公共服务、公共设施等诸多方面,它通常通过影响企业成本(比如物流成本、沟通成本、税收成本等)影响公司价值创造。此外,政府也在公司经营中承担诸如企业因亏损而收不到税、安置下岗职工、环境污染等风险。由此,政府也是分配利益相关者。

至于其他利益相关者,如客户、供应商、社会公众等,如无上述向公司投入要素的行为,则因为不能满足前述全部条件而无权参与公司价值分配。其获得收益的原则是市场交换。

值得一提的是,公司本身在特定环境下也是分配利益相关者,只不过是一种特殊的分配利益相关者。一方面,作为数据主体或数据所有者,公司拥有利用要素贡献获得收益的权利;另一方面,公司可以作为一个暂时的容器将无法合理分配给其他分配利益相关者的利益暂存起来,以偿付可能的负外部性带来的社会成本或待合适的时间(如公司破产或解散)分配给其他分配利益相关者。这一部分内容将在第5章讨论按要素分配中的分配主体问题时再加以阐述。

分配利益相关者都是要素提供者,但要素提供者并不一定是分配利益相关者。如在外协加工生产中,外购劳务与企业之间没有企业意义上的契约关系,只有市场意义上的合同关系,因此,其中的劳动要素并不参与企业的收益分配,而是作为企业生产成本予以扣除。分配利益相关者构成广义财务分配理论中的分配主体。

要素、要素所有者(提供者)与分配利益相关者的关系如图4-4所示。

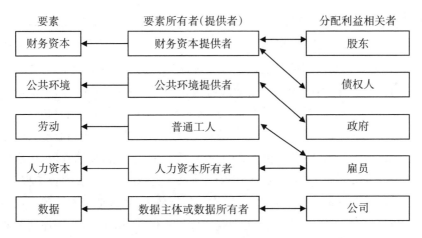

图4-4　要素、要素所有者、分配利益相关者之间的对应关系

4.5.2　价值创造与收益分配过程的统一

构建广义财务分配的目标是:在一个承认私人产权的社会里,针对公司这一由众多要素合作形成的微观单元,提出一种以利益相关者整体利益最大化和长期利益最大化为目标的财务分配理论,使企业的各利益相关者在这种理论的指导下,合理地分好"蛋糕",同时又能促进大家生产"蛋糕"的积极性。也就是说,既做大"蛋糕"又分好"蛋糕",实现公司的长期和良性发展,进而实现社会的可持续共享发展。因此,在广义财务分配理论体系中,利益相关者利益最大化是作为公司目标出现的,它相当于狭义财务分配理论体系中的股东财富最大化目标,起着引导财务分配方向的作用。

以利益相关者利益最大化作为公司的目标,会给我们构建理论带来一定困难。因为利益相关者是多个主体,其利益诉求差别较大,由此会产生多重目标问题。多重目标是西方财务学者在建构财务理论时努力避免的障碍。达莫德伦(2001)认为,"如果选择多重目标,我们将遇到另一个问题。为均衡多重目标函数构建的理论就如一个为多个老板服务的员工,为满足多重目标,到最后连一个目标也没有实现……而且构建多重目标理论要比单一目标理论难得多,那么,我们认为应取用单一目标函数"。这一观点代表了大多数西方财务学者的观点。然而,真实世界的公司在目标追求上是多元化的(李心合,2009a)。单一目标理论不仅使理论远离现实,更强化了劳资之间的对立,加大了收入分配差距,最终将损害股东自身的利益。

以相关者利益最大化作为财务管理目标,具有以下优点:①有利于企业

— 105 —

长期稳定发展。这一目标注重企业在发展过程中考虑并满足各利益相关者的利益关系。在追求长期稳定发展的过程中,站在企业的角度上进行投资研究,避免只站在股东的角度进行投资可能导致的一系列问题。②体现了多赢的价值理念,有利于实现企业经济效益和社会效益的统一。由于兼顾了企业、股东、政府、员工等的利益,企业就不仅仅是一个单纯牟利的组织,而且还承担了一定的社会责任。企业在寻求其自身的发展和利益最大化过程中,由于客户及其他利益相关者的利益,就会依法经营,依法管理,正确处理各种财务关系,自觉维护和确切保障国家、集体和社会公众的合法权益。③这一目标本身是一个多元化、多层次的目标体系,较好地兼顾了各利益主体的利益。这一目标可使企业各利益主体相互作用、相互协调,并在使企业利益、股东利益达到最大化的同时,也使其他利益相关者利益达到最大化。也就是将企业财富这块"蛋糕"做到最大的同时,保证每个利益主体所得的"蛋糕"更多(财政部会计资格评价中心,2010)。

尽管利益相关者目标多元,但至少有一点是统一的,那就是增加值(李心合,2009a)。这里所说的增加值不是"股东价值",也不是"企业价值",也不是"经济增加值(EVA)",而是政治经济学中所说的"V+M"部分,或王化成(2000a)提出的薪息税前盈余。李心合(2009a)指出,实际上,不管是股东(利润)、债权人(利息)、经理(年薪)和员工(薪酬)的私人利益还是政府的经济性公共利益(税收)或公众期望的社会效用,都内含在公司的增加值中。把增加值这块"蛋糕"做大并分配好,就能有效地平衡公司与其相关者的经济利益关系。相对于价值最大化或股东财富最大化目标而言,增加值最大化显然是基于社会责任视角的扩展,是利益相关者利益最大化目标在经济方面的最佳指标,由此成为广义财务分配理论体系中价值创造的目标。

广义财务分配理论中的分配客体就是增加值(V+M)。因此,广义财务分配的过程就是公司按共同收益分配机制向各分配主体分配增加值的过程。如图4-5所示,以增加值为纽带,价值创造与价值分配的过程是统一的,体现了价值怎么创造,就怎么分配的原则。

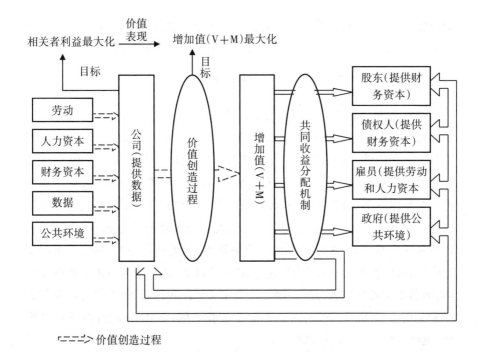

图 4-5　价值创造与分配过程的统一

4.5.3　共同收益分配机制的设计

共同收益分配机制是广义财务分配理论的核心内容,甚至可以说就是广义财务分配理论本身。这一机制的设计涉及分配主体、分配客体、分配依据、分配原则、分配层次、分配份额、分配顺序等内容,同时要受外部条件的约束。

分配主体与客体

前文已经指出,分配利益相关者构成广义财务分配理论中的分配主体,这些分配利益相关者包括股东、债权人、雇员和政府。除此之外,公司本身也是分配主体,参与增加值的分配。在我国常说分配时要兼顾国家、集体和个人利益,这里的集体指的就是企业(公司)本身。显然,公司是作为一个实体参与分配的。在西方,公司被视作一种"合法虚构",但在实践中,公司也作为"股东的公司"以留存收益的形式代持股东权益。在共同收益分配机制中,公司在分配中的作用仍是以留存收益的形式将无主要素创造的价值贡献,以及未分配出去的共有价值留在公司。与西方主流财务学看法不同的是,留存收益的控制权在公司,且由分配利益相关者共同享有而不是股东单独享有。这一安排实际上是将公司作为相关者利益的蓄水池,可以缓解利益相关者之间的分配冲突。①留存收益可以作为公司资金来源进行投资,亦可在适当时候分配出去,如图4-5所示。分配客体是增加值。此处不再赘述。

分配依据

分配依据是企业分配活动所遵循的基本标准,是构成一定分配方式的核心要素(王化成,2000a)。从历史角度看,不同生产方式和主导要素产生了与之相适应的分配依据。在原始社会的共同体中,私有权没有产生,劳动是主要的投入要素,为了共同应对自然侵害,平均和平等成为分配的基本依据。在奴隶社会、封建社会中,私有权的产生使分配活动所遵循的基本依据变为等级和特权,社会根据每个人的等级高低和特权大小来分配消费品。在资本主义社会,分配所依据的主要是资本、土地和劳动力,其中资本起主导作用,可以理解为按资分配。在社会主义社会,人们认为分配的依据是劳动,即通常所说的按劳分配。而在社会主义初级阶段,只能是按对收益的贡献来分配。即谁对企业的薪息税前盈余有贡献,谁就参加分配,贡献多多分,贡献少少分(王化成,2000a)。

在现代公司中,将贡献作为分配的主要依据是合理的。这一依据符合价值如何创造,就该如何分配的思想。除了贡献之外,我们认为,权利、风险也应该成为分配的依据。这一点将在后面的章节中详细论述。

分配原则

分配原则是公司分配活动中所必须遵守的行为规范。马克思提出了指导研究分配问题的一个根本的方法论原则,即不能从抽象的公平、平等出发,而要从生产方式,首先从所有制出发来研究分配问题(周新城,2004)。生产方式决定分配方式。不同社会制度、公司发展的不同阶段的分配原则可以有所区别,以满足公司的战略需要,获取长期利益的最大化。在新古典经济学和在此基础上形成的狭义财务分配理论中,效率被视为收益分配中的重要原则。在社会主义市场经济条件下,王化成(2000a,2006)认为企业分配的基本原则应包括发展优先原则、注重效率原则和制度约束原则。发展优先原则指的是企业的分配应有利于提高企业的发展能力,在进行分配时,必须正确处理积累与消费的关系,保证企业的健康成长。注重效率原则要求企业重视效率,视效率为生命。此处效率的实质是最大限度地发挥企业潜力,实现各种资源的有效配置,不断提高企业竞争能力。制度约束原则

---

① 下一章将对公司作为分配主体参与分配问题做进一步论述。

要求在分配时必须遵循相关制度,以便合理地规范各方面的行为,因为企业分配涉及多个集团的利益,各方面的利益虽有统一的一面,但矛盾冲突却时刻存在。

我国改革开放的不同时期,对分配提出过不同的原则。这些原则对企业的财务分配有重要影响。1987年党的十三大报告提出:"我们的分配政策,既要有利于善于经营的企业和诚实劳动的个人先富起来,合理拉开收入差距,又要防止贫富悬殊,坚持共同富裕的方向,在促进效率提高的前提下体现社会公平。"这一提法的社会背景是"大锅饭"和"平均分配",其目的是要破除绝对平均主义,解放生产力,"促进效率提高",同时要体现"公平"。1992年党的十四大报告提出:在分配制度上,要"兼顾效率与公平"。按卫兴华的看法[①],这一新的提法,与上述党的十三大报告的提法相比,并无内容上的质的差别,兼顾效率与公平,也不存在孰重孰轻的差别。兼顾两者,与两者并重意思相近:一方面,要"鼓励先进,促进效率";另一方面,要"合理拉开收入差距,又防止两极分化,逐步实现共同富裕"。合理拉开收入差距,是效率与公平的连接点,既有利于促进效率,又体现了分配公平。1993年召开的党的十四届三中全会通过了《中共中央关于建立社会主义市场经济体制若干问题的决定》,该文件提出:个人收入分配要"体现效率优先,兼顾公平的原则"。这一原则的提出"意味着分配公平在效率面前只处于次要地位"。"效率优先,兼顾公平"的提法持续讲了十几年,直到2004年9月党的十六届四中全会,在分配关系上不再提效率优先,而是强调:"注重社会公平,合理调整国民收入分配格局,切实采取有力措施解决地区之间和部分社会成员收入差距过大的问题,逐步实现全体人员的共同富裕。"这里讲的三条都是公平问题:一是注重社会公平;二是解决收入差距过大问题;三是实现共同富裕。2007年党的十七大报告中更明确指出:"合理的收入分配制度是社会公平的重要体现。要坚持和完善按劳分配为主体、多种分配方式并存的分配制度,健全劳动、资本、技术、管理等生产要素按贡献参与分配的制度,初次分配和再分配都要处理好效率和公平的关系,再分配更加注重公平。逐步提高居民收入在国民收入分配中的比重,提高劳动报酬在初次分配中的比重。着力提高低收入者收入,逐步提高扶贫标准和最低工资标准,建立企业职工工资正常增长机制和支付保障机制。"卫兴华和张福军(2008)认为,党的十七大报告关于效率与公平关系问题的新提法和新原则,是与我国改革开放新的历史时期,特别是与贯彻落实科学发展观,构建社会主义和谐社

---

① 参见卫兴华、张宇主编:《公平与效率的新选择》,经济科学出版社2008年版。

会相适应的。但提高劳动者的劳动报酬比重，应是一个逐步推进的过程，不要过急过快，要把当前利益和长远利益结合起来。2012年召开的党的十八大在大会报告中延续了十七大关于收入分配要提高"两个比重"的提法，同时指出收入分配要"努力实现居民收入增长和经济发展同步、劳动报酬增长和劳动生产率提高同步"，并再次强调"初次分配和再分配都要兼顾效率和公平，再分配更加注重公平"。2017年召开的党的十九大，则第一次明确提出"完善按要素分配的体制机制"的说法，以在坚持按劳分配原则下，"促进收入分配更合理、更有序"。2022年召开的党的二十大，没有对分配的效率和公平做明确的描述，而是更多地强调分配制度的重要性和"促进共同富裕"目标的制度路径。党的二十大报告指出："分配制度是促进共同富裕的基础性制度。""基础性制度"的提出说明党对收入分配的高度重视，并对通过分配制度的完善"促进共同富裕"寄予厚望。报告中与初次分配有关的"促进共同富裕"目标的制度路径主要有："坚持按劳分配为主体、多种分配方式并存，构建初次分配、再分配、第三次分配协调配套的制度体系。""努力提高居民收入在国民收入分配中的比重，提高劳动报酬在初次分配中的比重。""完善按要素分配政策制度，探索多种渠道增加中低收入群众要素收入，多渠道增加城乡居民财产收入。"如果说其中有什么总的原则的话，那就是"促进共同富裕"。表4-3列示了我国在收入分配原则上的变化情况。

　　我国改革开放的时间虽然不长，但在此过程中正反两方面的经验积累了不少。首先是破除"平均分配"制度后的生产力潜能的巨大释放，说明完全平均主义是无效率的一种分配原则。其次是确立"效率优先、兼顾公平"原则之后，生产力在取得巨大发展的同时，人们对社会分配不公的感觉却越来越强烈，引发了一系列社会问题，亦影响了企业可持续发展的步伐。由此说明，在初次分配领域，完全由市场决定的方法是有缺陷的。尤其是，我国处于双轨制和转型经济的背景，在要素市场和资本市场不完善的情况下，在劳资双方力量对比不对称的情况下，放任企业追求效率只能是一个结果，收入分配差距越来越大，最终导致企业无效率。因此，在物质财富达到极大丰富之前，收益分配确定的原则应该既要减少社会摩擦，让更多人更公平地分享改革成果；又不能破坏合理的市场分配规则，保持各要素主体的积极性，以免重蹈大锅饭覆辙。

　　贾康（2008）认为，任何一种分配状态都可能"仁者见仁，智者见智"，但从社会公众总体的可接受程度而言，在维护公正即维护公民权利和经济活动起点公平、机会公平、规则和过程公平的前提下所形成的分配结果，是最接近于"合理"的状态，政府只需以再分配手段（也包括鼓励公益慈善行为等)做适当的"均平"处理即可。相反,如果前面起点、机会的公正和过程的公平没有维护好,那么对于结果无论做多大力度的调节,都必然是进退失据和事倍功半。

表4-3　我国改革开放以来收入分配原则变化

时间	会议	收入分配原则	企业改革背景
1987	中国共产党第十三次全国代表大会	坚持共同富裕的方向,在促进效率提高的前提下体现社会公平	
1992	中国共产党第十四次全国代表大会	兼顾效率与公平	
1993	中国共产党第十四届三中全会	效率优先,兼顾公平	《中共中央关于建立社会主义市场经济体制若干问题的决定》
1997	中国共产党第十五次全国代表大会	效率优先,兼顾公平	
2002	中国共产党第十六次全国代表大会	效率优先,兼顾公平。初次分配注重效率,发挥市场的作用……再分配注重公平,加强政府对收入分配的调节职能,调节差距过大收入	
2004	中国共产党第十六届四中全会	注重社会公平,合理调整国民收入分配格局,切实采取有力措施解决地区之间和部分社会成员收入差距过大的问题,逐步实现全体人民的共同富裕	
2005	中国共产党第十六届五中全会	注重社会公平,特别要关注就业机会和分配过程的公平	
2006	中国共产党第十六届六中全会	更加注重社会公平,着力提高低收入者收入水平,逐步扩大中等收入者比重,有效调节过高收入,坚决取缔非法收入,促进共同富裕	《中共中央关于构建社会主义和谐社会若干重大问题的决定》
2007	中国共产党第十七次全国代表大会	初次分配和再分配都要处理好效率和公平的关系,再分配更加注重公平。逐步提高居民收入在国民收入分配中的比重,提高劳动报酬在初次分配中的比重。着力提高低收入者收入,逐步提高扶贫标准和最低工资标准,建立企业职工工资正常增长机制和支付保障机制	

时间	会议	收入分配原则	企业改革背景
2012	中国共产党第十八次全国代表大会	努力实现居民收入增长和经济发展同步、劳动报酬增长和劳动生产率提高同步,初次分配和再分配都要兼顾效率和公平,再分配更加注重公平	
2017	中国共产党第十九次全国代表大会	坚持按劳分配原则,完善按要素分配的体制机制,促进收入分配更合理、更有序。	
2022	中国共产党第二十次全国代表大会	促进共同富裕	

资料来源:根据中国共产党召开的历次会议公报整理。

根据以上分析,我们认为,共同利益分配原则可以确定为激励相容、相对公平。激励相容指的是分配对要素所有者有激励作用,能够将要素继续留在公司中为公司所用。而相对公平是指没有要素所有者感觉到分配过程存在明显不公平。①

分配层次、分配份额及分配顺序

分配层次、分配份额和分配顺序的问题都涉及具体的分配方案。其中分配份额是核心。分配层次指将增加值在创造出来之后到分配给要素所有人之前所经过的环节。从大的方面来说,分配层次有两个,一个是要素间的分配,一个是要素内的分配。要素间分配确定各要素分配份额。要素内分配是在同一要素内该要素的不同提供者之间的分配。基于研究目的,本书主要关注前者。分配份额是增加值分割结果的量化,是要素报酬的直接体现,最为分配利益相关者所关注。分配顺序是指参加收益分配的各方在分配中的先后次序。分配顺序安排与要素承担的风险及剩余控制权的安排有关,通常承担最大风险的要素所有者分配顺序靠后,并拥有剩余索取权。在实践中,如何确定分配份额和分配顺序是各要素所有者签订合约时的重要

---

① 我们认为,相对公平是一个较为合适的原则。一来绝对公平是很难做到的。二来从有限理性角度出发,人对公平的认识也是有限理性的,因为公平的感觉是一种主观现象,主观的公平认识本身就可能不公平。比如,在合作任务中,人们通常会夸大自己的作用,而贬低别人的作用,同时会高估自己应得的报酬,而低估别人应得的报酬。其原因就在于信息不对称等造成的有限理性:自己对自己的投入最了解,会100%考虑,而对别人的投入不了解,仅因自己的观察去推理。

内容,后面将以单独章节分别予以论述。这里需要明确的是,根据公司是利益相关者的公司而不是股东的公司的看法,各分配利益相关者都有权利参与剩余的分配。这一点是与狭义财务分配理论显著不同,并且体现了共享发展理念的地方。

分配行为的外部约束条件

公司是嵌入于社会网络之中的,其分配行为要受社会网络的约束。这种约束来自三个层面。一是市场层面。不管是"资本雇佣劳动"还是"劳动雇佣资本",被雇的一方的报酬往往在生产之前约定。这种约定必然受要素市场供求关系和平均价格的影响。企业不能完全脱离市场决定被雇的一方的报酬。二是文化层面。社会道德、公平观、价值观等文化层面因素对企业分配也会产生影响,尽管这种约束是软性的,但由于其影响持久,因此在考虑分配问题时亦不能忽视。三是政策和法律层面。政府政策、法律法规有时直接决定分配的标准,这些标准带有强制性,属于分配的硬约束条件。比如,政府通常规定税率和利息率、制定最低工资标准、决定利润分配程序等。共同收益分配机制可以用图4-6表示。

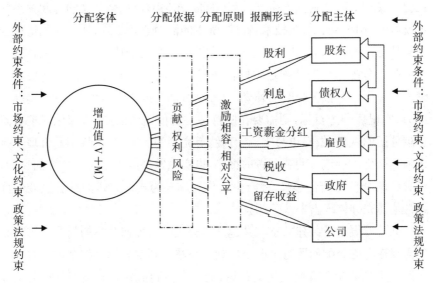

图4-6 共同收益分配过程

第5章　共享发展理念下要素
参与分配的实现路径

5.1　按要素贡献公平分配的争议、探索与不足

5.1.1　按要素贡献公平分配的争议

分配关系是生产关系的重要内容。在社会主义市场经济条件下，劳动者创造的财富，尤其是其剩余劳动创造的财富，归谁占有、如何分配，构成了社会主义初级阶段的基本生产关系（王璐，2014b）。社会主义的分配关系应该既"让一切劳动、知识、技术、管理、资本的活力竞相迸发，让一切创造社会财富的源泉充分涌流，让发展成果更多更公平惠及全体人民"，"形成合理有序的收入分配格局"①，"促进共同富裕"②。实现前一个目标，需要按要素贡献分配原则作为按劳分配的补充，以激励劳动之外的要素参与生产，提高生产力；实现后一个目标，则需要在坚持劳动价值论的前提下，深化对按要素贡献分配的认识，做出更公平、更有效、更完善的制度安排，特别是合理安排作为剩余价值创造者的劳动者的报酬，以实现发展成果由人民共享的目标。只有将两个目标结合起来，社会主义作为迄今为止最先进的社会制度的优越性才能充分体现出来。

共享发展要求共建共享。共建共享解决的是如何共享的问题。这就必然需要在考虑分配问题时平衡个体利益与整体利益。如何使个体利益最大化服从于利益相关者最大化的目标，减少个体利益并且不损伤各利益主体的积极性，这样的共享收益分配问题解决起来的确困难。广义财务分配理

---

① 《中共中央关于全面深化改革若干重大问题的决定》，人民出版社2013年版，第4、55页。
② 习近平：《高举中国特色社会主义伟大旗帜　为全面建设社会主义现代化国家而团结奋斗——在中国共产党第二十次全国代表大会上的报告》，人民出版社2022年版，第46页。

论在公司层面提供了一个平衡个体利益与整体利益的理论框架,它在本质上属于分配利益相关者按要素贡献公平分配的范畴。然而对于按要素贡献公平分配,历史上一直有所争议。

一方面,力挺者不少(陈乃圣和陈燕,2002;胡进,2003;孙咏梅,2003;李心合,2012等),另一方面,质疑者也有(孙洛平,1996;贾后明,2010等)。力挺者认为按要素贡献分配是一种公平的分配思路。"在生产要素分属于不同所有者的产权制度下,社会财富就应由不同要素所有者根据其要素的贡献大小来分享,获得收入是不同要素所有者投入一定要素参与财富创造活动的根本动因,收益权是其生产要素所有权在经济上的实现。剥夺要素收益权,人们的财产所有权就不完整,人们就缺乏创造社会财富的热情和创造力。"(胡进,2003)"各类利益相关者并不是也不应该均等地参与公司收益分配,这①取决于各自的资源贡献份额及其在价值创造中所做的贡献。"(李心合,2012)"'要素贡献'是按要素分配原则的最终决定因素。"(孙咏梅,2003)反对者质疑按贡献分配的可行性。比如,孙洛平(1996)指出,因为生产投入的属性有所不同,每个人干的工作也不一样,相互之间难以比较谁的贡献大还是小。有时,甚至连不同的生产投入和工作的重要性也无法确定。因为,在分工协作式的社会化大生产中,各种投入和工作之间是相互依存的,谁也离不开谁。贾后明(2010)认为,贡献界定的模糊性和计量困难,贡献分配的主体和途径无法实现统一,因此按贡献分配只能是一种理论假设而无法全面推行。在实践中,按贡献分配可以是一种分配的补充方式,而不能成为主体原则。此外,还有一些学者赞成按要素贡献分配的同时,也提出了一些技术性困难(白暴力,2006)。

5.1.2　按要素贡献公平分配的理论探索与不足

尽管对按要素贡献分配存在争议,但改革开放以来我国一直没有停止对按要素贡献分配理论的探索。分配问题涉及政治经济学、西方经济学、会计学、财务学、管理学等各种宏微观学科,涉及初次分配、再次分配、三次甚至四次分配。按要素贡献分配属于初次分配范畴,但与前述各学科均有关联。我国对按要素分配理论的探索,存在宏观与微观两条线索。宏观上,是沿着学习—批判—发展的脉络展开,可惜的是没有给出系统的、充分反映中国特色社会主义市场经济特点的按要素分配理论。微观上,则几乎一成不变地照搬西方市场经济分配理论,使之成为我国事实上的按要素贡献分配

---

① "这"指的是利益相关者的报酬。——引者注

实践指导者(吴星泽,2019)。

按要素分配理论缘起于西方,其典型代表是萨伊提出的"三位一体"要素分配论。兴起于19世纪70年代"边际革命"的新古典理论,继承了萨伊的思想并将其理论化和系统化,其中以克拉克的边际生产力分配论和马歇尔的均衡价格论最有影响。这一理论的基本内容是资本、劳动等要素共同参与产品的制造,并按照各要素对总产品所增加的贡献(即边际产品)计算应向每一要素支付的报酬。这样,最终付出的酬金总数恰好等于企业实际获得的净收入,因而各种要素谁也不会剥削谁,这就是新古典的"产品分配净尽定理"。

新古典经济学的这些分配思想实质上否定了资本主义剥削的存在,与马克思的剩余价值理论相对立。我国在探索非劳动生产要素参与分配的过程中,注意到了这一对立,并对其理论缺陷进行了批判(白暴力,2002;2007)。同时,我国政治经济学学者尝试提出中国特色社会主义市场经济体制下的按要素贡献分配理论。周为民和陆宁(2002)对按要素分配与按劳分配的关系、谷书堂(2003)对按要素分配与收入分配差距的关系、朱超(2003)对劳动要素公正参与分配、孙咏梅(2003)对生产要素按贡献参与分配的理论依据和实现方式等问题进行了研究,回答了社会主义市场经济中按要素分配的合理性、预想后果、分配依据、实现方式等理论问题。遗憾的是,这些有益的政治经济学的讨论,没有持续深入进行下去,没有最终形成中国特色社会主义市场经济体制下的系统的按要素贡献分配理论。加上在"要素贡献"这一"按要素分配原则的最终决定因素"(孙咏梅,2003)的测量方面,也一直"没有一个能有效说明社会主义市场经济中'按要素分配'的量的边界的理论"(白暴力,2006),我国政治经济学事实上没有承担起提供理论,以从宏观方面指导按要素贡献分配实践的重任。

在宏观指导缺失的情况下,微观研究却循着西方市场经济分配理论的路径,成为我国事实上的按要素贡献分配实践指导者。以公司为例,西方分配理论研究是以公司产权的私人占有为逻辑前提,以保障股东利益为目标,以要素均衡价格为基础,并吸收人力资本理论、激励理论的部分成果建构的。由于西方的主流思想认为公司是股东的公司,剩余应归股东所有,所以其分配出发点大多是激励其他要素为股东创造价值服务,而不是要素在价值创造中的贡献,当然,更没有充分考虑初次分配的社会属性。由此,在西方理论影响下,我国各微观学科也逐步淡化初次分配的社会属性,几乎全盘接受了西方关于分配的一套理论和方法。在管理学科中,工人从"企业的主人"变为"雇员",同时激励理论取代了分配理论,成为分配的主要依据。而本应与初次分配联系最为密切的财务学科中,初次分配理论显然缺位,取而代之的是利润分配或股利分配理论。然而从本质上看,后者只是关于投资者或股东这一类所有者权益资本要素主体自身"财富"如何分割的理论,和初次分配中价值在不同要素主体间的"分配"完全不是一回事(吴星泽和肖高玉,2013)。在会计学科,在会计准则国际趋同趋势下,会计对初次分配的反映是以西方社会典型的股东获取剩余收益、其他利益相关者的收入进入成本的方式完成的,至于这一方式是否坚持了劳动价值论,是否是社会主义市场经济体制下唯一的、必然的、公平正义的分配方式,理论界和实务界都已经鲜有讨论。虽然会计是以反映和计量为基本职能的学科,它并不能从根源上决定初次分配的形式和路径,但由于会计工作本身的普遍性和会计准则的强制力,其惯常做法无疑会对分配理念、分配实务产生巨大的影响。

综观我国对按要素贡献分配理论的探索过程,实际上经历了在社会主义前提下发展按要素贡献分配理论和分配模式全面西化两个阶段。在这两个阶段中,相应的宏观与微观学科不仅发展不平衡,而且相互间的联系也没有打通,存在各说各话、各自按其逻辑发展研究的局面。其最终结果是我国按要素贡献分配实践偏离了马克思主义劳动价值论的宏观指导和分配的社会主义方向。

这样形成的按要素分配理论虽然有其产生的历史原因,但显然不是社会主义国家所追求的。因为其必然产生"用资本主义的分配形式削弱社会主义生产关系"(李炳炎,2004)的后果。2017年5月,中共中央印发的《关于加快构建中国特色哲学社会科学的意见》强调,"坚持和发展中国特色社会主义,必须加快构建中国特色哲学社会科学","要高举中国特色社会主义伟大旗帜","坚持为人民服务、为社会主义服务"。社会主义本质是共同富裕,社会主义生产关系应在激发各要素活力的同时,保障创造价值的劳动者分享价值的权利。就这个意义上说,现在所谓的"按要素贡献分配"大概只有其名,而无其实了,因为"分配过程中对劳动这一主体要素没有给予应有的重视"(王卫星和纪成君,2012)。显然,按要素贡献分配的理论需要深化,特别是公平、分配主体、分配出清、剩余归属等方面的问题,需要在坚持分配的社会主义方向和坚持马克思主义劳动价值论的前提下重新认识。

5.1.3 按要素贡献公平分配的实践探索与不足

按要素分配实践的历史演进

在探索社会主义市场经济条件下如何坚持和发展按劳分配原则的过程

中，按生产要素分配作为社会主义分配原则的一个重要补充，首先在非公有制经济，继而在包括公有制经济在内的各种所有制经济中得到承认和施行。这一分配方式的推行伴随着支持与质疑两种呼声，最终在经济体制改革过程中逐步被承认、接纳和鼓励。回顾我国召开的几次重要的会议可以清晰地看出其中的脉络（见表5-1）。

在多年探索和实践中，按要素贡献分配为我国经济发展注入了内在动力，各类要素活力特别是资本、管理和技术要素活力受到了极大激发，经济得到了快速发展。2019年党的十九届四中全会把数据作为要素单列出来，指出数据要素也可以与其他要素一起按贡献参与分配，又进一步激发了数字经济的活力。然而，在市场化改革过程中，普通劳动者在企业中话语权地位下降，按要素贡献分配通常是由在生产中处于核心地位的利益关联人，如产权的所有者和企业的高级管理者，来解释和施行，其公平性与可行性备受质疑。由于缺乏明确的、科学合理的贡献界定和计量规则，特别是要素间的贡献比较规则，按要素贡献分配原则在一些单位逐步演变成了"资本说了算""领导说了算"，分配的天平在按要素贡献分配的合法外衣下偏向了资本、管理等要素提供者，并在一定程度上加快了中国社会收入分配的两极分化，挫伤了弱势要素所有者如劳动者的积极性，损害了可持续发展和共享发展的基础，形成了事实上的资本侵占劳动等侵害处于弱势地位的要素利益的现象。

表5-1　我国关于收入分配方式的相关表述

时间	会议	相关表述	背景
1987年	中国共产党第十三次全国代表大会	实行以按劳分配为主体的多种分配方式和正确的分配政策。以按劳分配为主体，其他分配方式为补充	中共十二届三中全会首次提出"有计划的商品经济"
1993年	中国共产党十四届三中全会	允许属于个人的资本等生产要素参与收益分配	1992年召开的中共十四大确立中国经济体制改革的目标是建立社会主义市场经济体制
1997年	中国共产党第十五次全国代表大会	坚持按劳分配为主体、多种分配方式并存的制度。把按劳分配和按生产要素分配结合起来……允许和鼓励资本、技术等生产要素参与收益分配	

时间	会议	相关表述	背景
2002年	中国共产党第十六次全国代表大会	确立劳动、资本、技术和管理等生产要素按贡献参与分配的原则,完善按劳分配为主体、多种分配方式并存的分配制度	
2007年	中国共产党第十七次全国代表大会	要坚持和完善按劳分配为主体、多种分配方式并存的分配制度,健全劳动、资本、技术、管理等生产要素按贡献参与分配的制度	
2012年	中国共产党第十八次全国代表大会	完善劳动、资本、技术、管理等要素按贡献参与分配的初次分配机制,加快健全以税收、社会保障、转移支付为主要手段的再分配调节机制	
2017年	中国共产党第十九次全国代表大会	坚持按劳分配原则,完善按要素分配的体制机制,促进收入分配更合理、更有序	第一次将按要素分配与体制机制放在一起提
2022年	中国共产党第二十次代表大会	坚持按劳分配为主体、多种分配方式并存,构建初次分配、再分配、第三次分配协调配套的制度体系。坚持多劳多得,鼓励勤劳致富,促进机会公平,增加低收入者收入,扩大中等收入群体。完善按要素分配政策制度,探索多种渠道增加中低收入群众要素收入,多渠道增加城乡居民财产性收入	

资料来源:

[1]参见中共中央文献研究室编:《十三大以来重要文献选编》.人民出版社1991年版。

[2]参见中共中央文献研究室编:《十四大以来重要文献选编》,人民出版社1996年版。

[3]参见中共中央文献研究室编:《十五大以来重要文献选编》,人民出版社2000年版。

[4]参见中共中央文献研究室编:《十六大以来重要文献选编》,人民出版社2005年版。

[5]参见中共中央文献研究室编:《十七大以来重要文献选编》,中央文献出版社2011年版。

[6]参见中共中央文献研究室编:《十八大以来重要文献选编》,中央文献出版社2014年版。

[7]习近平:《决胜全面建成小康社会 夺取新时代中国特色社会主义伟大胜利——在中国共产党第十九次全国代表大会上的报告》,人民出版社2017年版。

[8]习近平:《高举中国特色社会主义伟大旗帜　为全面建设社会主义现代化国家而团结奋斗——在中国共产党第二十次全国代表大会上的报告》,人民出版社2022年版。

为什么貌似最公平正义的分配原则,却产生了看起来并不公平的经济后果？究其原因,应在于改革过程中"工人是企业的主人"向"资本雇佣劳动"逻辑的转变所导致的"强资本弱劳工"局面的出现。也就是说,出现了劳动异化①现象。20世纪90年代确立建设社会主义市场经济的改革目标后,由于缺少社会主义市场经济分配理论的指导,理论上"拿来主义"盛行,经济学、会计学和财务学等与分配相关的学科"教学内容全面西化"。可是,西方的分配理论是"资本主义市场经济"的分配理论,是围绕着资本利益建构的,这从其微观企业的财务目标是"利润最大化"或"股东价值最大化"即可以看出。加上我国在向现代企业制度改革的历史进程中,一方面,资本对于当时中国而言是稀缺资源;另一方面,大量农村剩余劳动力转移造成劳动力供给在较长时期内过剩,在劳资社会经济地位此消彼长之间,"资本雇佣劳动"的逻辑不断强化,企业成了"股东"的企业,劳动者成了拿工资的雇工,"强资本弱劳工"顺理成章成为事实。资方不仅在经济权利上,而且在政治权利和组织权利方面,也具有绝对优势(常凯,2017)。由此,在股东价值最大化目标的追求中,在分配规则实质上由强势要素所有者制定的情况下,在初次分配长期缺少对公平的应有关注的宏观氛围中,上述转变必然导致资本侵占劳动现象的发生,甚或形成资本与内部人对劳动的双重挤压(吴星泽,2019)。近几年的党的会议反复提及完善按要素分配制度,正说明党已经意识到了按要素分配中的一些不正常现象,开始从政策制度方面进行调整。而调整的总目标,正如党的二十大报告所体现出来的,是"促进共同富裕"。

按要素分配体制机制存在的不足

完善按要素分配的体制机制,是中国共产党在新时代对收入分配这一满足人民日益增长的美好生活需要的关键领域提出的新要求,也是解决发

---

① "异化"(Entfremdung)本来是黑格尔的唯心主义思辨哲学的基本范畴,在黑格尔哲学中,"异化"就其抽象意义来说:第一,是意味着转化,从一种存在转化为"异于自身的他物"。第二,它不是意味着一般的转化,而且意味着从一种存在转化为与自身相异己、相对立的事物或力量。异化劳动会带来四种表现,劳动产品与劳动者相异化,劳动行为与劳动者相异化,劳动者与人的类本质相异化,人与人相异化。马克思认为,私有制分工是异化劳动产生的根源。

展不平衡不充分问题的关键举措之一。自1997年党的十五大首先提出"按生产要素分配"以来,将按要素分配与体制机制放在一起来讲,党的十九大是首次。以往的提法通常是"把按劳分配和按生产要素分配结合起来","允许和鼓励某某生产要素参与收益分配",其解决的是按要素分配的合法性和参与分配的要素种类等基本问题。党的十九大报告提出完善按要素分配的体制机制,一方面说明新时代国家将继续保留按要素分配的分配方式,另一方面说明按要素分配体制机制还存在问题,需要在坚持新时代中国特色社会主义思想的前提下加以改革和完善。考察我国30余年来按要素分配的探索过程,其体制机制方面存在的问题突出表现在四个方面:

首先,按要素分配与按劳分配形成二元分割、二元对立的分配体制。自从党的十五大提出按要素分配的方式,我国一直强调按劳分配与按要素分配相结合,但这种结合不是同一分配主体内的有机结合,而是在一国的空间范围内,在不同经济形态实行不同分配方式的松散的结合,即公有制经济实行按劳分配、私有制经济实行按要素分配,按要素分配是按劳分配原则的补充。显然,按要素分配与按劳分配在空间上对立。这种二元分割、二元对立的分配体制使得同种要素在不同经济形态中的收益不同,进一步带来了要素市场分割等损害公平竞争和公平分配的问题。

其次,要素确认体制机制不够完善。按要素分配,应首先明确哪些要素可以参与分配。可以参与分配的要素,一般是由党的会议以列举方式确定,财政部、发改委等部门以制度形式明确并下发企业执行,采用的是自上而下的、由具体到具体的体制机制。从党的十五大到十八大都是如此。不同之处,在于明确列出的要素种类有所差别。如党的十五大报告提出"允许和鼓励资本、技术等生产要素参与收益分配",特别提出"资本"和"技术",党的十六大报告提出"确立劳动、资本、技术和管理等生产要素参与分配的原则",十七大、十八大基本延续了十六大有关要素的提法,将"劳动""资本""技术"和"管理"都明确列示为可按贡献参与分配的要素。上述做法可以利用"自上而下"的政策执行路径优势和具体到具体的信息保真优势,既可使"分配领域中一些争论不清的问题有了定论"(常兴华,2013),便于迅速推行,又可防止基层曲解党的政策。但由于要素具有历史性、多样性和实践性,上述自上而下确认具体要素的体制机制可能导致基层单位在执行政策时,只认列举的要素,对于未明确列示的要素,由于缺乏明确的依据而难以或不能确认,从而形成不彻底的按要素分配,进一步影响按要素分配的公平性。比如,进入21世纪以来,信息对企业价值创造的影响不断增加,在很多企业甚至已成为最关键的要素(吴星泽和岳贤平,2017),但原有四种明确的要素类别劳动、资本、技术和管理都无法将其涵盖,从而信息要素的人格化代表可能无法参与按要素分配,产生了新的公平问题。这一问题直到2019年党的十九届四中全会才以明确列示知识和数据要素的形式解决。

再次,要素参与分配的地位不平等,劳动要素直接参与剩余分配的制度和机制缺失。尽管党的十六大报告明确提出劳动、资本、技术、管理等生产要素都可以按贡献参与分配,但考察微观企业的分配实践,可以发现,要素参与分配的地位并不平等。其中,资本的分配地位最高,享有整个剩余,技术和管理等特殊劳动通过股权激励等资本化方式也可以分享剩余,而普通劳动在大多数情况下只获得工资报酬,劳动要素直接参与剩余分配的制度和机制缺失。缺少劳动要素参与的按要素分配机制是不健全、不完整的。要素参与分配地位的不平等,根本上是劳动与资本分配地位的不平等。表现在体制机制上,则为宏观政策到微观实践的转化和传导机制出现问题。近年来,借鉴西方经验,在一些企业中允许管理和技术劳动通过股权激励等形式参与剩余分配,部分地解决了增加劳动者收入问题,但由于要通过资本这一媒介,其固化和强化资本在分配中强势地位的副作用无法避免(吴星泽,2017),劳动者特别是普通劳动者的分配话语权进一步丧失,利益进一步受损。这种状况已经对人们的就业取向带来了不利的影响,那就是年轻人不再以当工人为荣,导致有些企业工人招聘难。这可能会对再生产过程产生不利影响。因此,要对现行要素分配体制机制特别是股东利益至上的分配机制进行反思,并在机制上平衡各要素所有者的力量,以保障各要素相对公平的分配地位,也保障劳动成为习近平总书记所说的"体面劳动"①。

最后,要素分配份额的决定机制不统一。要素分配份额涉及要素所有者或提供者的经济利益,是按要素分配的核心内容。然而这一份额如何确定,却存在按所有权分配、按贡献分配、由要素市场决定等不同的机制。在现代企业中,典型的要素有劳动、人力资本、财务资本(包括权益资本和借贷资本)、信息和公共环境(吴星泽和岳贤平,2017)。其中,权益资本通常是按所有权分配的,其几乎享有全部的剩余。借贷资本报酬是由各国央行②和要素市场共同决定的利息。劳动报酬也是由要素市场决定的,假如硬要把工资当作劳动参与分配的报酬形式的话。人力资本通常根据贡献决定分配份额。信息则既可由要素市场决定,也可由效用决定其报酬。至于政府打造的公共环境,目前仍是依据国家机器的强制力获得税收。由上面分析可知,

---

① 参见:《习近平谈治国理政》第二卷,外文出版社2017年版。
② 各个国家的基准利率一般由各国央行公布。

要素分配份额决定机制严重不统一。在一个严重不统一的分配份额决定机制下,按要素分配难言公平。

5.1.4 按要素分配问题的原因分析

认知原因

按要素分配作为社会主义按劳分配制度的一个重要补充,其初衷是改变改革开放前按劳平均分配的低效率状态,激发资本等其他要素的活力,从分配端探索发展中国特色社会主义的新思路。1992年党的十四大确立建立社会主义市场经济的改革目标后,十四届三中全会提出允许属于个人的资本等生产要素参与收益分配,按劳分配为主、按要素分配为补充的分配制度逐渐形成。其后,党的历次代表大会逐步以列举的方式明确了参与分配的要素种类、确定了要素按贡献参与分配的原则。然而,在制度落地的过程中,对按要素分配的宏、微观认知均出现了明显的偏差。宏观方面,一是认为公有制企业实行按劳分配,非公有制企业实行按要素分配,从而在实行按要素分配的非公有制企业中变相否定了劳动价值论的主导地位;二是认为初次分配注重效率,再分配注重公平,从而在初次分配中积累了较多的"不公"问题。微观方面,则是西方以保障股东利益为核心的"美式"财务分配理论逐步占据主导地位,并在事实上成为我国初次分配的理论基础。然而,上述分配理论是资本主义市场经济体制下发展起来的分配理论,是围绕着资本利益建构的,其典型特征是劳动获得工资、资本获得剩余。劳动者参与税后纯收益分配的"第一位的、天然的特权"(阎达五和徐国君,1999)受到了剥夺。在这样的认知下,资本由"参与收益分配"[①]的要素,变成了主导收益分配的要素,而创造价值与剩余价值的劳动,却沦为了要向资本讨要参与剩余分配权的要素了。这显然违背了建立有中国特色社会主义分配制度的初衷。

制度原因

按劳分配与按要素分配相结合是我国的基本分配制度,这一基本制度在具化为可执行的微观分配制度时,受西方分配理论影响极大,强化了资本、管理等要素分配地位、弱化了劳动要素的分配地位。以公司为例,西方

---

① 1993年召开的中国共产党十四届三中全会的提法是:"允许属于个人的资本等生产要素参与收益分配。"

分配理论是以公司产权的私人占有为逻辑前提,以保障股东利益为目标,以要素均衡价格为基础,并吸收人力资本理论、激励理论的部分成果建构的。由于公司是股东的公司,剩余归股东所有,其分配出发点大多是激励其他要素为创造股东价值服务,而不是要素在价值创造中的贡献,当然,更没有充分考虑初次分配的社会属性。由此,在西方理论影响下,我国按要素分配的微观体制机制也逐步淡化初次分配的社会属性,几乎全盘接受了西方关于分配的一套理论和方法并以会计制度的形式固定下来。比如,劳动获得工资、资本享有全部剩余;劳动如果要分享剩余,需要披上"资本"的外衣;各种生产要素的价格由市场供求关系决定,要素所有者提供生产要素所获得的报酬由要素的市场价格决定;股东获取剩余收益、其他利益相关者的收入进入成本,等等。至于这些做法是否坚持了劳动价值论,是否是社会主义市场经济体制下唯一的、必然的、公平正义的分配方式,理论界和实务界都已经鲜有讨论。

考察与公司分配制度关系密切的《公司法》《会计法》《企业会计制度》《企业会计准则》等法律法规可以看出,各要素提供者参与剩余分配的地位是不平等的。劳动一般不参与剩余分配,只是获得工资等报酬,属于成本范畴,而股东则独享剩余。随着《上市公司股权激励管理办法(试行)》等制度的实施,部分拥有管理、技术等要素的人力资本通过奖励的股权获得直接参与剩余分配的权利,但这一权利归根结底还是资本的权利。上述人力资本所有者通过股权获得的收益往往大大超过其劳动工资,从而使其利益与出资方利益趋同,固化和强化了资本在分配中的强势地位,从长远看,更加不利于普通劳动者(吴星泽,2017)。尽管《劳动法》对维护劳动者的利益做出了一些规定,如规定最低工资、"五险一金"之类的各种保障,规定工资可以由企业与工会通过集体协商确定等,但由于没有触及劳动参与剩余分配这一核心问题,只能为劳动者利益提供有限的法律保护。

社会原因

社会原因主要表现为改革过程中"工人是企业的主人"向"资本雇佣劳动"逻辑转变所导致的"强资本弱劳工"局面的出现。我国在向现代企业制度改革的历史进程中,一方面,资本对于当时中国而言是稀缺资源;另一方面,大量农村剩余劳动力转移造成劳动力供给在较长时期内过剩,在劳资社会经济地位此消彼长之间,"资本雇佣劳动"的逻辑不断强化,企业成了"股东"的企业,劳动者成了拿工资的雇工,"强资本弱劳工"顺理成章成为事实。

技术原因

要素贡献一度被看作按要素分配的公平的技术标准。然而,因为"没有一个能有效说明社会主义市场经济中'按要素分配'的量的边界的理论"(白暴力,2006),这一技术标准难以公平落地。在缺乏明确的、科学合理的贡献界定和计量规则,特别是要素间的贡献比较规则的情况下,不仅分配份额的决定机制不统一(吴星泽和肖高玉,2013;吴星泽,2017),而且贡献界定从而按要素分配很容易为强势要素所有者操控,并在自利机制下使收入分配偏向强势要素,在表面公平的分配依据下形成分配不公之实。事实上,按要素贡献分配原则的确在一些单位逐步演变成了"资本说了算""领导说了算",分配的天平在按要素贡献分配的合法外衣下偏向了资本、管理等强势要素提供者。"按要素分配"实质上成了资本独占剩余(张维迎,2012),并且存在固化的倾向。

5.2 共享发展理念下按要素贡献分配的四个基本理论问题

习近平在党的十九大报告中提出:要"坚持按劳分配原则,完善按要素分配的体制机制,促进收入分配更合理、更有序"。而要完善按要素分配的体制机制,必须有科学的理论指导。按劳分配与要素参与分配相结合的提出,从一个侧面反映了将肯定生产要素剩余索取权的激励措施纳入社会主义分配轨道的要求,即肯定生产要素的所有者也有权享有一部分由剩余劳动创造的剩余价值(王璐,2014b)。但在改革的实践中,允许资本等要素参与剩余分配变成了资本要素独享剩余,劳资财务冲突日益加剧,收入分配差距不断扩大,体现社会主义特征的共享发展受到严重挑战。在"问题导向"下深化认识并有针对性地"对症下药",化解我国实际生活中妨害共享发展的收入分配领域的问题,已显得极为必要和十分迫切(贾康,2015)。根据我国国情,我们认为,为了"让一切劳动、知识、技术、管理、资本的活力竞相迸发,让一切创造社会财富的源泉充分涌流",按要素贡献公平分配仍应是我国社会主义初级阶段必须坚持的分配原则之一,但必须在认识上对包括公平含义、公司自身分配主体地位、分配出清及剩余归属四个方面的基本理论问题做进一步讨论,以保证这一分配原则既发挥激励各类要素投入的作用,又坚持分配的社会主义性质。

5.2.1 按要素分配中的分配公平问题

分配公平是社会公平的重要体现。搞清楚什么样的分配方式是公平的,分配需要什么样的公平,不仅对按要素贡献分配在社会主义国家的合法性有重大意义,还对要素贡献能否计量及如何计量有重大影响。公平含义问题,是实施按要素贡献公平分配要明确的首要的基本理论问题。正确理解公平的含义,可以从以下三个方面把握。

首先,要把握公平的历史性。必须明确,不存在抽象的、适用于全部情况的公平,存在的只是具体的、与特定历史阶段社会经济发展相适应的公平标准。在决定分配性质和分配公平性的各种因素中,生产条件是根本因素。马克思指出:"消费资料的任何一种分配,都不过是生产条件本身分配的结果;而生产条件的分配,则表现生产方式本身的性质。"①由于生产方式从而形成生产条件分配的历史性,消费资料分配的公平问题必须放在一定的历史条件下考察。比如,在早期资本主义社会,工人劳动创造的剩余价值被资本家凭借生产资料所有权无偿地占为己有。尽管这是一种人剥削人的分配形式,但历史地看,它是资本主义生产方式基础上、被资产阶级认为唯一公平的分配方式。而随着资本主义的发展,以及拥有特别知识和技能的劳动者阶层的出现,劳动力不再是劳动者唯一可以出售的商品,部分劳动者有了与资本家讨价还价的其他本钱,其参与收益分配的方式也产生了相应变化,如经理阶层亦可获得部分剩余价值。在新的历史阶段,这样的分配方式也被资产阶级和经理阶层认为是公平的。

其次,要把握公平的阶级性。阶级立场不同,对于公平的理解就可能不一样。在同一个社会制度下,一个阶级认为是公平的事,另一个阶级则可能认为是不公平的。例如,在资本主义社会里资本家凭借所掌握的生产资料无偿地占有工人创造的剩余价值,资产阶级认为这是天然合理的,是公平的。而在无产阶级看来,这种剥削行为是不公平的(周新城,2003)。所以,准确理解公平分配,还必须将社会制度、发展理念、企业性质等因素考虑在内。

最后,要把握公平的主观性。公平是一种感受,是人们对事物公平性的一种感受。主观感受会受到人的有限理性制约,并常随个体特征变化而变化。因此,在分配中不能追求绝对的公平。绝对公平只能存在于人的观念之中,很难成为现实。从有限理性角度出发,人对公平的认识也是有限理性

---

① 《马克思恩格斯选集》第三卷,人民出版社1995年版,第306页。

的。因为公平的感觉是一种主观现象，主观的公平认识本身就可能不公平。比如，在合作任务中，人们通常会夸大自己的作用，而贬低别人的作用，同时会高估自己应得的报酬，而低估别人应得的报酬。其根本原因就在于信息不对称等造成的有限理性：自己对自己的投入最了解，会百分之百考虑，而对别人的投入不了解，仅因自己的观察去推理。因此，假如将绝对公平定为分配目标，将是极其不经济和无效率的。在按要素贡献分配中贯彻相对公平原则是一个合适而现实的选择。它的含义是指没有要素所有者感觉到分配过程存在明显不公平。

综上，考虑分配的公平，既要考虑当前历史条件下生产的组织方式——这是首要的因素，也是决定要素合理报酬的关键因素——又要考虑社会制度、发展理念、企业性质等因素的影响，而衡量公平程度的尺子则应该由各要素所有者根据他们的主观感受来确定（吴星泽，2019）。

5.2.2 按要素分配中的分配主体问题

按要素分配中的分配主体问题就是公司的分配主体地位问题。公司的分配主体地位与人们对公司性质的认识密切相关。在与分配关系最为密切的财务学中，对公司主体地位的认识就存在很大分歧。以詹森和麦克林为代表的学者认为公司是"法律虚构"（Jenson & Meckling，1976）；以约翰·凯为代表的学者则认为公司是具有自身利益的实体（凯，2001；宗新颖和李心合，2006；刘冬荣和贺勇，2009）。而在管理学、法学及伦理学中，其看法则趋于一致。在管理学中，公司被视为一个实在的组织，它有自身的使命、组织架构，独立地承担义务的同时也独立地享有权益。在法学和伦理学中，通常也认为公司是一个独立的主体，要对自己的行为负责任。如果不把公司视为"法律虚构"，公司是"股东的公司"就难以自圆其说，公司与股东的利益就不能等同看待。而如果把公司视为"一种客观实在的实体"（李心合，2012），那么公司自身完全可以成为一个分配主体。

赋予公司分配主体地位，分配中的诸多难题可得到缓解或者变得易于解决。①公司可以作为一个暂时的容器将无法通过按要素贡献分配原则合理分配给其他分配主体的利益暂存起来，而不是将这部分利益归给所谓的"剩余索取者"，这样可以缓解其他分配主体（特别是不具有索取权的主体）与"剩余索取者"之间的矛盾。②可以解决公司因外部性而产生的不对称分配问题。外部性有正外部性和负外部性之分。若不将公司视为分配主体，而是视为股东的公司，则在存在正外部性效应时，正外部性带来的收益实际上由股东享有；在存在负外部性效应时，负外部性带来的社会成本则由公司——实质上是所有分配利益相关者分担。显然,这种利益上的不对称分配是不合理的。但在赋予公司分配主体地位之后,这种不合理的不对称分配现象消失。因为在存在正外部性效应时,正外部性带来的收益由公司享有;而在存在负外部性效应时,负外部性带来的社会成本亦由公司承担。这一安排显然更符合利益相关者的利益,也更符合权责对等原则。在这种对称解决外部性问题的方式下,公司承担社会责任对所有利益相关者而言成为"一荣俱荣、一损俱损"的事情,从而更容易获得利益相关者的支持,而变得更加可行。如此,李心合(2004a)所描述的现实中"以给社会造成损失为代价"获得公司盈利的现象将大幅减少,公司利益与社会利益的对立性亦将减弱。

5.2.3　按要素分配中的分配出清问题

在西方占主流地位的分配理论中,不管是要素的边际生产力分配理论,还是均衡价格理论,抑或劳资谈判的讨价还价理论,都强调总额相符、分配出清,即企业全部收入肯定在企业的各要素之间恰好分割完毕。然而,分配必须出清吗?答案显然不是唯一的。

孙洛平(1996)认为,总额相符纯粹是书本的产物,分配并不一定出清。"在实际的分配中,根本不存在什么总额相符问题。"在任一时刻,"来自企业行为的,来自要素组合的生产技术条件的,来自要素相对稀缺性的,来自人们需求偏好的,与来自自然、社会、政治等市场外部的各种力量,共同对收入分配起作用,并达到瞬间的分配均衡。这个瞬间的均衡状态是各种力量作用的结果,它同时又对以后的收入分配产生影响"。"分配过程就是一个连续均衡的过程。这就是市场经济的收入分配现象的实际。"

但在与企业分配实践密切相关的主流财务学和会计学中,分配是出清的。公司所创造的增加值在劳动、借贷资本和政府获得各自的报酬之后,由股东享有全部剩余。[①]每一个会计期间都是如此。由于有股东以公司所有者的身份"兜底",分配自然出清。然而,纵使不考虑马克思的劳动价值论下股东享有全部剩余的正当性与公平性,仅将公司视为利益相关者的公司,视为有独立利益的实体,股东享有全部剩余就理不正、言不顺。诸如无主要素带给公司的收益,以及公司商誉等应由利益相关者共享的收益便不应由股

---

① 尽管每年的利润并不是百分之百分给股东,但由于公司是股东的公司,未分配的部分已经打上了股东所有的烙印,属于股东权益,其他利益相关者没有对该部分的要求权。因此,不管分红比例是多少,实质都是股东享有全部剩余。也就是说,企业的全部收入在企业的各要素间分割完毕。

东独自占有。如此,若按要素贡献分配,必然会有一部分收益分配不出去,分配难以出清。而上述分配不出去的部分,则应当归公司本身所有。只有当公司解散或破产时,真正的出清才会出现(吴星泽,2013)。

5.2.4 按要素分配中的剩余归属问题

剩余就是以企业的形式组织生产而产生的合作盈余。资本主义的生产过程中,在资本雇佣劳动的生产方式下,资本巧妙地、"自然而然"地将剩余占为己有(孙伯良,2008)。美国马克思主义学者斯威齐曾指出,西方的新古典经济学家,通过一种完全抛弃生产和分配中的社会关系、建立在生产函数之上的纯粹技术分析方法,把工资、地租、利息、利润等概念中的社会内容抽去,从而轻易地和自然而然地把工资等范畴看成"真正的"或"实质上的"边际劳动生产率(王璐,2014a)。这样一来,人们关注的焦点就是边际生产率,而不是剩余的分享。此外,西方经济学家还通过宣扬股东产权理论和剩余索取权理论,强化资本享有剩余的逻辑。他们认为,股东之所以应该享有剩余索取权,是因为股东承受了剩余风险。按照谁拥有剩余索取权、剩余控制权[①],谁就是企业的所有者的规则,股东自然就是企业的所有者。在剩余归属方面,主流的财务学和会计学基本继承了上述观点,认为股东应该享有剩余。

对于工资、利润等范畴的实质,马克思通过分析资本主义生产过程,提出了价值和剩余价值学说。马克思指出,是工人的劳动创造了价值和剩余价值,工人获得的工资只是资本家购买其劳动力的价格,而资本家获得的利润则是工人剩余劳动创造的剩余价值的转化形式。显然,马克思通过恢复工资、利润等范畴所涉及的社会内容,揭示了资本主义生产方式下资本所代表的人剥削人的生产和分配关系。这和新古典经济学家所宣扬的各要素按其边际生产率获得各自报酬,谁也不剥削谁的观点完全不一样。当然,马克思并没有因此否认资本主义生产方式下工人获得工资、资本获得剩余的公平性,相反,他认为上述结果是"在现今的生产方式基础上唯一'公平的'分配"[②]。这一观点与马克思一再强调的生产关系决定分配关系的观点是一致的。然而,回到我国的现实,在社会主义社会的生产关系中,类似上述分配

---

① 剩余索取权理论认为,由于信息的不对称,未来风险与收益的不确定性,要使所有公司成员都得到固定的合同收入是不可能的。这就是剩余索取权的由来。同样,因为进入企业契约的不完备,未来世界的不确定性,当实际状态出现时,必须有人决定如何填补契约中存在的"漏洞",这就是剩余控制权。

② 马克思的原话是反问形式。马克思:《哥达纲领批判》,人民出版社2015年版,第12页。

方式的正当与否应该是不言自明的。

至于股东因承担剩余风险而享有剩余索取权的观点,应该说,它与历史上传统企业的特点相适应,却已经不适用于现代企业。传统企业中"产业主使用自己资本的主要形式还是雇佣劳动和从别处租来土地。管理的功能主要集中在资本家手中"(奈特,2006),即所有权与经营权没有分离。此外,企业借贷比例较小,企业中工人的劳动以简单劳动为主。因此,企业的剩余风险主要由股东承担,相应地,剩余收益也归股东所有。然而,现代意义上的企业与传统企业有很大差异,现代企业是多边契约关系的总和,股东当然要承担风险,但债权人和职工所承担的风险也很大(王化成,2006)。威廉姆森从资产专用性角度指出劳动与资本之间的对立,他认为,劳动者的利益是否会受到侵蚀,和劳动者所具有的人力资本的性质有关,劳动者所具有的人力资本的专用性越强,他的利益受到(资本)侵蚀的可能性就越大。①而造成上述问题的根源恰恰在于人力资本承担了资产专用性风险,而其相应的风险补偿却因为资本享有剩余收益而被资本要素所占有。因此,为了实现公平分配,必须承认股东之外的利益相关者同样承担着企业失败的风险,并在分配合约中充分考虑这一因素。

此外,20世纪末兴起的"共同所有权论"和"利益相关者合作产权论",也对股东独享剩余的理论构成了极大的挑战。"共同所有权论"和"利益相关者合作产权论"将企业视为"一种治理和管理着专业化投资的制度安排"和"利益相关者缔结的一组合约"。这里的"利益相关者"概念特指向企业投入"专用性资本"(包括"特型实物资本"和"特型人力资本")的个人和群体,这些专用性资本构成"企业剩余"生产的物质基础,而任何控制着这些联合专用性资本中任何一种的一方,必然会要求获得由整个企业所创造财富中的剩余,从而成为企业的产权主体(李心合,2000)。当人们看到美国 IBM 公司把其目标定为"为员工利益、为顾客利益、为股东利益"共同服务时,当人们看到阿里巴巴喊出"客户第一、员工第二、股东第三"时,分配的天平不再只向股东倾斜。

新的产权理论的基石就是对人力资本和知识资本的重视,这正是符合知识经济的发展趋势和要求的(李心合,2000)。孙伯良(2008)通过对知识经济的研究提出人力资本应参与剩余分配的观点,并指出人力资本占有剩余价值的两种形式:一是人力资本雇佣资本(指财务资本,引者注),资本再

---

① 参见沈芳、白暴力:《马克思企业理论和新制度经济学企业理论的比较》,《经济学家》2006年第5期。

雇佣劳动来分享剩余,如基金公司的运作;二是人力资本雇佣资本后直接经营,如产业化办学。在知识产业领域,由于对产业发展的贡献主要依靠智力,从而智力劳动应该拿纯剩余(风险报酬),资本应拿固定报酬。总的来看,孙伯良(2008)认为知识经济社会中智力劳动是生产的首要生产要素,占有剩余是天经地义的。"如果说土地所有者、资本所有者占有剩余有剥削他人劳动的性质,那么智力劳动占有剩余是物归原主。"

由上面的分析可以看出,资本占有剩余并非唯一和永远合理的安排,更谈不上是最公平正义的一种安排。公平正义的剩余分配安排应当综合考虑社会制度、产权、企业组织形式、要素贡献、要素承担风险、激励等情况,并以契约形式加以约定。在这一过程中,以下几点是关键:一是赋予股东之外的其他要素所有者(特别是普通劳动者)参与剩余分配的权利;二是确定各要素所有者参与剩余分配的条件;三是赋予各要素所有者转让剩余索取权的权利;四是公司本身作为利益相关者的公司,作为独立的分配主体,可以以"兜底者"身份暂时留存各要素所有者因各种原因没有分配完毕的剩余(吴星泽,2013,2019)。

5.3 要素参与分配的实现形式

5.3.1 要素报酬是预定固定收入与剩余的组合

初次分配是在参与生产活动的生产要素的所有者及政府之间对生产活动净成果的分配。要素参与分配的实现形式即要素以何种形式获得其应得的报酬。这种形式体现了要素所有者在生产关系中的地位。在企业层次上,从要素获得收入的方式来看,生产要素可以分为两类:一类的收入或使用价格是在生产之前预先确定的,称之为预定收入要素;另一类的收入和价格是在生产之后,由扣除预定收入要素收入后的剩余确定的,称之为剩余收入要素(孙洛平,1996)。预定收入要素取得的收入通常进入成本,而剩余收入要素的收入通常就是剩余。一般来说,以剩余形式取得报酬的都是在生产中占主导地位的要素。比如,对于劳动和资本在企业内部的分配,如果是资本雇佣劳动,一般是资本获得剩余;而如果是劳动雇佣资本,则劳动获得剩余。对于更复杂的情况,如资本雇佣劳动,但资本所有者并不直接经营,而是通过雇佣经营者(知识性劳动)来管理员工(一般劳动)的情况,则是由资本和知识性劳动分享剩余。

被马克思视为"把社会生产过程一切秘密都包括在内的三位一体公式",即"劳动-工资,资本-利润(企业主收入加利息),土地-地租"是早期资本主义生产方式下要素参与分配的实现形式。这一时期参与分配的生产要素主要是劳动、土地、资本三要素,而资本是主导要素,获得剩余(利润)。随着生产方式的变化,人们对生产要素认识亦不断深化,出现了四要素、五要素、六要素、七要素等不同说法,某些生产要素发生了分化与整合,如劳动分化为劳动(指普通劳动)和人力资本(指知识性劳动)、土地成为财务资本的一部分。由于不同的企业使用的要素种类不一,其要素组合方式也不一样,要素参与分配的方式也日益丰富。但是,无论要素报酬形式如何变化,都在预定收入和剩余形成的圈子内——要么只取得预定的固定收入,要么取得剩余,要么是二者的组合。用模型表示为:

$$RD_t = \alpha_t RI_t + \beta_t SV_t \qquad \text{(公式 5-1)}$$

公式中:

RD_t——要素 t 的报酬(Reward);

RI_t——要素 t 取得的预定固定收入(Regular Income);

SV_t——要素 t 取得的剩余(Surplus Value);

t——指代各种要素,包括劳动(Labor,简称 L)、人力资本(Human Capitil,简称 H)、权益资本(Equity capital,简称 E)、借贷资本(Interest Bearing Loan,简称 IBL)[①]、数据(Data,简称 D)、公共环境(Public Environment,简称 P)等;

α,β 为系数且 $\alpha \in [0,1]$,$\beta \in [0,1]$,$\alpha + \beta = 1$。

以仅由劳动和权益资本两种要素组成且该两种要素分属不同权利主体的公司[②]为例,在典型的资本雇佣劳动制度下,劳动取得预定固定收入,而权益资本取得全部剩余,即 $\alpha_L = 1$,$\beta_L = 0$,权益资本报酬的 $\alpha_E = 0$,$\beta_E = 1$。写成公式为:

$$RD_L = RI_L \qquad \text{(公式 5-2)}$$
$$RD_E = SV_E \qquad \text{(公式 5-3)}$$

容易看出,此种情况下 $\sum RD_t = V + M$,即新创造的价值在劳动与权益资本两个要素间分配完毕。

---

① 权益资本和借贷资本都属于财务资本。

② 若劳动和权益资本属同一主体,则全部剩余归该主体,此时分配问题不存在。

5.3.2 共享发展的关键是劳动直接参与剩余分配

合理确定要素的报酬形式是建立企业合约的重要内容,也是企业激励要素所有者、实现可持续发展的必要条件。在权益资本占主导地位的情况下,除税收外的其他要素基本上只能获得预定固定收入,如劳动获得工资、借贷资本获得利息、人力资本获得年薪等。事实上,在典型的资本主导型企业中,$\alpha_L = \alpha_{IBL} = \alpha_H = \alpha_D = 1$,$\beta_L = \beta_{IBL} = \beta_H = \beta_D = 0$,$\alpha_P = 0$,$\beta_P = 1$ 是较为常见的情况,而随着社会的变迁,不同要素力量对比的变化,各要素所有者对报酬形式的要求变得复杂。

报酬形式是否合理,与一系列问题有关,如报酬形式与要素贡献是否匹配、报酬形式与要素承担的责任和风险是否匹配等。报酬形式问题的关键是劳动是否应该参与剩余分配。早期西方经济学,大都认为劳动不参与剩余分配,如18世纪末19世纪初的"生存工资理论"、19世纪中叶的"工资基金理论"、19世纪末20世纪初的"边际生产力工资理论"等。这些理论认为工资主要受再生产劳动力的成本的影响。其存在的主要目的是维持劳动者再生产其劳动力的物质基础。在资本主义形成之后,随着资本雇佣劳动成为现代公司形成的主要形式,理论界形成了一种占主流地位的看法,即现代公司之所以依赖于资本雇佣劳动的方式进行分配,是因为这种方式更容易实施。按照资本雇佣劳动的原则,劳动获得优先收益、资本获得剩余收益劳动、部分固化于资本的知识资本也获得剩余收益。而后两者获得剩余收益的原因则存在于不完全契约,在于其承担了剩余风险。上述种种观点,成本和风险因素成为其考虑的重点,决定公平的贡献因素被忽视了或被置于次要地位。这也导致了劳动不参与剩余分配受到许多管理学家和经济学家的质疑。早在18世纪,英国数学家也是早期管理学的著名代表巴贝奇就认为:"工人作为一个阶级,会因为他们雇主的富裕而得到好处,这是千真万确的,但是我并不认为每一个工人分享到的好处将同他为雇主的富裕做出的贡献完全成比例……如果支付报酬的方式能够安排得使每个被雇佣的人都会从整个工厂的成功中得到好处,以及每一个人的收益会因工厂本身获得的利润而增加,而又不必对工资做出任何改变,那么这将是极为重要的。"在此基础上,他提出了被认为是最早的分享利润计划:①工人的部分工资要视工厂的利润而定;②工人如果能提出任何改进建议,他就应获得另外的好处,即建议奖金。

后来又有许多学者提出了"分享经济"(又称员工持股计划或雇员股份制)的思想。如1958年,经济学家、公司法律师路易斯·凯尔索与著名哲学家阿德勒合写了《资本家宣言》一书,把雇员股份制称之为"民主的资本主义"。他提出了"双因素经济论",即生产要素只有两种:资本与劳动。财富是由劳动和资本这两个基本因素共同创造的。在正常的社会经济运行中,任何人不仅通过他们的劳动获得收入,而且必须通过资本获得收入。由此,凯尔索希望能创造一种法律体系,使人们都有可能获得劳动收入和资本收入这两种收入,即劳动者应该通过持有股权、拥有一定的生产性资源参与企业剩余的分享。

进入20世纪70年代,资本主义社会陷入高失业和高通货膨胀的"滞胀"。为此,美国麻省理工学院经济学教授马丁·魏茨曼于1984年出版了《分享经济:用分享制代替工资制》一书。此书以寻求解决滞胀的途径为线索,表达了与凯尔索相似的观点。魏茨曼认为:"当今的主要经济问题,从本质上看不是宏观的而恰恰是微观的行为、制度和政策问题。"停滞膨胀的根本原因不在于生产,而在于分配,在于资本主义现存工资制度的不合理,即"停滞膨胀产生于一种特殊的劳动支付方式,即厂商对雇员的报酬是与某种外在的核算单位(典型的代表是货币或者生活费用指数)相联系的,而这种核算单位的价值既与厂商的经营状况无关,又与厂商所做或所能做的一切无关"。基于上述原因,魏茨曼认为,必须对现行工资制度进行改革,把工资经济改为分享经济。魏茨曼首先将雇员的报酬制度划分为工资制度和分享制度两种模式,与此相应,资本主义经济就分为工资经济与分享经济。工资制度指的是厂商对雇员的报酬是与某种同厂商经营甚至同厂商所做或所能做的一切无关的外在的核算单位(例如货币或生活费用指数)相联系;分享制度则是"工人的工资与某种能够恰当反映厂商经营的指数(例如厂商收入或利润)相联系"。这样,工人和雇主在劳动市场上达成的就不再是规定每小时多少工资的合同,而是工人与雇主在企业收入中各占多少分享比例的协议。分享制度可能是"单纯"的,即雇员的工资完全取决于企业的业绩;也可能是"混合"的,即雇员的工资由有保障的工资和利润(或收入)分享基金两部分构成。

劳动获得工资、资本获得利润在企业出现的很长时间内被视作天经地义的事情。尽管经济学、管理学已经对这一思想提出了质疑并提出了其他的分配思想,但主流财务学并没有对此做出应有的反应。我们看到,主流财务学的分配理论仍是假设剩余归股东所有——尽管从形式上看,公司也参与分配,获得留存收益——但留存收益实质上仍然是股东的①,因为公司是"股东的公司",公司是一种"法律虚构"。

但无论是从经济学家的论述,还是从近一个世纪的实践看,劳动者并非只能天然地获得工资,而资本也并不必然要参与剩余分配。要素参与分配的实现形式,不能教条地认为要素与其初始实现形式是对应的,不可改变的。魏茨曼认为,工资本位制并不是神力、自然法则或人类本性普遍的不可避免的结果,而仅仅是不同组织和阶级中分割产出"馅饼"的一种特殊的、而且是相当随意的短期机制……人们由于历史的引导已经造就了工资制度,因此,如果愿意的话,他们也能够使之瓦解,并用更好的体制来加以代替(王化成,2000b)。由于"分配关系和分配方式只是表现为生产要素的背面"②,当生产组织形式改变的时候,分配关系和分配方式也应当改变。劳动分化为普通劳动和知识性劳动之后,劳动报酬形式发生了变化,除普通劳动仍以工资为主要报酬形式外,企业家才能等知识性劳动的报酬则以年薪、股票期权等形式为主。如同劳动报酬的演进一样,所有要素报酬的形式都应该是演进的,随社会经济环境变化、随人们对企业认识变化而变化的,原来的"三位一体"可以变为"五位一体"甚至"七位一体",这取决于有哪些新的要素加入企业。原来的股东独占剩余也可以变为各利益相关者分享剩余,这取决于企业的组织形式、主导要素和企业风险安排。总之,在分析劳动报酬问题时,不能只围绕工资打转。

5.3.3 劳动直接参与剩余分配是社会主义分配制度的应有之义

社会主义的生产要素分配必须建立在三个基本前提下:一是考虑到生产资料的所有权关系,二是保障人民的利益这个核心问题,三是激发生产要素活力,财富源泉充分涌流,财富公平公正地惠及全体人民。无论是在公有制经济内,还是在私有制经济内,劳动者可以为具体企业提供受雇劳动,但绝对不能再度被异化为不占有生产要素的人,更不能成为任由生产要素所有者无偿占有剩余价值的受剥削者。只有建立在以上三个基本前提下,按生产要素分配才不会成为私人牟利的工具,才能够真正使劳动者及全体人民实现共同富裕的目标。而要保证这三个基本前提的实施,必须有无产阶

---

① 其原因不仅仅在于公司是"法律虚构",是股东的公司。实践中,留存收益的用途——弥补亏损、转赠股本等——也可以说明这一点。因此,在狭义财务分配理论中,所谓的股利分配只是股东自身利益在空间上储存位置的不同。而工资、利息等因为在税前扣除,而使劳动者、借贷资本所有者的利益与股东利益天然对立,不可调和。

② 《马克思恩格斯选集》第二卷,人民出版社1995年版,第13页。

级政党的坚强领导,以及保障人民的军事力量和强大的马克思主义理论。反过来,经济发展也有助于加强这些力量。因而,共享发展的微观收入分配既要符合生产力本身的自然属性,也要服务于政治需要(王玉芳和吴传俭,2018)。

初次分配领域的微观理论和实践,其关键在劳动的报酬形式和剩余分配的安排。而要实现共享发展的目标,其关键则在于劳动能否直接参与剩余分配。马克思在《资本论》中指出,工资只是对必要劳动的报酬,不包含剩余劳动的报酬。剩余劳动的报酬被资本家拿走了,成为其利润的来源。在《哥达纲领批判》一书中,马克思又指出:"消费资料的任何一种分配,都不过是生产条件本身分配的结果。而生产条件的分配,则表现生产方式本身的性质。"在马克思看来,在资本主义生产方式下,由于物质的生产条件以资本和地产的形式掌握在非劳动者的手中,而人民大众只有人身的生产条件,即劳动力,劳动获得工资、资本获得剩余的分配方式自然而然地就产生了。资本主义社会资本家剥削劳动者的生产关系也自然地形成了。但在社会主义生产方式下,特别是社会主义生产公有制下,基于社会主义社会的性质,任由资本侵占劳动的分配方式,即劳动获得工资、资本获得全部剩余的做法无疑是不合适的。社会主义要消灭剥削,消除两极分化,首先就要充分保障劳动直接参与剩余分配的权利。如果只给劳动以工资性补偿而不进行剩余产品的分配,阎达五和徐国君(1999)所说的劳动者参与税后纯收益分配的"第一位的、天然的特权"就受到了剥夺,共享发展更无从谈起。作为生产要素中最活跃的且具有就业偏好的劳动要素,在尚未超越狭隘的商品等价交换原则安排其与其他生产要素的组合关系时,应该尽可能将其生产能力发挥出来,并且按照劳动贡献的数量和质量获得公平收入(王玉芳和吴传俭,2018)。

然而在改革开放的早期实践中,在计划经济向市场经济体制转型过程中,企业剩余在不同经营体制下虽然归属不同:在承包制企业中,归承包人;在私营企业和三资企业中,归出资者;在国有独资企业中则归国家,但不管是什么样的企业,基本实行的都是西方国家18世纪末19世纪初实行的"生存工资"制度。①

这一情况在管理者和部分科技人员作为人力资本参与企业剩余分配之后,部分地得到改观。人力资本参与企业剩余分配的典型方式是股权激励

---

① 通过低工资这样的政策,国家可以更快地完成最初的原始资本积累,在国家利益面前,牺牲民众的短期利益,在短期里就成为必然。

制度。在股权激励的初始点上,由于股权激励的资金来源是企业积累,即全体劳动者剩余劳动的报酬,股权激励可以看作是企业对部分劳动要素提供者(人力资本)的一次性分配,劳动要素直接参与剩余分配在一部分劳动者(人力资本)身上部分地得以实现。[①]不仅如此,股权激励使人力资本所有者的收入大幅度提高,让我们看到了改变分配方式对实现共享发展的巨大作用。然而,这一方式不可避免地带来一些副作用。一方面,受到股权激励的只是极少数人,并没有惠及大多数劳动者。另一方面,股权激励之后,人力资本所有者通过股权获得的收益往往大大超过其劳动工资,从而使其利益与出资方利益趋同,固化和强化了资本在分配中的强势地位,从长远看,更加不利于普通劳动者,不利于共享发展目标的实现。

因此,尽管劳动通过资本化参与剩余分配可以部分地解决增加劳动者收入问题,但由于要通过资本这一媒介,其固化和强化资本在分配中强势地位的副作用无法避免,劳动者参与税后纯收益分配的"第一位的、天然的特权"无法彻底地实现。要改善这一状况,必须坚持劳动价值论,明确劳动要素直接参与剩余分配的权利并由国家立法予以保障。在财务分配理论层面,不仅应对基于资本雇佣劳动逻辑基础上发展起来的股东价值分配理论加以改造,使之适合社会主义共享发展的理念,更要加强基于劳动雇佣资本、劳动资本平等合作等逻辑基础进行剩余分配的理论的研究。只有将劳动要素直接参与剩余分配的理念贯彻于财务分配理论中,社会主义分配制度的特点才能够凸显出来,才能够真正实现共享发展。在这方面,我国还存在很大的改进空间(吴星泽,2017)。

5.3.4 合理安排报酬形式是实现共享发展的必由之路

我国改革开放的过程也是探索初次分配有效形式的过程。在改革开放以前,实行的是计划经济体制下的按劳分配的制度。在全民和集体所有制企业中,劳动者(包括管理者)获得工资、国家获得剩余。实行改革开放以后,我国经济开始向市场经济体制转型,企业剩余在不同经营体制下归属不同,但基本与普通劳动者无关。这一点从我国劳动报酬占比与世界主要国

[①] 获得股权激励后,人力资本的报酬增加了一项,即股权分红,股权分红显然是按资分配而不是按劳分配。也就是说,股权激励这种方式并不能一以贯之地实现劳动要素直接参与剩余分配。当然,如果其他要素都以资本化的形式参与分配,理论上也可以经由按资分配达到共享剩余、共享发展的目的,形成通向共享发展的另外一种分配模式。我国也在结合混合所有制改革,积极探索员工持股等分配改革措施。基于研究目的,本书不对这一问题做深入探讨。

家的劳动报酬占比的对比中可以看出。我国劳动报酬占比在20世纪90年代确立社会主义市场经济体制的改革目标后持续下降，到2006年下降到40.61%（1990年为53.28%）。而世界上主要的发达国家，其劳动报酬占比均在50%以上，美国更是接近60%的水平。由于我国过于看重积累，同时又存在对经营者激励过度现象，导致劳动报酬受多方挤压，长期处于偏低水平。目前，我国政府税收占比较大、收入分配两极分化十分严重，初次分配领域的改革势在必行。

造成我国初次分配领域现状的一个重要原因是我国缺乏适合我国国情的初次收入分配理论。没有合适的理论做指导，改革出现偏差在所难免。我国的改革是"摸着石头过河"，很多方面没有先例可循。因此在我国确定建立社会主义市场经济、在企业中推行现代企业制度的时候，并没有一套完整的、考虑周全的制度——事实上，形成一套完整周全的制度不仅不必要也不可能。通常，改革是针对主要矛盾或易于切入的矛盾，以原则和对策形式指导，如改革开放初期，我国积累程度很低，因此追求效率、压低工资以吸引投资、促进积累成为首选政策目标。在理论上，由于缺乏自己的理论，于是将西方成熟的市场经济理论借用过来，久而久之，人们习惯于用这些成熟市场经济理论思考中国企业的问题，而忽视了中国和中国企业的特殊性。以美国为代表的成熟市场经济的理论基础是个体主义。这与美国文化是密不可分的。本杰明·富兰克林代表了美国早期个体主义思想，他提出了"天助自助者"的观点。他所代表的价值观念被称为实用个体主义，并至今影响着美国社会生活的方方面面。从个体主义的基础出发，企业是股东的企业，股东利益至上。从这个角度讲，企业与股东的利益是一致的，而股东和债权人等其他利益相关者的利益是不一致的，甚至是对立的（吴星泽，2010a）。我国是社会主义社会，社会主义的本质是实现"共富"，因此企业的目标不应该只是股东的财富目标，而应是实现利益相关者整体利益最大化，尤其是劳动者的权益应该得到切实保障。赋予劳动等要素参与剩余分配的权利是保障利益相关者利益的必要条件。而合理安排报酬形式是实现上述权利的必由之路。

5.3.5　共享发展理念下现代公司要素分配的实现形式

现代公司是经济性契约网络与社会性契约网络的集合，构成这一集合的生产要素包括五个方面，即劳动、人力资本、财务资本、数据和公共环境。通常情况下，五要素的所有者或提供者分别为普通劳动者、人力资本所有者（通常指企业管理者和/或技术骨干）、股东和/或借贷资本所有者、公司本身[①]、政府。公司增加值在上述主体间分配。

表5-2　要素参与分配的实现形式

要素所有者/提供者	要素	分配形式
一般员工	劳动	工资＋劳动分红,以工资为主
人力资本所有者	人力资本	年薪＋业绩报酬,以工作表现和公司业绩为基础确定
债权人	财务资本	固定利息、与公司创造新价值挂钩的浮动利息或以上二者的组合
股东	财务资本	红利,一般与公司业绩或利润率挂钩。同时可区分财务投资者与战略投资者、消极投资者与积极投资者,对消极财务投资者以固定股息形式分配,对积极战略投资者以浮动股息形式分配,其余类型投资者以固定股息与浮动股息的组合形式分配
政府	公共环境	所得税
(除公司自身之外的)数据提供者/所有者	数据	按信息量付费或按信息效益付费
公司	数据	留存收益(暂存,最终分配给其他分配利益相关者)

　　在赋予劳动等要素参与剩余分配的权利之后,各要素参与增加值分配的形式可作如下设计:一般员工因提供劳动要素而获得工资,这是劳动要素参与分配的主要形式,同时,由于劳动是价值和剩余价值的来源,应允许劳动以劳动分红的形式参与剩余分配,即 β_L 应大于0。人力资本所有者,如企业家、经营管理者和高技能人才,其提供的要素为人力资本,报酬形式为年薪及与业绩挂钩的报酬,由于人力资本所有者劳动的复杂性,其报酬与业绩挂钩的部分应较劳动的大,即 $\beta_H>0$ 且 $\beta_H>\beta_L$。财务资本的所有者因资本的形态不同,以不同的方式参与分配:债权人即借贷资本所有者获得利息($\beta_{IBL}=0$);股东即自有资本所有者获得红利($\beta_E=1$)。政府因提供公共环境

---

①　数据来源极多,可以是公司外部的,也可以是公司内部的。外部来源,不管是通过有偿途径、还是无偿途径获得的数据,在其作为要素为企业所用时其所有者均可以看作是公司本身。而内部数据,不管是企业生产经营过程中自然产生的,还是经加工生成的,其所有者也应该是公司本身。加工数据的人拥有的是劳动或人力资本要素。

要素而以征收所得税的形式参与分配（$\beta_P=1$）。①数据要素则因其提供者/所有者不同，以不同形式参与分配：若数据由公司以外的明确的主体提供，则可按数据量付费或按数据产生的效益付费（即 $\beta_D=0$ 或 $\beta_D=1$），若数据由公司提供或属于无明确所有权人数据或免费公共信息，则其收益应归公司所有。事实上，前一种情况可以通过市场交易方式，由公司将数据资源买断，这样，在这些数据作为要素投入使用时，其分配情况就等同于第二种情况。此外，由于公司是具有自身利益的实体，不能明确支付对象的剩余应统统归公司所有。表5-2列示了各要素参与分配的实现形式。

5.4 要素分配份额的决定

5.4.1 要素贡献是决定要素分配份额的主要依据

按生产要素分配就是按照各种生产要素的贡献进行分配。其中生产要素的所有权仅仅是各要素所有者参与分配的法律基础。而各种生产要素的贡献才是要素所有者参与分配的经济基础，对要素分配份额应起决定性作用。生产要素按贡献参与分配的贡献分两大类情况。一大类是一般职工的劳动、科技人员和管理工作的劳动（人力资本），这类生产要素的贡献，是通过生产劳动既创造出作为使用价值的财富，又创造出凝结于产品中的价值。另一大类是作为非劳动生产要素的资本、数据等。以资本为例，资本无论以货币资本形式存在，还是以生产成本即生产资料的形式存在，都是劳动创造财富和价值的必要条件。因此，所谓非劳动生产要素的贡献，就是指它们在劳动创造财富和价值中的作用，是劳动运用非劳动要素创造的财富和价值。

生产要素按贡献参与分配，是以不同生产要素掌握在不同主体手中为前提的。如果各种生产要素为同一主体所有，无论是公有制，还是非公有制，都不会存在按要素分配的问题。此外，不同时期的生产都存在一个关键生产要素，如农业时代的土地、工业时代的资本、数字时代的数据等。在同一时期存在的不同生产单元内，也可能存在不一样的关键生产要素，如现代企业中，仍然存在劳动密集型的以劳动要素为关键要素的企业、资本密集型

---

① 政府因提供要素参与企业分配，而不是依靠国家强制力征税，使各利益相关者参与企业增加值分配的依据统一起来，更便于协调各利益相关者之间的利益冲突，为实现其共同的目标——增加值最大化服务。

的以资本要素为关键要素的企业,以及技术密集型的以人力资本为关键要素的企业等。通常,这些企业中关键要素的贡献更突出,其所有者或提供者在组织安排生产时的作用更重要,因此,在按贡献分配时可以适当向这些要素倾斜。

5.4.2　理想的分配份额与现实的约束

理想的分配份额是在公平正义的分配方式下各要素得到其应得的份额,不多也不少。实现公平正义分配需要统一的或同质的标准,否则公平正义就很难衡量。因为只有在统一的或同质的标准下进行的分配,各要素的报酬才具有可比性,才可能使各要素所有者或提供者根据其贡献取得其应得的报酬。无论是"按劳分配"还是"按生产要素分配",都试图提供这样一种统一的或同质的标准,所不同的是前者为劳动,衡量的是付出,后者为要素的贡献,衡量的是产出。

然而,在现实生活中,实现绝对的公平正义是非常困难的,而要达到理想的分配份额更是难上加难。首先,由于公平正义的分配安排应当综合考虑产权、企业组织形式、要素贡献、要素承担风险、激励等情况,即使这些问题由一个人来考虑,也会由于人的有限理性和决策成本的存在,不可能获得全部的信息并将各种因素综合细致地考虑清楚,从而不可能提出一个绝对公平正义的分配方案[①],更何况分配问题涉及诸多不同的要素主体,不同的要素主体内部又涉及诸多的利益个体。其次,统一的或同质的标准是否真实存在是值得怀疑的。真实存在的标准应该具有可计量性和可分割性。然而,"实际上,这种标准是很难或不可能找到的"(谢志华,2005)。在按劳分配方式下,作为统一标准的劳动很难成为精确的尺度。亚当·斯密在论述商品交换时指出,"不同种类劳动的不同产品相互交换时,一般也会考虑到劳动的难易程度和所需技巧,然而这不是用精确的尺度来衡量的,而是通过市场上的讨价还价,根据日常买卖的大概而不是精确计算的那种等

---

① 唐勇军(2011c)提出了利用基于利益相关者共同治理的董事会评价利益相关者的贡献值,并以经过 Sharpley 值调整的贡献系数为基础对企业增加值进行分配的思路(参见唐勇军:《面向利益相关者的价值管理研究》,中国水利水电出版社2011年版)。这一思路显然试图对贡献进行科学的精确的量化,是寻求公平正义分配的一次有益尝试。但其要解决的难题有三:一是如何组成一个能代表各方利益的董事会;二是如何减少董事会成员主观判断的影响;三是如何减少相关信息收集的成本。这三个难题不解决,评价的效度和信度就受很大影响。

价交换"[1]。这一描述同样适合于分配范畴。在按生产要素分配方式下，尽管分配的标准是贡献，但贡献究竟是指生产要素在生产财富即使用价值中的贡献，还是指它们在创造价值中的贡献，理论界是有分歧的。同时，不管是哪种贡献，当涉及诸多合作主体的时候，其同样是难以精确计量的。在这种情况下，理想的分配份额是无法实现的。这就是我们研究分配问题时遇到的现实约束。在这种现实约束下，显然，我们解决分配问题的思路必须转变。既然理想的分配份额难以确定和实现，我们不妨将目标适当降低，不再追求理想的分配份额，而是通过寻找要素分配份额的合理区间来实现相对公平合理的分配。

5.4.3   共享发展理念下要素分配份额的合理区间

马克思理论认为，劳动者报酬决定于劳动力再生产最低费用，同时有一定的弹性，即受"历史的、道德的因素"的影响。正因为如此，劳动者报酬的决定不是一个"点"，而是一个"区间"（梁东黎，2008）。然而在新古典理论中，要素分配份额是一个"点"[2]。梁东黎（2008）在接受马克思关于劳动者报酬的决定存在一个"区间"的理论观点的基础上，试图把上述两种理论在一定程度上融合起来。他的分析如下：

"在市场经济条件下，产品价格的波动有一个'区间'，其上限由对产品的需求决定，其下限由生产产品的成本决定。生产要素价格的决定又何尝不是如此呢？由此可以想见，和产品价格波动的情况相类似，生产要素价格的决定也存在一个'区间'，换言之，生产要素价格也是在一个'区间'内运动的。生产要素价格运动的这个'区间'，也有一个上限和一个下限。生产要素（包括劳动和资本）价格的上限由新古典理论揭示，即生产要素价格等于其边际产量；生产要素（劳动）的价格的下限由马克思的理论揭示，即劳动的价格等于劳动力再生产的最低费用。"

梁东黎（2008）引入"区间"概念分析要素报酬值得借鉴，其提出的劳动价格的下限由马克思的理论揭示亦可以接受。但仔细分析其观点，尚有以下几个不足之处：一是其提出的生产要素（包括劳动和资本）价格的上限由新古典理论揭示，即生产要素价格等于其边际产量。然而新古典理论在确定生产要素价格时脱离企业行为，并且人为分割了生产要素市场，因而其缺

---

① ［英］亚当·斯密：《国富论》，陈星译，陕西师范大学出版社 2006 年版，第 31 页。
② 生产要素市场的供求决定了要素的价格和数量，二者的乘积就是生产要素所有者的收入。克拉克的边际生产力理论认为，要素创造的价值是其边际产品值，根据最大利润条件，报酬等于边际产品值即贡献。也就是说，要素价格的决定仅是一个"点"。

陷是十分严重的(万秀丽,2001)。以如此有严重缺陷的方法确定上限,其说服力有限。二是没有考虑供求因素对要素报酬的影响。事实是,新古典理论的代表人物马歇尔在论述工资的决定时即指出,工资不是由劳动的边际生产力单独决定,还由需求与供给共同决定。三是新古典分析是建立在资本独享剩余的基础上,这与本书所倡导的利益相关者分享剩余的假设不符。四是分析的对象不足以涵盖形成企业所涉及的全部要素。

因此,要确定要素分配份额的合理区间,还必须回归企业,回归到各要素所有者之间的关系。由于要素所有者之间既有合作又有冲突,谈判和博弈成为确定要素分配份额的重要手段。胡进(2003)认为,之所以各种要素所有者收入差异较大,就在于组成企业的各种生产要素所有者所拥有的要素稀缺程度不同,其在契约签约中的地位和谈判实力就不一样。谈判实力进一步决定了要素所有者在契约关系中地位、权益分配和要素收入的份额。谈判实力大的一方获得了企业的剩余索取权,或者分享到了相对多的剩余索取权(如利润),谈判实力相对弱的要素所有者则领取相对固定的收益权(如工资)。即使在固定收益与剩余收益的相对份额的确定上,也是人力资本所有者与非人力资本所有者谈判实力较量的结果。谢志华(2005)则直截了当地指出"分配是通过博弈来进行的,分配的结果就是博弈的结果"。

确实,博弈是形成要素分配份额的重要方法,而且在进行博弈之前,各要素所有者对其可能获得的合理报酬是有预期的。一般而言,其报酬的下限是外生的,即由企业之外的因素所决定的。如劳动(指普通劳动)的报酬——工资的下限是由劳动力再生产的最低费用决定的,在部分国家和地区是由最低工资标准规定的,而财务资本要求保值增值,其报酬的下限是无风险收益率。人力资本的情况与劳动类似,其年薪的下限也是劳动力再生产的最低费用,但因其劳动力再生产的费用较普通劳动力再生产的最低费用要多一些,因此其年薪的下限较普通劳动者年工资的下限要高一些。政府的情况较为特殊,其报酬的下限是0,在企业的孵化期等特殊时期,政府甚至可以忍受负的报酬(即根据政策规定为企业提供补贴)。对于数据提供者来说,其报酬的下限则为数据生产的成本或购买成本,视数据的来源而定。至于公司本身,因其在分配中是被动的剩余接受者,不存在报酬的下限问题。表5-3列示了各要素报酬的合理下限。

表5-3　要素报酬的合理下限

要素	要素报酬下限
劳动	劳动力再生产的最低费用,通常为最低工资标准
人力资本	劳动力再生产的最低费用,通常较最低工资标准稍高
财务资本	无风险收益率
公共环境	通常为"0",特殊情况可以为负数
数据	生产成本或购买成本

各要素所有者报酬的上限则是公司创造的新价值与各要素所有者报酬下限之中的高者。也就是说,当公司创造的新价值大于等于某要素所有者报酬的下限时,对某要素来说,其报酬的上限即为公司创造的新价值。反之则为其报酬下限。显然,只要公司创造的新价值低于任一个要素报酬的下限,都会导致该要素离开公司,从而增加公司不能持续经营的风险,除非公司有留存收益或有外力支援。但企业存在的意义在于能够通过这些关系专用性投资而产生某种准租金或组织盈余,并且作为某种增长机会集而存在和发展(Zingales,2000)。因此我们可以合理假定上述极端情况不存在,即假定公司创造的新价值总是大于等于任一要素所有者报酬的下限。上述思想可用模型表示如下:

$$E(RD_t)\in[LRD_t,\max(LRD_t,V+M)] \qquad 公式(5\text{-}4)$$

公式中,$E(RD_t)$表示第 t 种要素报酬期望,LRD_t表示第 t 种要素报酬的下限,其值一般外生决定,$(V+M)$表示新创造的价值。

确定了要素所有者报酬的上、下限,实际上是确定了要素分配份额的可能区间,而不是合理区间,因为新创造价值是各要素合作生产的结果,不能明确归属于某一类要素。要素分配份额合理区间的确定还要考虑到雇佣关系、监督人的确定、贡献确定、风险、剩余控制权分配等因素,其过程十分复杂,该部分内容将在以后的研究中加以补充和完善。但可以肯定的是,要素分配份额的合理区间一定是其可能区间的一个子集。

引入要素分配份额的合理区间概念之后,要素贡献的精确测量问题不再是制约财务分配问题的一个死结。公平地按贡献分配问题转为寻求企业提供的回报与要素提供者能够接受的合理报酬区间的交集问题。

5.4.4　要素分配份额应适当向人格化要素倾斜

在要素分配过程中,人格化要素与非人格化要素具有差别,对人格化要素应有市场机制之外的其他机制调节(吴星泽,2020)。人格化要素是指那些与人本身紧密结合在一起的要素,非人格化要素是指那些可以与人在物理上分离的要素。前者主要包括劳动和人力资本要素,后者则主要包括资本、数据、公共环境等要素。劳动和人力资本要素这两类人格化要素与人身的结合最为紧密,依赖这两类要素谋生的人群又最多,因而对人自身的发展至关重要。实现共享发展,缺乏这两类要素所有者的参与是不可想象的。近年来,资本等非人格化要素在分配中的地位总体呈现不断强化趋势。然而,资本导向的经济发展模式有利于"先富"但不利于"共富",容易带来压低劳动报酬、提高资产、服务价格等后果,使劳动者在收入与成本两方面受双重挤压(吴星泽等,2021),导致经济发展"人民性"弱化(王敬武和陈宇倩,2017)。

对人格化要素特别是劳动的报酬做出一些特别的保护规定,如最低工资制度,是各国政府普遍的做法。我国是社会主义国家,更应特别注重保护劳动所得。事实上,党的文件一直对劳动者报酬问题比较重视。2019年,中国共产党第十九届四中全会审议通过的《中共中央关于坚持和完善中国特色社会主义制度 推进国家治理体系和治理能力现代化若干重大问题的决定》再一次强调了"着重保护劳动所得,增加劳动者特别是一线劳动者劳动报酬,提高劳动报酬在初次分配中的比重"的相关要求。

值得一提的是,随着数字经济的发展和数据要素地位的不断提升,数据这一非人格化要素越来越深地参与到分配中,也使得数据权属及其从属的收益分配问题①凸显。因为数据成为生产要素,特别是成为关键生产要素之后,数据所承载的经济利益就面临公平分配的问题。从理论上讲,这部分利益应在包括数据生产者、数据收集者、数据处理者在内的数据利益相关者中公平分配。然而在现实中,数据产生的利益基本上为数据收集者、数据处理者或数据平台所占有,数据生产者的利益,从本质上讲,也就

---

① 占有大量数据的主体大致可以分为两大类,一类是政府及非营利组织,一类是公司等营利组织。政府及非营利组织占有的数据涉及公共利益,目前其交易获利仍受极大限制,此处不将其作为分析对象。后面的分析,如非特别说明,提到的数据都指的被公司等营利组织占有并可用来交易获利的数据。

是数字劳动[①]的利益，没有得到保障。数据劳动生产的数据资产以数据要素形式获得收益，数据要素收集者或数据平台参与了收益分配甚至独享收益，而生产数据资产的劳动要素却被置于收益分配之外，是典型的非人格化要素对人格化要素的剥削。通过进一步分析，我们会发现，在现有公司制度下，数据要素的使用价值本质上仍是被资本占有并用以取得收益。不仅如此，资本还通过这些数据加深了对劳动的控制，又进一步使得劳动成为资本附属并加剧分配领域劳资力量的失衡。不管这种剥削、控制产生的历史原因如何，其不变的结果一定是少数人获利，而不是大多数利益相关者共享数据要素收益。

5.5　要素分配的顺序

5.5.1　风险与收益

分配顺序是指参加收益分配的各方在分配中的先后次序。分配顺序安排与要素承担的风险及剩余控制权的安排有关，通常承担最大风险的要素所有者分配顺序靠后，并拥有剩余索取权。因此，风险在广义财务分配理论中具有重要的地位。

风险一词使用的范围十分广泛，风险的含义十分丰富，在不同学科领域、在同一学科的不同问题中其意义都可能不同。如在金融学中，通常使用广义风险的含义，其内涵与不确定性相同，风险产生的结果可能带来损失、获利或是无损失也无获利。在管理学中，风险与不确定性既有区别又有联

---

① 数字劳动产生数字劳动成果，即数据产品，数据产品的一部分形成数据资产，产生收益。将数字劳动（digital labour）作为一种新的劳动形式加以研究，始于意大利学者蒂兹纳•泰拉诺瓦（Tiziana Terranova）。泰拉诺瓦在2000年发表的文章《免费劳动：数字经济的生产文化》（*Free Labor: Producing Culture for the Digital Economy*）中，开创性地研究了互联网中的免费劳动，并冠以"数字劳动"的名称。这种免费劳动被定义为"自愿与无酬并存、享受与剥削并存，它包括建立网站、修改软件包、阅读和参与邮件列表及在MUD和MOOs上构建虚拟空间的活动"。随着社交媒体的快速发展，研究者开始研究谷歌、脸书等大型互联网公司对用户无偿劳动的剥削。在此领域中，以克里斯蒂安•福克斯的研究最具代表性。福克斯的数字劳动概念有广义与狭义之分。广义的数字劳动涵盖数字媒介技术和内容的生产、流通与使用所牵涉的脑力与体力劳动。狭义的数字劳动是以数字技术为终端的社交媒介领域内的用户劳动。从目前的实践看，绝大部数据资产来源于狭义的数字劳动。

系,风险指某一行为的后果及其出现的概率均可知,但具体哪一种后果出现不是事先可以肯定的,而不确定性指某一行为的后果及其出现的概率均未可知时的状态。在财务分配领域,也使用风险一词,如通常认为股东由于承担剩余风险而应享有剩余收益。然而此处的风险偏向于发生损失。这与某些经济学家在阐述利润问题时使用的风险含义相似。如米特霍夫认为,企业主的收入由企业按市场价格提供的生产性服务所获得的租金、工资等,再加上"利润"而组成,利润可以被视为是因承担企业失败的风险而得的酬金。① 奈特对风险与不确定性做了区分,其在《风险、不确定性与利润》一书中将"可度量的不确定性"视作风险,而将"不可度量的不确定性"仍称之为不确定性。由于风险一词的含义带有"不确定性",这为我们在微观收入分配机制中讨论风险带来了不小的障碍。我们首先应该界定风险的含义。

由上面的分析可以看出,尽管对风险的内涵有不同的看法,但在风险意味着不确定性方面,大家的看法基本上是一致的。因此,此处对风险含义的界定将主要围绕研究目的进行。在财务分配领域,风险是与收益相伴的概念,界定风险是为界定各要素的收益服务的。财务学中有一条非常重要的原则,即风险与收益对等原则。也就是说,当一个主体需要承担风险做出某种行动时,应当获得相应的风险补偿,否则该主体就不会做出该种行动。显然,此处的风险理解为损失的可能性比较恰当,并且不需要区分"可度量的不确定性"与"不可度量的不确定性"。我们认为,在财务分配领域,对风险的理解也应如此。对于公司而言,风险意味着失败,意味着各种专用性投资的贬值或损失,我们只需要知道参与公司合约可能遭受失败就可以了,而不必去计量各种概率。因此,本文将风险理解为遭受损失的不确定性,并在这一基础上研究风险与收益关系,以及由此衍生出来的剩余分配和分配顺序问题。

传统的看法认为股东承担着企业失败的风险,其在分配的顺序中又是最后,因此有所谓剩余风险均由股东承担的说法,按照风险与收益对等原则,股东应当享有剩余收益。然而,这种看法是与历史上古典企业的特点相适应的,已经不完全适用于现代企业。古典企业中"产业主使用自己资本的主要形式还是雇佣劳动和从别处租来土地。管理的功能主要集中在资本家手中"(奈特,2006),也就是说,所有权与经营权没有分离。此外,企业借贷比例较小,企业中工人的劳动以简单劳动为主。因此,企业的风险主要由股东承担,相应地,收益也归股东所有。然而,现代意义上的企业与传统企业有很大差异,现代企业是多边契约关系的总和,股东当然要承担风险,但债

① 参见[美]弗兰克·H. 奈特:《风险、不确定性与利润》,安佳译,商务印书馆2006年版。

权人和职工所承担的风险也很大,政府也承担了相当大的风险。从历史的角度来考察,现代企业的债权人所承担的风险,远远大于历史上债权人所承担的风险。例如20世纪50年代以前,企业的资产负债率一般较低,很少有超过50%的,但现代企业的资产负债率一般都较高,多数国家的平均资产负债率都超过60%,有些国家如中国、日本和韩国的企业资产负债率还接近甚至超过70%。巨额的负债使债权人所承担的风险大大增加,实际上他们与股东共同承担着剩余风险。现代企业职工所承担的风险,也比历史上职工承担的风险大。在历史上,工人的劳动主要是简单的体力劳动,当工人在一个企业失去工作可以很容易地在其他企业找到基本相同的工作。而在现代企业中,简单的体力劳动越来越少,复杂的脑力劳动越来越多,职工上岗之前都必须有较好的学历教育和职业培训。由于专业分工越来越细,一旦在一家企业失去工作,很难找到类似的工作,必须通过再学习或再培训才能重新就业,因此承担的风险越来越大(王化成,2006)。威廉姆森从资产专用性角度指出劳动与资本之间的对立,他认为,劳动者的利益是否会受到侵蚀,和劳动者所具有的人力资本的性质有关,劳动者所具有的人力资本的专用性越强,他的利益受到(资本)侵蚀的可能性就越大[①],如果我们进一步分析威廉姆森的观点,会发现造成劳动与资本之间对立、资本侵蚀人力资本的根源恰恰是人力资本承担了资产专用性风险,而其相应的风险补偿却因为资本享有剩余收益而被资本要素所占有。因此,为了实现公平分配,必须承认股东之外的利益相关者同样承担着企业失败的风险,并在分配合约中充分考虑这一因素。表5-4总结了各要素所有者或提供者承担的主要风险。

表5-4　各要素所有者或提供者承担的主要风险

要素	要素所有者或提供者	承担风险
劳动	普通工人	失业、人身安全、养老风险
人力资本	人力资本所有者	专业性或结构性知识与企业需求不匹配、声誉风险、人身安全、养老风险
财务资本	股东	投资不能获得回报、资产专用性风险、企业失败
	债权人	本金和利息不能收回风险
公共环境	政府	环境污染、公共资源受损风险
数据	数据所有者或提供者,包括公司自身	数据泄露、失效、贬值风险

---

① 参见沈芳、白暴力:《马克思企业理论和新制度经济学企业理论的比较》,《经济学家》2006年第5期。

5.5.2　风险分担与共享发展

在社会主义生产方式下,在无产阶级联合占有的公有制经济内,任何剩余利润部分都属于无产阶级劳动者创造的价值,无论这种价值的直接来源是来自生产要素的价格差,还是来自风险承担的风险收益,除了劳动者的劳动以外,并无其他主体愿意为企业提供额外的剩余利润。剩余利润的出现,至少是在按劳分配中对不同劳动者的劳动贡献数量测算的偏差。因而,即便在企业内部的初次分配中,存在剩余利润问题,也应该再次按照劳动者的贡献合理分配剩余利润,而这个分配方式是建立在初次分配的测算方法和依据是准确的前提下的。如果初次分配中存在劳动数量或劳动贡献错误,则应该首先纠正错误部分而补偿因错算而遭受损失的个体。而对于那些暂时无法合理分配的最终剩余部分,在满足劳动者基本消费资料需要的前提下,可以作为再生产或者应对不确定自留风险的盈余公积金。应对风险损失的风险储备金,从保险学原理上总是存在风险溢价或者风险损失现象。当然,保险公司一般会将风险溢价部分作为红利,分配给缴纳保费的投保人或受益人(王玉芳和吴传俭,2018)。

对所有利益相关者而言,参与公司的组建和经营都是存在风险的。然而各利益相关者的风险承受力与风险偏好并不相同。因此,应当允许公司通过制度安排转移和改变风险的分布,相应地,各利益相关者的收益形式和金额也应随之改变。[①]比如,通常企业中的一般劳动要素所有者属于风险厌恶型,风险承受力差,不愿意承担企业失败的风险,而由于其自身资产专用性亦较低,其失业后再就业的风险相对较低,因此对这一部分劳动的提供者通常采用固定工资的形式,并且在分配顺序上排在前面。但假如这一部分人的风险偏好改变,愿意承担企业的经营风险,则其报酬可以改变为部分较低的固定工资加上部分企业剩余的形式,而其分配顺序亦由全部在较前的顺序改变为部分分配顺序靠前、部分分配顺序靠后。我国在改革开放过程中出现的一些劳动股份制的企业,其分配的变化大体就是这样的。总的来说,厌恶风险的要素所有者期望得到固定收益,而风险爱好者和承担者期望得到剩余收益。固定收益的分配顺序在前、变动收益的分配顺序在后。如果厌恶风险的要素所有者在企业的实际经营过程中承担了风险,则企业在

---

① 在要素收入份额的决定上,贡献是最公平也是基础的尺度,是决定收入份额的基本因素,至于风险,尽管其对收入分配的形式和顺序甚至份额都有影响,但在决定收入分配方面,属于次要的、可调节的因素。

分配时应适当提高其固定收益以作补偿。在补偿之后，上述要素所有者也自然失去了获得企业剩余收益的权利，不得再要求和享受剩余索取权。如果厌恶风险的要素所有者在企业的实际经营过程中承担了风险，而企业并没有对其进行风险补偿，则应确认其享有剩余索取权，并按其承担风险大小参与企业剩余的分配。各要素对于风险的态度变化影响其收益形式，并可通过修改企业契约的方法在契约中反映。

5.5.3 风险转移与要素分配顺序

决定分配顺序的因素主要是风险因素(王化成,2000a)。由于风险的承担情况与收益形式和顺序密切相关，因此分配顺序的安排应该依据要素的风险承担情况而不是要素本身。[①]因此，在确定要素分配份额及顺序前，应首先明确各要素的风险承担情况。如果某要素不承担风险或者以某种形式在固定报酬中包含了风险补偿因素(如签订一完备合约，将不确定性因素内涵于其中，但有可能使该要素变成企业边界之外的因素)，则其分配顺序居前，如果要素承担风险，则其分配顺序居后。承担剩余风险并拥有剩余控制权和剩余索取权的要素，其分配顺序应在最后。考虑到各要素所有者均有既能规避风险、又能获得剩余收益，即"鱼"与"熊掌"兼得的想法，一个重要的制度安排是赋予要素所有者自由选择是否承担企业经营失败风险的权利，这一权利可以以企业剩余收益份额及顺序为对价进行转移和转让。如此，则风险与收益对等的原则可以公平公正地落到实处。

与要素分配顺序相关的另外一个因素是要素合约的完备性。越是完备的合约，其分配顺序越应靠前，当然，合约中另有约定的，可以从其约定。而越是不完备的合约，其分配顺序越应靠后。

此外，劳动与人力资本这两类要素，由于其本身的特殊性，应该在分配顺序中优先考虑，并保证其劳动力再生产的需要。一方面，共享发展理念下的微观收入分配应是以劳动者为中心的，另一方面，人类的任何活动的目的都是为了实现人自身的目标，如果连最基本的劳动力再生产的需要都不能够满足，则该类活动没有任何意义，也就无存在的必要。退一步讲，此类活动即使能够勉强存在，也必不能持续经营。因此，劳动和人力资本的报酬中至少应该包括一块固定薪资，并且分配顺序在前。综合上述观点，要素分配

[①] 在新古典理论的框架内，要素分配的基本顺序是按要素本身排列的，即劳动、土地要素在先，资本(权益资本)殿后。政府不是以提供要素的名义参与企业分配，而是以税收的形式强行参与收益分配，其顺序在权益资本之前。

顺序可以安排如下：

①分配可以由外生市场或内部协议确定的部分，如劳动工资、借贷资本的利息[1]、消极财务投资者的固定股息、除公司自身之外的数据提供者的报酬等；

②分配人力资本的年薪；

③按贡献份额向劳动、人力资本、财务资本和公共环境提供者分配利润[2]；

④剩余部分[3]分配给公司。

---

[1] 该部分如果支付不足，则无人愿意在该企业工作，也无人愿意借钱给该企业。

[2] 通常，企业制度安排中会规定某一要素或某几类要素所有者或提供者承担剩余风险，因此哪些要素可以参与剩余分配是由企业使用的生产要素类别及具体的制度安排决定。

[3] 剩余部分包括公司商誉带来的收益及无法分配给其他利益相关者的收益，这一部分收益既可以用作内源筹资，又可以用来捐赠，还可以用于支付社会成本。当该部分积累较多或在公司清算时，可以以各利益相关者认可的方式分配给其他利益相关者。

第6章　推动可持续共享发展的要素分配

6.1　可持续共享发展的内涵

1987年以布伦特兰夫人为首的世界环境与发展委员会(WCED)发表了报告《我们共同的未来》。这份报告正式使用了可持续发展概念。该报告中,可持续发展被定义为:"能满足当代人的需要,又不对后代人满足其需要的能力构成危害的发展。它包括两个重要概念:需要的概念,尤其是世界各国人们的基本需要,应将此放在特别优先的地位来考虑;限制的概念,技术状况和社会组织对环境满足眼前和将来需要的能力施加的限制。"我们借鉴可持续发展的定义方式,将可持续共享发展定义为:能满足当代人的需要,又不对后代人满足其需要的能力构成危害的共享发展。共享发展分为当代共享和代际共享,可持续共享发展主要指的是代际共享,但与当代的共享发展又密不可分。当代共享发展的水平是可持续共享发展的起点,通常决定了可持续共享发展的最低水平,因为人们总是希望生活变得越来越好。

共享发展还可分为微观企业自身利益相关者的共享发展和整个社会的共享发展,相应地,可持续共享发展也可分为微观企业自身的可持续共享发展和整个社会的可持续共享发展。二者受到的制约条件不同,因而其适用的时间周期也不同。通常,前者适用的时间周期较后者短。其原因在于,受制于设立企业的目的、消费者偏好变化、新技术的发展等各种主客观因素,一家具体的微观企业都有或长或短的一个生命周期,即其存续时间都有一个限度,因此,其自身的可持续共享发展只能是一个局限于微观企业自身生命周期的阶段概念。而整个社会则不然。俗话说,"铁打的营盘流水的兵","兵"虽随着时代发展不断变化,"营盘"却是可以持续存在的。当微观企业的可持续共享发展之路走向终点的时候,其资源仍然可以在整个社会内重新组合而产生新的生产经营主体,为整个社会的可持续共享发展做出贡献。

故而,整个社会的可持续共享发展适用的时间周期可以很长。本章要推动的"可持续共享发展"的概念主要是在整个社会意义上使用,而"要素分配"则既涉及微观企业的要素分配又涉及宏观意义上即整个社会的要素分配,二者互相影响并且交织在一起。

整个社会的可持续共享发展应该包括共享发展模式的可持续性、生产方式的绿色性等方面。

具有可持续性的共享发展模式,不仅能保证在企业延续期间,企业以共享的方式实现可持续发展,还应该能够在整个社会层面,使生产、交换、分配和消费形成良性循环。由于生产、交换、分配和消费是一个有机的统一体,任何一个环节出现问题,都会对整个循环,进而对经济和社会发展带来影响。对于中国这样一个追赶型的发展中国家来说,在追赶阶段,往往会更加看重生产和积累,更加看重生产和积累的速度。这就使得改革开放以后"效率优先"一度成为初次分配的原则。①"效率优先"确实对生产力发展起了极大的促进作用,但其副作用也在发展到一定阶段后显现出来。比如在初次分配领域,微观企业内部分配结构中财务资本(包括金融资本、产业资本)、人力资本的份额显著上升、劳动的分配份额显著下降。这正是近些年党中央反复强调要"促进收入分配更合理、更有序"和实现"两个同步",即"坚持在经济增长的同时实现居民收入同步增长、在劳动生产率提高的同时实现劳动报酬同步提高"的背景。由于提供劳动要素的人口占整个社会人口的绝大部分,劳动分配份额的下降,伴随着居民债务水平的大幅提高②和生活成本的上升,已经影响到了消费环节。居民消费能力和消费意愿的降低必然会对生产、交换、分配和消费的循环产生不利影响,严重时会导致社会再生产无法顺利进行,从而对可持续共享发展形成威胁。为此,2018年9月出台的《中共中央国务院 关于完善促进消费体制机制 进一步激发居民消费潜力的若干意见》,专节提出要"深化收入分配制度改革",具体包括"完善有利于提高居民消费能力的收入分配制度,增加低收入群体收入,扩大中等收入群体","完善企业工资分配的宏观指导制度,依法推进工资集体协商,建立反映人力资源市场供求关系和企业经济效益的工资决定机制和正常增长

①　根据魏众和王琼(2016)的研究,周为民和卢中元(1986)率先提出效率优先兼顾公平的原则,并得到很多研究者的认同,此后该原则被吸收进党的文件而成为20世纪90年代收入分配的指导方针。

②　据中国人民银行2022年7月11日发布的2022年上半年金融统计数据报告显示,我国居民债务余额高达80.18万亿元,相当于2021年GDP总量的70%。而在20世纪90年代,我国居民以储蓄为主,很少负债。

机制"等内容。但从效果上看,分配领域的改革还不到位,特别是数据要素具有合法的分配地位之后,财务资本、数据等非人格化要素的融合形成了对劳动要素的新的冲击,这种融合对劳动要素本身及其收入的挤出效应如何,值得认真关注和研究。此外,这种融合通过影响居民可支配收入影响消费,进而影响整个生产—交换—分配—消费循环的可持续性的可能性、作用机制和后果也需要深入研究。

绿色是永续发展的必要条件(中共中央宣传部,2018)。人类发展活动必须尊重自然、顺应自然、保护自然,否则就会遭到大自然的报复,这个规律谁也无法抗拒。生产方式的绿色性主要与资源耗费及生态环境保护有关。绿色生产方式应以资源环境承载能力为基础,尊重自然规律,避免无节制消耗资源和不计代价污染环境,在有目的地利用自然、改造自然的过程中实现人与自然、当代与后代的和谐发展和可持续发展。生产方式绿色与否和企业的要素配置方式有关,要素分配可以作为重要手段调节要素配置方式,引导企业走绿色生产的可持续共享发展之路。

需要注意的是,强调共享发展模式,不应以牺牲要素活力为基础。换句话说,理想的共享发展模式,应是既可以实现全民、全面、共建、渐进的共享,又可以充分激发各要素的活力,使这些创造财富的要素活力充分涌流。只有这样,才可能实现共享发展与价值或财富创造的良性循环,实现可持续共享发展。

可持续共享发展是一个宏大的命题。可持续共享发展的实现既受政治、经济法律、伦理、科技、人口等宏观因素的影响,也受企业组织类型、企业组织管理体制、股东心理及行为、高管心理及行为、员工心理及行为等微观因素的影响。基于本书的主要研究目的,下面主要从可持续共享发展的基础、要素分配条件等方面简要加以论述。

6.2　社会主义实现可持续共享发展的基础

让广大人民群众共享改革发展成果,是社会主义的本质要求,是社会主义制度优越性的集中体现,是我们党坚持全心全意为人民服务宗旨的重要体现。中国共产党长期的执政理念一直包括"推动经济社会持续健康发展"。党的十八大以来,更是始终坚持、着力践行以人民为中心的发展思想,把实现人民幸福作为发展的根本目的和归宿,努力使发展成果更多更公平惠及全体人民,不断朝着全体人民共同富裕的目标前进。长期可持续地"让广大人民群众共享改革发展成果"，必须补齐"两个短板"：一个是生产要素短板，一个是劳动收入短板。这是社会主义实现可持续共享发展的基础。补齐生产要素短板可以保障发展的水平和连续性，提供可持续共享发展的物质基础；补齐劳动收入短板，可以体现分配的公平正义和共同富裕的追求，同时增加劳动者的可支配收入①，提供可持续共享发展的消费能力基础。上述所说物质基础与消费能力基础的有效结合，是实现生产—交换—分配—消费四个环节顺利循环和可持续共享发展的必要条件。

6.2.1　生产要素短板的补齐

木桶原理认为，一只木桶能盛多少水，并不取决于木桶上最长的那块木板，而是取决于最短的那块木板。同样道理，一种社会生产活动的效率或能力通常并不在于长板因素的多少，而是在于短板问题的多少和制约程度。要使生产要素活力竞相迸发，创造财富的源泉充分涌流，为可持续共享发展提供足够多和质量合格的发展成果，必须补齐生产要素短板。

生产要素补短板的过程完全可以是一个经济社会不断发展的过程。回顾新中国成立以来的发展历程，中国先是在劳动要素的数量上，继而在劳动要素的质量上补短板，改革开放以后，通过招商引资、开放交流、制度创新又补了资本要素、管理要素和技术要素方面的短板。正是一次次要素短板的补缺奠定了中国经济社会发展的基础，成就了中国经济社会发展的奇迹，使中国有了在占世界五分之一的人口基础上实现较高质量共享发展的底气。

生产要素补短板自身还是一个动态发展的过程。要素的短板是相对的、动态发展的，因而生产要素短板的补齐也是动态发展的。一种要素在某一阶段是短板，在另一阶段可能是长板，而再经过一段时期可能又会成为短板。一种要素在某一个地方是短板，在其他地方可能是长板，而经过一段时间，要素的长板短板情况也有可能发生变化甚至逆转。某种要素是不是短板，与生产力发展水平、社会产品总需求、要素供给和需求情况、要素组合情况等都有关系。在不同时期，要准确识别生产要素的短板，采取适宜的节奏

---

① 这里的劳动指的是狭义的劳动要素，是与人力资本相对的概念，即本书第3章"五要素"所定义的一般劳动。这里的劳动者指的是一般劳动者，与人力资本所有者相对。我国目前的情况是人力资本要素收入普遍地大幅高于劳动要素收入，加上股权激励等形式形成的来自其他要素如资本的要素收入，人力资本所有者的收入高于劳动者收入甚多。劳动者基本上主要依靠提供单一要素即一般劳动要素获取报酬，且报酬形式主要为工资形式，难以形成积累以形成资本等其他要素并获得相应收益，劳动要素收入的短板十分明显且已成为影响劳动者消费能力甚至人口再生产的障碍。

和力度补短板。生产要素补短板的过程也会产生一些摩擦成本,应事先做好规划,尽量减少补短板过程可能产生的对经济效益、就业、公平、安全等方面的短期冲击。

生产要素补短板可以通过自身不断积累,也可以通过对外交换。注意,这里所说的对外交换是广义的。它不仅指一种要素交换另一种要素,也指以一种要素为主生产的产品交换另一种要素,或者使用非要素资源(如市场)交换所需的生产要素。在一个友好的外部环境中,对外交换是效率较高的生产要素补短板路径。如我国改革开放初期,一方面,根据我国劳动力数量较多的特点,大量使用劳动要素生产产品,去换取我国的短板要素——资本;另一方面,也采用市场换资本的方法,吸引大量的国外资本、技术、管理要素进入我国,补齐相应的生产要素短板。

对外交换方式虽然补短板的效率高,但容易受外部因素变化特别是政治因素、地缘关系因素等变化的影响。比如,中国在某些高新技术(如芯片制造技术)要素方面存在短板,以往主要是通过直接购买该类技术生产的相应产品(如5nm芯片)来满足国内制造业的需要——这在友好的外部环境中是一种高效率的补短板的手段——但在美国对华实施"实体清单"①(Entity List)管理之后,上述手段便无法顺利实施,相应的要素短板成了不友好国家对我们"卡脖子"的手段。因此,在一些关键要素方面,特别是高新技术要素方面,保持自主创新,通过自身不断积累突破补短板十分重要。正如习近平总书记所说:"实践反复告诉我们,关键核心技术是要不来、买不来、讨不来的。只有把关键核心技术掌握在自己手中,才能从根本上保障国家经济安全、国防安全和其他安全。"②"要时不我待,推进科技自立自强,只争朝夕,突破'卡脖子'问题,努力把关键核心技术和装备制造业掌握在我们自己手里。"③

6.2.2 劳动收入短板的补齐

实现社会主义可持续共享发展的一个基础是补齐生产要素短板,以创造丰富的物质产品,另外一个基础是补齐劳动收入短板。补齐劳动收入短

---

① 实体清单,是美国商务部产业与安全局(BIS)用于对特定对象进行出口限制的工具。凡是落入该名单的实体均成为BIS限制出口的对象。近年来,实体清单逐渐成为美国实施科技霸权的武器。美国已多次将中国高科技企业纳入实体清单,试图遏制中国的发展。

② 习近平2018年5月28日在中国科学院第十九次院士大会、中国工程院第十四次院士大会上的讲话。

③ 习近平2022年8月17日在沈阳新松机器人自动化股份有限公司考察时的讲话。

板,一方面,是共享发展的体现,另一方面是提高社会消费水平,保障社会再生产在更高水平上顺利循环的条件。[①]由于依靠劳动收入为主要收入来源的劳动者占人口的绝大多数,如果没有他们的收入短板补齐,就谈不上共享发展,更谈不上可持续共享发展。

2017年10月,中国共产党第十九次全国代表大会总结过去5年的工作和历史性变革,做出中国特色社会主义进入新时代的重大政治判断。而新时代中国特色社会主义的一个鲜明特征,是全国各族人民团结奋斗、不断创造美好生活、逐步实现全体人民共同富裕(中共中央宣传部,2018)。2022年10月,中国共产党第二十次全国代表大会提出了新时代新征程中国共产党的中心任务,即团结带领全国各族人民全面建成社会主义现代化强国、实现第二个百年奋斗目标,以中国式现代化全面推进中华民族伟大复兴。在对中国式现代化特征的阐述中,共同富裕罗列其中:"中国式现代化是全体人民共同富裕的现代化","我们坚持把实现人民对美好生活的向往作为现代化建设的出发点和落脚点,着力维护和促进社会公平正义,着力促进全体人民共同富裕,坚决防止两极分化"。普通劳动者占全体人民的绝大部分,是建设中国式现代化的主力军。补齐普通劳动者收入短板,是全体人民实现共享发展、迈向共同富裕的应有之义。共同富裕的路上,一个都不能掉队,是中国共产党的庄严承诺。在微观企业层面,普通劳动者的人均收入是短板。这个短板补齐了,才会有全体人民的共同富裕和社会再生产的高水平循环。如果这个短板没有补齐,则不仅影响共享发展的程度,还会影响到可持续发展的进程。

自20世纪90年代以来,普通劳动者收入的短板现象还是比较明显的。一方面,不同口径的宏观统计数据均指向了在2007年之前的20余年间,劳动报酬占比持续下降的宏观事实(白重恩和钱震杰,2009;张东生等,2013;吕光明和于学霆,2018)。另一方面,对上市公司[②]微观层面的初次分配数据分析也得出了类似的结论。并且,更进一步的是,上市公司高管薪酬的公开透明为区分人力资本报酬和劳动报酬,进而合理推断劳动报酬的真实水平提供了一定的支持。吴星泽(2013)利用1999—2012年12987个有效的公司

---

① 在马克思主义政治经济学体系中,工资不仅仅是一个收入分配的范畴,还与生产、交换、消费密切相关,并直接影响到社会再生产、资本积累和资本的总过程。参见胡若南:《工资理论——马克思主义经济学与西方经济学比较》,吴易风主编:《马克思主义经济学与西方经济学比较研究(第2卷)》,中国人民大学出版社2013年版。

② 上市公司是中国所有公司中质量和效益最好的部分。上市公司中劳动收入短板现象明显,基本上可以倒推整个公司企业群体中劳动收入是短板。

年观测值①,分析了中国上市公司初次分配的结构②,其结果如图6-1所示。从图中可以看出,政府报酬即税收部分比重最大,占公司新创造价值的39.1%,其次为股东报酬,占28.5%,再次为雇员报酬,占26.1%,债权人报酬占比最小,为6.3%。这些数据表明,政府、企业与民争富、雇员报酬偏低的事实是存在的。考虑到雇员报酬包括人力资本报酬和普通劳动者劳动报酬,而在20世纪末开始逐步形成的公司内部人大幅提高管理层及部分技术人员等人力资本报酬的背景下,普通劳动在受到税收和利润的双重利益侵占之外,还受到人力资本的挤压,导致普通劳动者报酬所占比例应该比数据显示的还要低。如果再考虑到普通劳动者庞大的人口基数,其人均收入的短板不言而喻。

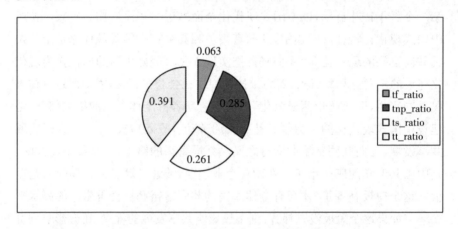

图6-1 中国上市公司初次分配结构

注:图中 tf_ratio、tnp_ratio、ts_ratio 和 tt_ratio 分别表示债权人报酬、股东报酬、雇员报酬和政府报酬占公司新创造价值的比重。

---

① 色诺芬信息技术有限责任公司CCER数据库提供的一般上市公司财务资料,包括1991年至2012年间除金融企业外的一般上市公司的资产、负债、现金流量信息。其初始数据为24137个公司年观测值,因1997年及之前的资料中缺少现金流量信息,而现金流量信息中涉及工资、税收等重要分配数据,缺少后导致数据不完整,故在测算上市公司初次分配结构时舍弃2007年及之前数据共2044个公司年观测值。此外,对于数据有缺失,财务费用、工资、税金为负数,以及公司新创造价值为负数的观测值亦进行舍弃处理,最终得到12987个公司年观测值。

② 公司新创造价值在分配利益相关者,即股东、债权人、雇员、政府和公司之间分配的结果,形成公司初次分配的结构。为了解中国上市公司初次分配结构,吴星泽(2013)利用CCER数据库提供的一般上市公司财务资料。由于该数据库结构及提供信息的限制,作者无法区分人力资本报酬和劳动报酬,因此将该两项要素报酬合而为一,名为雇员报酬。同样地,股东报酬及公司本身报酬也无法区分,因此将该两项报酬视作一项,未加区分。由此,公司初次分配结构将包括债权人、股东、雇员、政府四方面。

此外,吴星泽(2013)还按年度测算了公司初次分配结构,表6-1、图6-2和图6-3分别揭示了各类公司利益相关者报酬绝对量及其相对比例的变化情况。

表6-1　公司利益相关者报酬分年度样本分布情况统计表

year	obs	sum_vm	sum_ts	sum_np	sum_tt	sum_fi	tf_ratio	tnp_ratio	ts_ratio	tt_ratio
1999	376	8.85E+10	2.22E+10	2.82E+10	2.93E+10	8.85E+09	0.100	0.318	0.251	0.331
2000	501	1.31E+11	3.36E+10	4.34E+10	4.24E+10	1.13E+10	0.086	0.332	0.257	0.324
2001	571	1.57E+11	4.45E+10	4.56E+10	5.23E+10	1.41E+10	0.090	0.291	0.284	0.334
2002	617	2.71E+11	7.42E+10	6.84E+10	1.06E+11	2.24E+10	0.083	0.252	0.274	0.392
2003	720	3.83E+11	1.03E+11	1.07E+11	1.44E+11	2.86E+10	0.075	0.280	0.270	0.375
2004	751	5.01E+11	1.24E+11	1.54E+11	1.88E+11	3.52E+10	0.070	0.307	0.247	0.375
2005	751	5.45E+11	1.40E+11	1.57E+11	2.09E+11	3.90E+10	0.072	0.288	0.258	0.383
2006	955	7.63E+11	1.96E+11	2.25E+11	2.89E+11	5.35E+10	0.070	0.295	0.257	0.378
2007	1170	1.20E+12	3.14E+11	3.96E+11	4.19E+11	7.47E+10	0.062	0.329	0.261	0.348
2008	1230	1.87E+12	4.55E+11	5.50E+11	7.48E+11	1.14E+11	0.061	0.295	0.244	0.401
2009	1314	2.12E+12	5.41E+11	6.20E+11	8.44E+11	1.13E+11	0.053	0.293	0.256	0.398
2010	1522	3.05E+12	7.80E+11	9.22E+11	1.20E+12	1.50E+11	0.049	0.302	0.256	0.393
2011	1226	3.09E+12	8.02E+11	8.58E+11	1.24E+12	1.92E+11	0.062	0.277	0.259	0.401
2012	1283	3.35E+12	9.37E+11	8.23E+11	1.34E+12	2.41E+11	0.072	0.246	0.280	0.402
total	12987	1.75E+13	4.57E+12	5E+12	6.85E+12	1.1E+12				

注:表中year代表年度,obs代表观测值,sum_vm、sum_ts、sum_np、sum_tt、sum_fi分别表示新创造价值、职工薪酬、净利润、税费、财务费用分年度汇总值(单位:元),tf_ratio、tnp_ratio、ts_ratio、tt_tatio分别表示某年度样本财务费用、净利润、职工薪酬、税费总额占该年度新创造价值总额的比例。图6-2、图6-3中字段含义相同。

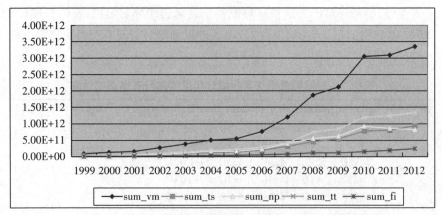

图6-2　各利益相关者报酬绝对量的年度变化情况

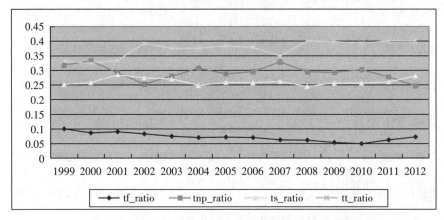

图6-3　中国上市公司初次分配结构年度变化情况

从图6-3可以看出,在中国上市公司初次分配结构中,债权人、股东、雇员和政府所得比例基本保持稳定。总体而言,其占比从高至低依次为政府所得、股东所得、雇员所得和债权人所得。就每一部分所得进行分析,可以发现,政府所得部分除在2007年有较明显下降[①]外,总体表现出稳中有升的趋势,之后基本保持在40%的高位。债权人所得部分自1999年以来基本呈现逐年下降的趋势,但自2010年到达谷底以后,连续两年呈现上升趋势。[②]股

---

① 我们分析,2007年政府所得部分下降的主要原因是:当年企业经济过热,企业利润提升很快,使新创造价值额增高。根据国家税务总局网站资料,2007年上半年,冶金、有色金属、成品油、电力、建材、化工六大高耗能行业其增值税和所得税收入分别增长32.4%和53.7%,由此可以想见利润的增长速度相当高,尽管下半年受调控影响,但全年净利润额依然大幅提升,这与2007年股东所得部分占比创出区间内高点的情况一致。自2008年起,受国际金融危机影响,企业效益下降,而税收由于其刚性,导致税收占比重回高位。

② 分析其原因,应与2010年进入升息周期导致企业财务费用增加有关。

东所得部分自2007年达到次高点以来呈下降趋势,这与2008年发生的国际金融危机后的宏观经济形势走势相同。而雇员所得部分在经历较长时间下降后于2008年逐年回升。这一趋势应与2008年1月1日新《劳动合同法》实施及国家鼓励提升劳动报酬的政策有极大关系,也说明了宏观因素对初次分配存在重大影响,因此,在普通劳动者收入补短板过程中,也应特别注意制度方面顶层设计的影响。

普通劳动者收入补短板,除了在宏观顶层设计上增加初次分配的公平性,提高普通劳动者报酬占比以外,还应在法制保障和劳动素质提高方面下功夫。

我国目前的普通劳动者收入短板现象与法律规定有一定关系。改革开放以来,我国分别于1985年和1993年进行了两次较大范围的工资制度改革。1985年的工资制度改革,将国有企业与机关事业单位工资制度脱钩,使国有企业的工资分配逐步与市场机制相衔接。我国现行的企业工资制度是企业自定工资,但国家对工资总额进行管理和宏观调控,同时实行最低工资制度。这一基本制度是在劳动部、国家经贸委、国家体改委关于印发《全民所有制企业工资总额管理暂行规定》的通知(劳部发[1993]138号)和劳动部《企业最低工资规定》(劳部发[1993]333号)的基础上建立的。其中,前者明确规定了涉及工资的"两低于"原则,即"坚持企业工资总额的增长幅度低于经济效益(依据实现税利计算)增长幅度,职工实际平均工资增长幅度低于劳动生产率(依据不变价的人均净产值计算)增长幅度的原则"。在劳动部发[1993]138号文出台后,各省、直辖市、自治区劳动管理部门相继出台了本地区的《企业工资指导线试行办法》或《企业工资总额宏观调控办法》。这些办法均明确了企业工资的"两低于"原则,部分省份并将这一原针对全民所有制企业的规定扩大至其他企业,如《云南省企业工资总额宏观调控办法》(云劳[1995]157号)明确规定调控对象为包括国有企业、集体企业、其他经济类型企业和机关、事业、社会团体兴办的各类企业在内的省内所有企业。应该说,"两低于"原则与我国劳动报酬比重持续下降有直接关系。

在劳动报酬总额受限的情况下,我国企业工资制度改革相对滞后,工人劳动权益得不到保障。在一段较长的时期,普通职工为自己争工资的权利被剥夺了,无论是国有企业、集体企业还是私营企业,普通劳动者都无权决定自己的收入,管理者或老板给自己多少,自己就拿多少。与之相反的是,在恢复承认管理、技术等复杂劳动价值的过程中,矫枉过正,由改革开放前复杂劳动与一般劳动差距不大,逐步形成部分人力资本的报酬大大超过普通劳动报酬的情况,结果是劳动者工资长期偏低。

我国企业工资制度历经多年探索与实践,已基本确立了关于工资比例、工资形式、最低工资等内容的基本框架,但由于多种原因,现行企业工资制度已跟不上时代发展,不能充分反映劳动者的需求和保护劳动者的权益。宋晶等(2009)列举了当时企业工资制度存在的不完善之处,包括:工资决定和增长机制不健全,工资分配的随意性较大,有的工资标准过低;工资分配缺乏激励;工资分配没有完全体现劳动、资本、技术、管理等生产要素在价值创造中的作用和贡献;工资分配的过程及结果缺乏公平,同工不同酬现象严重;工资分配关系中的主体地位不对称,劳动者在工资分配中权利与义务不对等,等等。这些不完善之处,有的已经在党的十八大之后有所纠正和改善,如技术和管理要素在很多企业普遍地获得了参与剩余分配的机会,其在价值创造中的作用和贡献得到了较完全的体现。但是大部分问题仍然或多或少地存在,由此导致了一系列涉及宏观和微观方面的问题,如普通劳动者权益的维护和保障程度仍然有不到位现象,工资被拖欠、工资得不到及时增长、工资增长没有赶上经济增长速度的现象仍较普遍;普通劳动者参与剩余分配的权利缺乏保障;企业工资分配行为不规范,有些企业甚至出现"天价薪酬";正常的分配秩序被损害,有些行业工资畸高,行业间的收入差距过大等。

在2013年2月经过"千呼万唤始出来"的《关于深化收入分配制度改革的若干意见》中,涉及企业工资制度改革的内容集中在第三部分的第5条和第6条。第5条规定主要针对中低收入职工工资。提出要"建立反映劳动力市场供求关系和企业经济效益的工资决定及正常增长机制。完善工资指导线制度,建立统一规范的企业薪酬调查和信息发布制度。根据经济发展、物价变动等因素,适时调整最低工资标准,到2015年绝大多数地区最低工资标准达到当地城镇从业人员平均工资的40%以上。研究发布部分行业最低工资标准。以非公有制企业为重点,积极稳妥推行工资集体协商和行业性、区域性工资集体协商,到2015年,集体合同签订率达到80%,逐步解决一些行业企业职工工资过低的问题。落实新修订的劳动合同法,研究出台劳务派遣规定等配套规章,严格规范劳务派遣用工行为,依法保障被派遣劳动者的同工同酬权利。"第6条则是针对国有企业高管薪酬的规定,指出:"加强国有企业高管薪酬管理。对部分过高收入行业的国有及国有控股企业,严格实行企业工资总额和工资水平双重调控政策,逐步缩小行业工资收入差距。建立与企业领导人分类管理相适应、选任方式相匹配的企业高管人员差异化薪酬分配制度,综合考虑当期业绩和持续发展,建立健全根据经营管理绩效、风险和责任确定薪酬的制度,对行政任命的国有企业高管人员薪酬水平实行限高,推广薪酬延期支付和追索扣回制度。缩小国有企业内部分配差距,高管人员薪酬增幅应低于企业职工平均工资增幅。对非国有金融企业和上市公司高管薪酬,通过完善公司治理结构,增强董事会、薪酬委员会和股东大会在抑制畸高薪酬方面的作用。"

上述规定,与已经出台的新《劳动法》、新《劳动合同法》、《工资集体协商试行办法》等法规制度一起,在一定程度上提高了普通劳动者的报酬水平,但由于缺少劳动者报酬保障方面的实施细则,比如《工资条例》①,使得劳动者的报酬保障难以落到实处,特别是在资本强权、管理者强权和工会权力弱化的不平衡状态仍然没有实质性改变的情况之下,如果不进一步加强相关法律法规制度的建设,特别是以法律法规形式规定普通劳动参与剩余分配的权利②并强制执行,普通劳动者收入补短板的难度仍将不小。

依靠政策顶层设计、法律法规制度保障等外部因素推进普通劳动者收入补短板固然重要,普通劳动者通过内部因素,即自身不断提高知识水平和劳动技能,也是其收入补短板的重要路径。知识和技能的扩散对于整体生产率的提高和一国内与各国间不平等的削减起着关键的作用(皮凯蒂,2014)。通过劳动技能和知识水平的提高,可以为企业创造更多价值,从而也可以实现自身收入的增长。企业应积极创造条件为普通劳动者参加技能培训、学历深造等提供便利条件。

6.3 可持续共享发展的要素分配

6.3.1 可持续共享发展的要素分配条件

可持续共享发展的实现需要很多条件:政治条件、要素或资源条件、生产组织条件、要素分配条件、风险应对条件等,不一而足。要素分配条件既

---

① 1994年,当时的劳动部颁布过一部《工资支付暂行规定》,以维护劳动者通过劳动获得劳动报酬的权利,并规范用人单位的工资支付行为。但这部暂行条例早已不能适应时代的发展,保障劳动者工资权益的细度和力度都不够。2019年底,国务院发布了《保障农民工工资支付条例》,但其规定主要是解决拖欠农民工工资问题。2008年3月,时任国务院总理温家宝在政府工作报告中明确提出,要"推动企业建立工资集体协商制度",此后,开始酝酿出台《工资条例》,但因种种原因,条例尚未出台。

② 劳动力参与的分配不仅包括成本中相当于工资部分的分配,还应包括部分利润的分配。参见李铁映:《劳动价值论问题读书笔记》,社会科学文献出版社2003年版。

受其他条件的影响,反过来也会影响其他条件。马克思认为,在一定的社会生产总过程中,生产、分配、交换和消费这四个环节是密切联系的有机整体,它们的相互联系和相互作用构成社会经济关系的总和,反映了社会经济关系的本质。社会经济的健康持续发展,离不开生产、分配、交换和消费四环节的协调发展,任何一个环节出现问题,必然损害整个社会经济,带来严重后果。就整个社会经济发展而言,要素分配既是马克思所述四个环节中的一环——分配,其结果又直接决定四个环节中的消费环节的能力和水平,间接影响着四个环节中的生产环节。假如收入分配不平等程度过大,收入向高收入阶层过度集中,其长期趋势必然是造成社会有效需求不足,妨碍社会经济的正常循环和增长,同时还可能造成大量贫困人口,制约劳动力素质的提高,使生产环节也受到影响。

回望历史,很多国家或地区经历过快速的发展,在生产能力、生产的资本条件等方面具有很好的积累和强大的优势,但因为要素分配条件不满足,使得可持续共享发展无法实现。如西方的一些发达资本主义国家,因为股东利益至上、分配不公,收入两极分化现象严重,常常出现一方面生产过剩、另一方面低收入群体无力消费的状况,从而周期性地出现经济危机。20世纪以来,凯恩斯主义和新古典主义经济理论成为指导西方社会的主流经济学,但仍未能帮助其克服经济危机的侵扰。拉美以阿根廷为代表的发展中国家在20世纪60年代已达到中等收入国家水平,但此后落入了“中等收入陷阱”,至今仍然没有摆脱。这些国家落入“中等收入陷阱”的原因很多,其中一个重要原因非常值得我们重视和提前加以防范:收入分配的不公平程度高。① 从基尼系数上看,阿根廷基尼系数在20世纪80年代中期就达到0.45左右,到90年代末进一步上升到接近0.5,此后基本保持在0.5左右的高位。

社会主义国家在经济建设的历史进程中也有过经验教训。前东欧的许多国家在1950—1980年间经济发展较快,国民收入年均增长率都达到了5%以上,如罗马尼亚为9%,保加利亚为8%,南斯拉夫为6%,匈牙利、捷克斯洛伐克为5%左右,但这种近乎“为生产而生产”的粗放增长模式,让社会付出了高昂的资源成本从而阻碍了社会生产力的发展,与此同时人民的生活水平却没有获得预期的那种动态提高(杨春学,2016)。这与20世纪80年代末的“东欧剧变”多多少少有些关系。

---

① 　与之相对比的是,收入差距程度较小的日本、韩国(基尼系数在0.3左右)相继只用了10年左右时间跨过了所谓“中等收入陷阱”。

马克思主义原理与资本主义国家和前东欧社会主义国家的实践都告诉我们:要保持可持续共享发展,协调好生产、分配、交换和消费至关重要。而要协调好生产、分配、交换和消费,保障好人格化要素特别是劳动要素的分配权益最重要。资本等非人格化要素对劳动等人格化要素的挤压和剥削,只顾生产、不管分配等做法都无法保障好人格化要素的分配权益,最终反过来又损害了生产,导致发展的大幅波动甚至中断,可持续共享发展必然无从实现。因此,在分配中保障好人格化要素的分配权益,包括现在的和将来的权益,是实现可持续共享发展的一个十分重要的要素分配条件。

此外,为了实现可持续共享发展,人们必须安排好代际要素配置和分配。代际要素配置是着眼于未来的要素配置,是为了顺利进行再生产和扩大再生产,它既与当代要素配置有关,也受当代要素分配的影响。从要素配置角度来说,既要实现生产要素的自我循环,同时也要适度在生产循环中释放出适量的消费资料以转化为生产资料。①这种释放也是"平衡和解决社会主义既要共同富裕,又要实现经济可持续发展矛盾问题的办法"(王玉芳和吴传俭,2018)。

从要素分配角度来说,首先,要在当代分配中做好"六项扣除"以满足未来保障或再生产需要。马克思提出的"六项扣除"包括:①用来补偿消费掉的生产资料的部分;②用来扩大再生产的追加部分;③用来应付不幸事故、自然灾害等的后备基金或保险基金;④和生产没有直接关系的一般管理费用;⑤用来满足共同需要的部分,如学校、保健设施等;⑥为丧失劳动能力的人等设立的基金。王玉芳和吴传俭(2018)认为,马克思的"六项扣除"理论显然具有生态系统再循环的性质,无论是公有制生产资料的再生产循环,还是个人消费资料的再循环。总之,就是通过合理补偿生产成本和扩大生产循环,使公共服务、社会保障和个人消费资料部分都得以不断增长。这恰恰是可持续共享发展所需要的。其次,要在当代技术条件下,有助于激励企业为未来发展预留空间和要素资源,而不是竭泽而渔。任何社会生产都不希望是一次性的生产过程,对那些过度消耗不可再生资源、严重污染环境、危害人类健康和损害人口再生产的生产行为,社会不应容许其投入的要素获得高额回报,这应该成为社会的共识。而对于使用清洁技术、清洁能源、符合生态系统有机循环理念的生产企业,社会则应允许甚至创造条件让其要

---

① 具体来说,就是允许一部分人在社会主义生产探索中先期获得一部分收益,通过承担市场风险而获得相应的经济收益,而那些先期富裕起来的人,能够有更多的消费资料转变为经济发展急需的资金或者生产要素,从而能够增加全社会生产要素的劳动力承载规模而带动更多人更好就业。

素收入获得高额回报。当然,这些需要一定的文化、制度加以引导。最后,还要避免各类企业中国有资产的流失。国有资产是公有制的重要载体和支撑,是国家应对各项风险挑战的重要抓手,也是实现可持续共享发展的主力军。在混合所有制改革的背景下,国有资产与各类要素组合在一起。由于国有资产的代理链条更长,容易受到内部人或其他利益主体的侵占。在国有企业中,特别要避免将生产要素的贡献部分,也划归到劳动贡献的价值,从而按照劳动数量进行分配,即要防止福利过度或者社会福利侵害现象。在其他类型的企业中,如国有参股企业或合资合营企业中,则特别要防止其他股权利益主体对国有资产权益的侵害。

6.3.2　生产目的、要素分配与可持续共享发展

任何社会生产都有一定的目的,生产目的影响着要素分配,要素分配反过来又会影响生产。通常认为,生产目的取决于生产关系,是由生产资料所有制的性质决定。比如,资本主义社会中,生产资料的私人占有决定着资本雇佣劳动的生产关系,其生产目的就是获取资本的剩余价值或所有者利益最大化。马克思在《1844年经济学哲学手稿》中指出:"在私有制的统治下,积累就是资本在少数人手中的积聚。""劳动为富人生产了奇迹般的东西,但是为工人生产了赤贫。"①在《1856—1858年经济学手稿》中,马克思进一步提出了资本积累中资本和雇佣工人之间对立关系发展的趋势,包括:劳动条件在作为资本的财产而"永恒化"的同时也在使工人成为雇佣工人的地位永恒化;资本积累在通过使资本家及其同伙的相对财富增多的同时,而使工人的状况相对恶化;由于劳动条件以愈来愈庞大的形式,愈来愈作为社会力量出现在单个工人面前,工人自己占有劳动条件的可能性已经不存在了。在这种情况下,工人的相对分配地位不断恶化,生产积极性受到影响,消费能力也受到影响,生产、分配、交换、消费的循环难以长期持续下去。因此,在私有制占主导地位的社会,可持续共享发展难以实现。

以生产资料公有制为基础的社会主义制度下,由于消灭了私有制,其生产目的自然不再是为了私人资本的剩余价值,这为共享发展创造了制度条件。但是有了这一制度基础,并不必然走向可持续共享发展。如前面所述,在社会主义的建设历史过程中,曾经出现"为了生产而生产"的情况,社会付出了巨大代价而人民生活水平并未获得动态提高。新中国成立以来的社会主义建设实践表明,只有以人民为中心的生产目的,才能激发出人民的无穷

---

① 《马克思恩格斯全集》第42卷,人民出版社1979年版,第67、93页。

力量,实现可持续共享发展。但具体的生产目的仍需要根据生产力发展状况、国际国内形势、社会主义所处阶段及其主要矛盾做一些调整。比如,新中国成立初期,生产力水平低下,资金和各种生产资料奇缺,在这样一穷二白的基础上,国家制定了兼顾国家、集体和个人利益的生产目的。毛泽东在《论十大关系》中说:"国家和工厂,国家和工人,工厂和工人,国家和合作社,国家和农民,合作社和农民,都必须兼顾,不能只顾一头。""拿工人讲,工人的劳动生产率提高了,他们的劳动条件和集体福利就需要逐步有所改进。""随着整个国民经济的发展,工资也需要适当调整。""把什么东西统统都集中在中央或省市,不给工厂一点权力,一点机动的余地,一点利益,恐怕不妥。""各个生产单位都要有一个与统一性相联系的独立性,才会发展得更加活泼。"在这样的生产目的下,到改革开放之前,中国建成了完备的工业体系,而人民的生活正如毛泽东在《论十大关系》中所指出的那样:"我们的工资一般还不高,但是因为就业的人多了,因为物价低和稳,加上其他种种条件,工人的生活比过去还是有了很大改善。"

改革开放初期,中国共产党做出了中国处于并将长期处于社会主义初级阶段的论断。而由于社会主义初级阶段"是由贫困人口占很大比重、人民生活水平比较低,逐步转变为全体人民比较富裕的历史阶段",这一阶段的生产力水平远未达到可以全面公有化的程度,必须坚持多种所有制经济共同发展,以进一步解放和发展生产力。在非公有制经济中,资本的所有者实行按资分配的形式,追求利润成为非公有制经济的主要生产目的。对于利润的追求,激发了要素活力,有利于生产力的发展,有利于财富积累,有利于"一部分人先富起来",并利用"先富"效应激发全社会的生产干劲。改革开放初期,中国人均GDP只有200多美元,到20世纪末达到1000美元,解决了温饱,实现了总体小康,到2006年达到3000美元,进入中等收入国家行列,到2020年达到10000美元,消除了绝对贫困,进一步夯实了发展的物质基础。与此同时,在一部分人中间不可避免地产生了贫富两极分化。贫富两极分化问题积累到一定程度,十分不利于共享发展,并对人口再生产、社会产品循环等产生明显抑制作用,对可持续发展也形成威胁。

综观新中国成立以来的经验,可以得出这样的结论,公有制是实现共享发展的压舱石,在物质财富没有达到极大化之前,容许乃至鼓励非公有制经济形式存在,有利于各类生产要素投入生产,参与分配,有助于整体经济活力的提升和全体人民整体生活水平的提高,是实现较快发展的条件。但要实现可持续共享发展,避免出现西方国家常见的经济大起大落和经济危机,防止出现严重的贫富两极分化,中国必须采取适当措施以保障社会主义生产目的的实现,这些措施包括:保持公有制经济占主体;保障就业,防止非人格化要素对人格化要素特别是劳动要素的大规模挤出;在要素分配中严格保障人格化要素的分配权利和利益,最主要的是在要素分配方面充分体现劳动价值并使劳动者报酬的增长速度不低于经济增长水平;使环境要素的分配(税收)稳定在合理水平以保障基本民生需求等。

6.3.3 推动可持续共享发展的要素分配的保障

可持续共享发展的要素分配,需要克服人类的自利性及短视行为,需要应对各种可能的风险和挑战。在这一过程中,需要强有力的组织和有效的制度来加以保障。这些保障主要包括:坚持中国共产党的领导、坚持中国特色社会主义制度、坚持公有制为主体、坚持按劳分配为主体等。

第一,坚持中国共产党的领导。中国共产党是中国工人阶级的先锋队,同时是中国人民和中华民族的先锋队,是中国特色社会主义事业的领导核心,代表中国先进生产力的发展要求,代表中国先进文化的前进方向,代表中国最广大人民的根本利益。中国共产党的宗旨是全心全意为人民服务。中国共产党成立百年来,始终坚持为人民谋利益,形成了以人民为中心的分配观(吴星泽等,2021)。在中国共产党率领人民进行革命与建设的不同时期,由于面临的主要矛盾不同,要实现的目标任务不一样,这一分配观的具体表现形式也不相同。但无论其外在形式如何变化,以人民为中心、为人民谋利益的核心内容不变。以人民为中心的分配观体现了中国共产党的初心使命,在历史上已经多次显现其凝聚人心、激发斗志的作用,为党解决不同时期的主要矛盾、实现阶段性目标提供了强大动力。

中国共产党以人民为中心的分配观是在革命与建设的过程中逐步形成的,大略可以分为四个阶段。第一阶段从中国共产党成立到大革命失败(1921—1927),是以人民为中心的分配观的萌芽时期。这一阶段,主要是开展谷米限价、禁运、减租、减息、减税、减押斗争。从土地革命到中华人民共和国成立(1927—1949)是第二阶段。这一阶段可以用毛泽东《清平乐·蒋桂战争》一词中的"分田分地真忙"来形容。第一和第二阶段主要解决的是农村和农民的分配问题。从开始社会主义"三大改造"到党的十一届三中全会召开(1949—1978)是第三阶段。"三大改造"奠定了中国社会主义现代化道路的基础。在1956年"三大改造"完成以后,就形成了以工资(工业)和工分(农业)为主的分配形式。这一阶段的特点是按劳分配,多劳多得,解决的是全国人民的温饱问题。第四阶段从改革开放开始(1978—),目前仍处于这一阶段。这一阶段的特点是按劳分配为主,多种分配方式并存,主要解决的是激发要素活力、实现共同富裕的问题。第四阶段还可以进一步细分为两个半程:前半程体现为"一部分人先富起来"和"绝对贫困"人口全面脱贫。这个半程已在2020年底完成。后半程体现为共同富裕,这个半程已经进入实质性操作阶段,其标志是2021年6月10日《中共中央 国务院关于支持浙江高质量发展建设共同富裕示范区的意见》的出台。

中国共产党以人民为中心的分配观的基本特征有三个:一是以"为最广大人民群众谋利益"为目标;二是以解决当时经济社会主要矛盾为出发点;三是体现了实事求是的原则(吴星泽等,2021)。正是在这样的分配观的指引下,中国共产党带领人民克服了发展路上的重重困难,实现了经济的一次次超越,实现了温饱和全面脱贫。党的十八届五中全会根据当时的中国经济社会发展状况和人民关切,适时明确提出了创新发展、协调发展、绿色发展、开放发展和共享发展为内容的新发展理念,这些理念恰恰可以指向可持续共享发展。党的十九大报告进一步明确指出:"必须始终把人民利益摆在至高无上的地位,让改革发展成果更多更公平惠及全体人民,朝着实现全体人民共同富裕不断迈进。"在2022年召开的中国共产党第二十次全国代表大会上,习近平再一次代表中国共产党提出了把"坚持以人民为中心的发展思想"作为前进道路上必须牢牢把握的重大原则之一:"维护人民根本利益,增进民生福祉,不断实现发展为了人民、发展依靠人民、发展成果由人民共享,让现代化建设成果更多更公平惠及全体人民。"另外,中国共产党,包括她的各级地方组织、微观单位组织,都不允许有自己独立的经济利益,可以使党摆脱短期的、局部的利益羁绊。只有这样的党,既有公心,又无私利,才可能把推动可持续共享发展、实现公平要素分配和保障劳动等人格化要素的分配利益作为自己的目标。同时,也只有这样的党,才能拥有强大的民心凝聚力、强大的组织领导力,并利用这些力量把推动可持续共享发展的要素分配贯彻下去。

第二,坚持中国特色社会主义制度。资本主义制度是以保障资本利益为首要目标的,其基因中纵然有可持续发展的动力,但绝无可能有共享发展的动力。这一点在马克思的经典著作中有过分析,也为现代西方学者的一些研究,如托马斯·皮凯蒂的《21世纪资本论》、约瑟夫·斯蒂格利茨的《不平等的代价》等所证实。新中国成立以来取得的主要成就,都离不开坚持社会主义制度这一条。改革开放以前,整个国民经济体系的快速完整构建、人民从"一穷二白"的生活状态到解决就业和温饱问题,没有社会主义制度是难以想象的。而改革开放以来的成绩和进步的根本原因,正如2022年中国共产党二十大后修订的《中国共产党章程》中所言,就是"开辟了中国特色社会主义道路,形成了中国特色社会主义理论体系,确立了中国特色社会主义制度,发展了中国特色社会主义文化。"中国特色社会主义制度是党和人民在长期实践探索中形成的科学制度体系,是在中国社会的土壤中生长起来的,是经过革命、建设、改革长期实践形成的,是理论创新、实践创新、制度创新相统一的伟大成果,是具有鲜明中国特色、明显制度优势、强大自我完善能力的先进制度,蕴含着"中国之治"的制度密码,承载着"中国奇迹"的治理效能,具有强大生命力和巨大优越性(蔡文成,2020)。实践证明,中国特色社会主义道路走得通、走得对、走得好,是一条既符合中国国情,又符合时代发展要求并取得巨大成功的唯一正确道路,只有这条道路而没有别的道路,能够引领中国进步、增进民生福祉、实现民族复兴。

中国特色社会主义制度具有人民当家做主、动员能力强、社会各界根本利益一致,坚持把国家和民族发展放在自己力量的基点上,坚持把中国发展进步的命运牢牢掌握在自己手中,具有不封闭僵化、包容性强的特点。这些特点保证了在中国特色社会主义的本质即共享发展、共同富裕不变的前提下,动员和吸收各种力量实现经济和社会的快速和高质量发展。同时,中国特色社会主义制度还具有强大的风险互助能力和灵活快速的风险应对机制,这可以保障无论是微观企业主体还是宏观经济在各类风险到来时受到的冲击和损害减小,实现可持续发展。

第三,坚持公有制为主体。公有制使得生产资料与生产者直接相结合,消灭了剥削,消除了人的异化,公有制经济是社会主义的典型特征之一,是实现可持续共享发展的重要保障。在确立社会主义市场经济体制的改革目标后,中国逐步确立了"公有制为主体、多种所有制经济共同发展"的基本经济制度。"多种所有制经济共同发展",旨在充分利用各种所有制形态的优势,发展社会生产力。非公有制经济的出现,与公有制经济"在主要经济领域中基本上形成了一种分工协作、优势互补,同时也存在着竞争关系的包容性格局"(杨春学,2016),为中国经济活力的提升和总量的提高做出了重要贡献,但同时也可观察到"市场化改革全面铺开之后,中国的劳动收入份额大幅度降低了"(伍山林,2014)。

劳动收入份额的降低与非公有制经济的出现相伴而行,说明非公有制经济具有两面性。这与资本的性质及"资本雇佣劳动"的本质有关。资本具有两面性:一面是作为生产要素的资本,另一面是作为社会关系的资本。作为生产要素的资本,因其天生的逐利性,与其他生产要素组合在一起,是发展经济的重要活力来源。作为社会关系的资本,则因其与其他生产要素组合方式的不同,而形成不同的社会关系。马克思在《资本论》中深刻分析了资本与劳动的关系,揭露了隐藏在公平交易背后的资本对劳动的雇佣关系。杨春学(2016)认为,"资本雇佣劳动"至少授予资本行使了两种权力:第一种是组织生产本身的权力,第二种权力是通过对国家的制度安排和政策施加的影响,让国家屈从于资本的意志。在第一种权力中,虽然看不到赤裸裸的胁迫和勒索,但资本所有者所行使的仍然是一种特权。这种特权使生产的过程和工人的安排都将完全服从于资本追求股东利益最大化的目标。而在资本特别是私人资本主导的生产体系中,劳动是作为成本因素存在的,是利润的减项。

在中国特色社会主义市场经济中,虽然在公有制经济和非公有制经济中都不同程度地存在着资本的第一种权力,但是资本的第二种权力却受到了严格的控制(杨春学,2016)。在这当中,"公有制为主体"的作用至关重要。只有坚持"公有制为主体",才能建设一种不同于资本主义的社会经济关系。只有坚持"公有制为主体",才能增强国家对经济的控制力,避免国家受非公资本操控,走上改弦易辙的邪路。只有坚持"公有制为主体",可持续共享发展的追求才有底气。

当然,"公有制为主体"并不排斥"非公有制经济"的发展。正如党的十九届四中全会通过的《中共中央关于坚持和完善中国特色社会主义制度 推进国家治理体系和治理能力现代化若干重大问题的决定》中所说,既要"毫不动摇巩固和发展公有制经济",又要"毫不动摇鼓励、支持、引导非公有制经济发展"。所谓"引导",应该是让它服从于社会主义的价值追求,也就是在满足非公有制经济投资人合理回报的基础上,引导非公有制经济走共享发展和可持续发展之路。

第四,坚持按劳分配为主体。党的二十大报告指出,"分配制度是促进共同富裕的基础性制度"。按劳分配为主体、多种分配方式并存是我国现阶段解决在人口众多、社会总产品没有达到极大规模之前建设社会主义的一种现实制度。按劳分配是基本原则,也允许和鼓励资本、数据等其他生产要素参与分配,实现效率与公平的统一。也就是说,在社会主义制度框架内实行按要素分配,无论其是以实物形式还是货币形式,都必须实行按劳分配为主体的分配方式,在此基础上,兼顾各种生产要素的贡献。要贯彻以劳动者为中心的理念,一方面劳动者创造了价值,另一方面劳动者也是消费者,必须获得更合理的报酬,一是满足其追求美好生活的需要,二是为使生产、分配、交换和消费的社会总产品循环更顺利进行。要努力提高居民收入在国民收入分配中的比重,提高劳动报酬在初次分配中的比重。继续坚持多劳多得,鼓励勤劳致富,促进机会公平,增加低收入者收入,扩大中等收入群体。要完善按要素分配政策制度,探索多种渠道增加中低收入群众要素收入,多渠道增加城乡居民财产性收入。

6.4 共享发展的要素分配方式对可持续发展影响的经验分析

实现社会主义的可持续共享发展,需要一个个微观企业在一段段历程中不断接力。虽然整个社会的可持续共享发展不需要每一家微观企业都在共享发展的路上基业长青,但如果微观企业的共享发展可以对企业的可持续发展有正向影响,则可以减少企业资源转化为社会资源的成本,对整个社会的可持续共享发展是有利的。另外,如果微观企业的共享发展可以对企业的可持续发展有正向影响,还可以说明从微观企业主体的层面,实现可持续共享发展也是现实的。

对于微观企业来说,一方面,共享发展的要素分配方式是承担社会责任的重要方面[①];另一方面,对其可持续发展影响最大的因素是财务困境。所以后面的经验分析将以承担社会责任和财务困境来分别指代共享发展和可持续发展[②],当然财务困境与可持续发展的变化方向相反,这一点在建立模型与进行解释时会加以注意。

6.4.1 研究背景、理论分析与假设提出

财务困境危害企业的可持续经营,是企业着力避免的非健康财务状态。企业对待财务困境的态度,有被动治理与主动防范之分。被动治理是指企业在财务困境状况已经形成以后,再采取措施以防止财务困境进一步恶化成财务危机,或者采取措施改善财务状况并脱离财务困境的过程。主动防范是指企业在发生财务困境之前,即对可能导致财务困境发生的情况进行预判并采取主动防御措施的过程。由于被动治理往往成本巨大且未必有效,主动防范显然应是企业的优先选择。主动防范可以采取改善内部经营管理、增强自身获利能力和偿债能力的做法,提高财务安全硬边际;也可以

---

① 按照Carroll(1979)的说法,社会责任包括经济、法律、伦理与自愿活动四类责任。按照Dahlsrud(2008)的说法,社会责任则包括环境、社会、经济、利益相关者和自愿行为五个维度。从这些学者的观点来看,社会责任是包含了共享发展的内涵的。

② 这样替代的另外一个原因是目前在微观企业研究领域,对社会责任和财务困境已经形成一些成熟的计量方法,可以获得可靠的数据。

采取主动做好利益相关者管理,建立良性利益相关者关系的做法,提高财务安全软边际。[①]早期企业多侧重于前者。自20世纪末以来,特别是近10年来,伴随着互联网和移动互联网的发展,由于负面信息扩散的速度更快、范围更广、利益相关者卷入程度更深,后者的作用越来越重要,有时更直接决定企业是否真正陷入财务危机(吴星泽,2011b)和能否度过危机(王红丽和崔晓明,2013),使得企业开始更加注重后者。但财务困境研究者对这一变化的呼应不多,现有研究仍然以建立财务预警模型和寻找财务预警信号为主,没有切入到财务困境防范管理层面。[②]有限的关于利益相关者行为与财务后果的研究也主要集中在管理层的"代理问题"(Jenson & Meckling,1976)、大股东的"隧道挖掘""环保事故"的影响等方面,偏重于研究利益相关者行为对企业的负面财务后果(吴星泽和刘赛,2021)。

然而,利益相关者对企业财务的影响并不都是负面的,当这种影响为正面时,就构成了一种阻止企业陷入财务困境的力量(吴星泽,2011b)。那么,这种力量能否通过企业向利益相关者主动示好,即承担社会责任的行为激发出来,并确实表现出可以防范财务困境的效果呢?目前还鲜有研究提出经验证据。

企业社会责任信息的强制或自愿披露,为观测和研究上述问题提供了一个契机。我国在2006年将社会责任写入《公司法》总则,同年,《深圳证券交易所上市公司社会责任指引》发布,"倡导上市公司积极承担社会责任"。2007年,21家深交所上市公司开始自愿披露社会责任信息。2008年12月31日,上海证券交易所在《关于做好上市公司2008年年度报告工作的通知》中,明确要求上证公司治理板块公司、金融类公司和境外上市公司必须披露履行社会责任的报告,拉开了强制披露社会责任信息的序幕。2018年,披露社会责任报告的沪深上市公司已达851家,其中,自愿披露报告的公司达444家,占比52.2%。下面就以2009—2019年沪深上市公司为样本,对履行社会责任是否有助于建立良性利益相关者关系,增强企业的财务安全硬边

---

① 财务安全硬边际指企业自身拥有的可以用于直接消解债务负担的财务资源与负债之间的差额。财务安全软边际指不属于企业自身拥有,但能对企业偿债能力产生重要的积极影响的潜在财务资源与企业负债之间的差额。吴星泽(2011b)对利益相关者行为与财务危机关系的研究表明,嵌入利益相关者行为后,由于利益相关者对企业财务影响有的是正面的,有的是负面的,企业不同程度地存在财务"伪危机"和"伪健康"现象。

② 笔者一直认为,财务困境研究有多个视角:债权人视角、投资者视角、政府视角和企业自身视角。目前的财务预警成果多是站在债权人和投资者视角,侧重于财务困境的判别。典型的是以Altman的Z-score和ZETA模型为代表的多元判别分析方法。这些方法对于债权人和投资者的风险防范是有用的,但却不能对企业的财务困境预防产生实质的帮助。

际和软边际,进而防止企业陷入财务困境、实现可持续发展的效果进行检验。

履行社会责任通常会消耗一定量企业资源,增加企业成本,但这类成本的付出,往往可以通过提升企业声誉、带来"道德消费"(曾慧宇和曾爱民,2017),或通过社会责任信号的传递机制,减少不同投资者之间信息的不对称,从而降低权益资本成本(李姝等,2013),或整合企业与社会资源、从整体上改进企业绩效(Porter & Kramer,2006)等途径提升企业财务安全硬边际。此外,履行社会责任,有助于建立良性利益相关者关系,同时可能因为"投桃报李"效应,在面临可能的财务困难时,得到利益相关者的正向支持,如大股东注资、债权人的债务延期或减免利息、员工的主动降薪、政府的减免税等。这样,企业履行社会责任,就能增强企业的财务安全硬边际和软边际,起到防止企业陷入财务困境的效果。相反,如果企业不重视社会责任,不能与各利益相关者之间保持良好的关系,企业就不能从各利益相关者处获得资源和支持,甚至可能要承担相应的风险,如声誉损失、交易成本增加、消费者抵制、人才流失、再融资困难、法律制裁等(Kytle & Ruggie,2005),使企业陷入财务困境的可能性增大。综上所述,我们提出:

假设1:其他条件相同情况下,履行社会责任有利于防止企业陷入财务困境。

企业为了提升竞争力、吸引消费者、树立良好的形象会选择履行社会责任,企业承担社会责任动机不同,预期效果也就不一样:对于比较重视并主动承担社会责任的企业来说,在制定发展战略时会主动考虑社会责任的融入,并相应地在社会责任方面投入较合理的资源,形成较为合理的社会责任分配格局,提高社会责任的履行质量,从而带来较为理想的效果;而如果企业履行社会责任是被动选择,则往往不会制定详细合理的社会责任计划,履行社会责任的质量较低,利益相关者感受不到企业履行社会责任的诚意,也就不存在上文所说的正面的效应。因此,履行较低质量的社会责任既占用了资源又达不到预期效果,最后反而可能会带来严重的财务问题。基于此,我们提出:

假设2:其他条件相同情况下,企业履行社会责任的质量越好,越不容易陷入财务困境。

改革开放以来,市场上已形成国有企业与非国有企业两大群体。产权异质性、人们对其履行社会责任的预期不同等因素使得这两类企业履行社会责任的动机和财务后果可能存在不同。凭借着与政府的密切关系,与非国有企业相比,国有企业受到更多政府优待,更容易获得政府所控制的关键性资源(黎文靖和池勤伟,2015)。例如,国有企业更容易得到银行信贷支持(孙铮等,2005)、更容易获得补贴与再融资支持(林毅夫和李志赟,2004)。这就使得国有企业通过主动承担社会责任增进效益的动机弱于非国有企业,而政府对该类企业债务隐性担保责任的存在(袁淳等,2010),更使得国有企业通过承担社会责任防范财务困境的动机几乎不存在。然而,人们对国有企业履行社会责任的预期显然高于非国有企业,甚至认为国有企业履行社会责任是天经地义的。这种预期会显著降低国有企业履行社会责任的正面财务后果。因此,国有企业履行社会责任的质量高低和缓解财务困境可能并无显著的关系。

非国有企业则有更强的自主性,履行社会责任的动机更加复杂,利己行为动机更加鲜明。非国有企业在面对市场和财务风险时,一般不能得到政府的直接支持,大多需靠自身业务和市场进行调节。由于人们对其履行社会责任的预期较低,反而导致履行社会责任的非国有企业的声誉效应更强,从而帮助其吸收更多的外部投资,获得更多的销售业绩和更好的财务绩效[1],提高财务安全边际,从而减少陷入财务困境的风险。

因此,我们提出:

假设3:不同产权性质下,企业履行社会责任的质量对财务困境的影响不同。非国有企业履行高质量的社会责任可以对财务困境起到抑制作用,而国有企业履行社会责任质量与财务困境之间并无明显关系。

6.4.2　研究设计

数据来源

我们选取2009—2019年所有上市公司作为初选样本,并参考同类文献进行了如下处理:剔除了财务数据缺失的样本;剔除了金融与保险行业;剔除了变量值明显异常的公司,最后共得到27022个样本。进一步从这27022个样本中筛选,最终得到5618个2009—2019年对外披露企业社会责任报告并获得润灵社会责任评分的样本数据。企业社会责任数据来自润灵环球责任评级官方网站,其他财务和治理数据来自CCER和国泰安数据库。

---

[1]　2008年汶川地震后,生产王老吉红罐凉茶的广东加多宝集团捐款一个亿,有网友喊出"买断王老吉"的口号,当年红罐王老吉的销售突破了100亿元,较前一年增长了50亿元。

研究模型

为验证假设1,构建如下logit回归模型(1):

$$Distress = \begin{array}{l} \alpha_0 + \alpha_1 CSR + \alpha_2 Ocf + \alpha_3 ROA + \alpha_4 Size + \alpha_5 Lev \\ + \alpha_6 Noperate + \alpha_7 DSratio + \alpha_8 First + \varepsilon \end{array}$$

(模型1)

为了验证假设2,构建如下logit回归模型(2)和(3):

$$Distress = \begin{array}{l} \beta_0 + \beta_1 Q\_CSR_t + \beta_2 Ocf + \beta_3 ROA + \beta_4 Size + \beta_5 Lev \\ + \beta_6 Noperate + \beta_7 DSratio + \beta_8 First + \varepsilon \end{array}$$

(模型2)

$$Distress = \begin{array}{l} \delta_0 + \delta_1 Q\_CSR_{t-1} + \delta_2 Ocf + \delta_3 ROA + \delta_4 Size + \delta_5 Lev \\ + \delta_6 Noperate + \delta_7 DSratio + \delta_8 First + \varepsilon \end{array}$$

(模型3)

其中 Q_CSR_t 表示当期社会责任,Q_CSR_{t-1} 表示提前一期的企业社会责任。

对于模型(1),我们采用的是全部27022个样本,如果企业披露社会责任报告,我们将CSR赋值为1,否则CSR取值为0;对于模型(2)和(3),我们采用的是模型(1)中CSR赋值为1的这部分样本,并采用润灵公益事业机构对其社会责任报告给出的评分高低代表企业社会责任的质量(Q_CSR)。

为验证假设3,本文根据产权性质将披露企业社会责任的企业样本分为国有组和非国有组进行分组回归,其中国有组Soe取1,非国有组Soe取0。

变量设计

模型中的被解释变量为财务困境(Distress)。企业财务困境的度量方式主要有被ST、资不抵债、首亏、财务杠杆过高等,借鉴Altman(1968)、姜付秀(2009)等文章的处理方法,我们用Z指数(Zscore)加以衡量,计算公式为Z=1.2×营运资金/总资产+1.4×留存收益/总资产+3.3×息税前利润/总资产+0.6×股票总市值/负债账面价值+0.999×销售收入/总资产,Z值越大,表明企业越不容易陷入财务困境(钱忠华,2009)。尽管Z值的判断标准在各国间有相当的差异,但各国"财务失败组"的Z值的平均值都低于临界值1.8(姜付秀等,2009),因此本文参考现有研究,以1.8为临界值设置虚拟变量,如果Z值小于1.8,我们将Distress赋值为1,否则取0。

模型中的解释变量的含义如下:

企业社会责任(CSR)。考虑到数据的可获取性和本文的研究特点,我们以企业是否披露企业社会责任报告来衡量企业社会责任,并以CSR表示。一般来说,企业披露企业社会责任报告,说明这类企业确实履行社会责任且对承担一定的社会责任比较重视,满足利益相关者的信息需求,所以本文将CSR设置为哑变量,当上市公司披露企业社会责任报告时,CSR取1,否则取0。

企业社会责任质量(Q_CSR)。我们对披露企业社会责任报告的这部分上市公司进行了进一步探讨。目前,国内对于企业社会责任的学术研究普遍使用润灵环球责任评级(RKS)的专家打分,作为企业发布的社会责任报告质量的代理变量(赵天骄等,2018)。根据润灵公益事业咨询机构(RLCCW)对各个企业社会责任的评级打分,本文设置Q_CSR变量来表示企业社会责任的报告质量,并以此作为企业社会责任质量的代理变量。润灵环球评级满分标准为100分,分值越高,说明外界对该企业披露的社会责任更加认可,企业社会责任披露质量越高,代表企业有更强的企业社会责任。具体地以 Q_CSR_t 表示当期企业社会责任质量,以 Q_CSR_{t-1} 表示提前一期社会责任质量。

因为影响财务困境的因素很多,所以我们还设置了一些控制变量。根据相关文献的研究(胡宁和靳庆鲁,2018;胡国柳和彭远怀,2018),本文选取经营现金流(Ocf)、总资产收益率(ROA)、企业规模(Size)、财务杠杆(Lev)、独立董事比例(DSratio)、第一大股东持股比例(First)、营业外收支净额(Noperate)为控制变量。具体变量定义如表6-2所示:

表6-2 变量定义

变量符号	变量名称	定义
Distress	财务困境	若Z值<1.8,Distress取1,否则取0
CSR	企业社会责任	虚拟变量,企业披露社会责任取1,否则取0
Q_CSR_t	企业社会责任质量	当期的润灵环球企业社会责任评级分值
Q_CSR_{t-1}	企业社会责任质量	提前一期的润灵环球企业社会责任评分分值
ROA	总资产收益率	净利润／平均资产总额
Ocf	经营现金流	营运现金流除以年末总资产
Size	企业规模	公司年末总资产自然对数
Lev	财务杠杆	公司年末总负债除以总资产
DSratio	独立董事比例	独立董事人数占董事会人数比例
First	第一大股东持股比例	第一大股东持股总数占总股本的比重
Noperate	营业外收支净额	营业外收支净额除以年末总资产

6.4.3　实证分析

描述性统计

表6-3报告了变量的描述性统计结果。其中可以看出披露企业社会责任报告的公司并不多,只占全部样本总数的21.8%,并且国有企业和非国有企业Q_CSR_t的平均值分别是39.912和36.231,子样本总体的Q_CSR_t平均值只有38.565,说明我国上市公司履行社会责任的整体水平并不高,需要进一步加强。全样本的主要控制变量方面,经营现金流占比(Ocf)最大值为112.7%,最小值为-1105.6%,均值为4.4%,说明样本公司创造经营性现金流能力变异较大,但总体保持平稳增长势头;资产负债率(Lev)均值为45.7%,说明样本上市公司的资产负债率水平适中,营业外收支净额(Noperate)最大值为4.190,最小值为-4.945,说明样本选取存在一定的差异性,比较合理。从其他数据的均值、最大最小值和中位数来看,基本符合正态分布,在此不再赘述。

表6-3　描述性统计

Panel A 全样本

N=27 022

变量	最大值	均值	最小值	标准差
Distress	1	0.279	0	0.448
CSR	1	0.218	0	0.413
Ocf	1.127	0.044	−11.056	0.113
ROA	4.091	0.041	−1.997	0.097
Size	28.635	22.095	13.076	1.359
Lev	9.841	0.457	0.002	0.313
Noperate	4.190	0.005	−4.945	0.072
DSratio	1	0.374	0	0.073
First	0.900	0.342	0.000	0.154

Panel B 验证当期社会责任质量影响的子样本

	非国有企业组		国有企业组	
	N=2 055		N=3 563	
变量	均值	标准差	均值	标准差
Distress	0.249	0.432	0.434	0.496
Q_CSR_t	36.231	10.407	39.912	12.973
Ocf	0.053	0.077	0.051	0.070

ROA	0.054	0.077	0.034	0.056
Size	22.501	1.206	23.461	1.480
Lev	0.441	0.203	0.530	0.196
Noperate	0.005	0.025	0.004	0.013
DSratio	0.376	0.074	0.375	0.076
First	0.315	0.153	0.412	0.161

Panel C 验证提前一期社会责任质量影响的子样本[①]

	非国有企业组		国有企业组	
	N=2 005		N=3 440	
变量	均值	标准差	均值	标准差
Distress	0.268	0.443	0.446	0.497
Q_CSR_{t-1}	36.321	10.511	39.956	12.959
Ocf	0.058	0.073	0.051	0.067
ROA	0.052	0.085	0.037	0.058
Size	22.666	1.233	23.567	1.494
Lev	0.452	0.212	0.531	0.200
Noperate	0.002	0.042	0.004	0.013
DSratio	0.376	0.075	0.376	0.077
First	0.308	0.150	0.409	0.160

回归结果分析

①企业社会责任与财务困境

表6-4列示了模型(1)的回归结果。模型(1)检测的是企业社会责任与财务困境的关系,在该模型中,企业社会责任(CSR)的系数为-0.493,并在1%水平上显著,说明了企业社会责任投入与财务困境存在负相关关系,假设1得到验证。控制变量方面,经营现金流(Ocf)和总资产收益率(ROA)的系数均显著为负,说明企业经营活动资金越多、盈利能力越强,越不易陷入财务困境,这与大多数研究的结论是一致的。公司规模(Size)的系数显著为正,说明企业规模越大,反而越容易陷入财务困境。其原因可能是企业规模越大,发展速度越快,业务问题越复杂,越容易忽略一些问题。公司财务杠杆

---

① Panel C中,国有企业组和非国有企业组的总样本数为5445,比Panel B中5618的总样本数少,是由于模型(3)使用提前一期的企业社会责任而使得变量数据间匹配关系发生变化所致。

(Lev)系数显著为正,说明资产负债率越高,企业越容易陷入财务困境。营业外收支净额(Noperate)系数为正,说明更多依赖非经营性损益的企业更容易陷入财务困境。独立董事比例系数为负,但不显著,说明提高独立董事的比例未必能有效防止企业出现财务困境问题。

表6-4　企业社会责任对财务困境影响的回归结果

变量	(1) Distress
CSR	−0.493***
	(−9.99)
Ocf	−5.106***
	(−18.66)
ROA	−11.042***
	(−32.20)
Size	0.722***
	(38.40)
Lev	6.905***
	(55.42)
Noperate	1.070**
	(2.34)
DSratio	−0.134
	(−0.50)
First	−0.278***
	(−2.14)
Constant	−20.316**
	(−37.22)
N	27022
Industry	Control
Year	Control

注:*、**、***分别代表10%、5%、1%的显著性水平。

②企业社会责任质量与财务困境

表6-5报告了企业社会责任质量的回归结果。企业社会责任质量用润灵环球的评分来衡量,以Q_CSR_t表示当期企业社会责任质量,Q_CSR_{t-1}表示提前一期企业社会责任质量,回归模型分别为模型(2)和模型(3)。由表6-5第(1)列可以看出,当期企业社会责任与被解释变量显著负相关,说明企业社会责任质量与企业财务困境是负相关的,质量越好,企业越"安全",越不

易陷入财务困境,假设2得到验证。

模型(3)以 Q_CSR_{t-1} 表示提前一期的企业社会责任质量,回归结果如表6-5第(2)列所示。结果表明,企业社会责任与财务困境也是存在负相关关系,这与模型(2)的结果是一致的。本次结果同时报告了用提前一期的企业社会责任作为解释变量来进行回归的情形,可以消除因果倒置这一内生性问题,这也说明了本文的研究结果是稳健的。控制变量方面,企业经营现金流系数和总资产收益率系数都显著为负,说明了企业自身创造价值能力越高,越不易陷入财务困境。而营业外收支净额系数有正有负,说明非经营性损益对企业财务的影响方向不确定。独立董事占比的结果与假设(1)的结果类似,在经济上和统计上仍然是不显著的。

表6-5　企业社会责任质量对财务困境影响的回归结果

变量	(1)	(2)
	Distress	
Q_CSR_t	−0.011***	
	(−2.71)	
Q_CSR_{t-1}		−0.011***
		(−2.64)
Ocf	−6.310***	−6.845***
	(−8.66)	(−8.86)
ROA	−19.732***	−18.473***
	(−16.48)	(−16.33)
Size	0.622***	0.554***
	(14.24)	(13.06)
Lev	7.917***	8.611***
	(22.15)	(24.29)
Noperate	5.160	−4.842**
	(1.49)	(−1.96)
DSratio	−0.350	−0.350
	(−0.61)	(−0.62)
First	−0.979***	−1.099***
	(−3.72)	(−4.07)
Constant	−16.626***	−15.448***
	(−18.70)	(−15.88)
N	5,618	5,445
Industry	Control	Control
Year	Control	Control

注:*、**、***分别代表10%、5%、1%的显著性水平。

③分产权回归结果

为区分产权性质来说明企业社会责任与财务困境的关系,我们将样本分为国有企业组和非国有企业组进行回归。表6-6列示了分组回归结果。由回归结果可以看出,在不同的产权性质组,企业社会责任的系数差异很大,非国有组的当期企业社会责任的系数为-0.028,提前一期的企业社会责任系数为-0.030,且均在1%水平上显著,说明非国有企业履行社会责任与财务困境存在负相关关系,进一步说明非国有上市公司通过履行社会责任可以在一定程度上防止企业陷入财务困境;作为对比,国有组当期企业社会责任和提前一期的企业社会责任的系数很小,并且都不显著,说明国有企业履行社会责任与自身业绩和财务风险无明显关联,这与前述分析结果是一致的,假设3得到验证。

表6-6 分产权回归结果

变量	(1)	(2)	(3)	(4)
	Distress			
	非国有组	国有组	非国有组	国有组
Q_CSR_t	-0.028***	-0.007		
	(-3.24)	(-1.60)		
Q_CSR_{t-1}			-0.030***	-0.007
			(-3.56)	(-1.49)
Ocf	-7.200***	-6.652***	-8.763***	-6.578***
	(-5.71)	(-7.30)	(-6.18)	(-6.93)
ROA	-22.916***	-19.822***	-20.204***	-18.334***
	(-11.16)	(-12.72)	(-9.87)	(-13.44)
Size	0.756***	0.620***	0.658***	0.550***
	(7.92)	(12.05)	(7.34)	(11.03)
Lev	8.408***	7.895***	8.970***	8.551***
	(12.24)	(18.02)	(13.03)	(20.17)
Noperate	18.418***	-4.321	-6.284**	-7.723**
	(3.66)	(-0.99)	(-2.13)	(-2.03)
DSratio	0.036	-0.527	-1.052	-0.212
	(0.03)	(-0.77)	(-0.95)	(-0.31)
First	0.166	-1.373***	-0.015	-1.476***
	(0.30)	(-4.22)	(-0.03)	(-4.40)
Constant	-20.091***	-16.328***	-17.257***	-15.273***
	(-9.42)	(-13.89)	(-8.57)	(-13.06)
N	2,055	3,557	2,005	3,433
Industry	Control	Control	Control	Control
Year	Control	Control	Control	Control

注:*、**、***分别代表10%、5%、1%的显著性水平。

稳健性检验

借鉴窦鑫丰(2015)的做法,我们采用企业社会捐赠(Donation)作为企业社会责任代理变量进行稳健性检验。表6-7报告了稳健性检验的结果。由表6-7结果可知,使用企业社会捐赠作为企业社会责任的代理变量之后,尽管系数的数值有所变化,但其对财务困境的影响方向没变且仍然在统计上显著。

表6-7 替代变量法(一)

变量	(1) Distress
Donation	−0.422***
	(−6.10)
Ocf	−5.112***
	(−18.73)
ROA	−10.911***
	(−31.87)
Size	0.684***
	(37.78)
Lev	6.886***
	(55.40)
Noperate	0.995**
	(2.16)
DSratio	−0.133
	(−0.50)
First	−0.300***
	(−2.32)
Constant	−19.505***
	(−36.64)
N	27,022
Industry	Control
Year	Control

注:*、**、***分别代表10%、5%、1%的显著性水平。

进一步地,借鉴吕长江和韩慧博(2004)、王克敏等(2006)对财务困境判别标准,我们用"资不抵债"定义困境公司,即把连续流动比率小于1,并持续两年作为困境公司的标准。若连续两年流动比率小于1,我们将设置distress变量并赋值为1,否则为0,回归结果如表6-8所示。由表6-8第(1)(2)列回归结果可以看出,履行社会责任的质量与财务困境之间存在负相关关系,且都在1%水平上显著,支持了假设2。第(3)(5)和(4)(6)列结果显示非国有企业和国有企业履行高质量的社会责任都有一定的防止财务困境发生的作用,但是国有企业履行社会责任质量与财务困境的负向关系较非国有企业弱。说明不同产权性质下,企业履行社会责任的质量对财务困境的影响确实有所不同。不过这种不同和假设3中非国有企业履行高质量的社会责任可以对财务困境起到抑制作用,而国有企业履行社会责任质量与财务困境之间并无明显关系的假设,不完全一致。假设3部分通过了稳健性检验。以上结果表明,我们的结论总体上是稳健的。

表6-8　替代变量法(二)

变量	(1)	(2)	(3)	(4)	(5)	(6)
			distress			
			非国有组	国有组	非国有组	国有组
Q_CSR_t	-0.017***		-0.029***	-0.016***		
	(-4.45)		(-2.95)	(-3.63)		
Q_CSR_{t-1}		-0.019***			-0.035***	-0.017***
		(-4.51)			(-3.08)	(-3.70)
Ocf	6.925***	7.684***	6.154***	6.998***	7.254***	7.562***
	(9.46)	(9.25)	(4.60)	(7.86)	(4.62)	(7.63)
ROA	-9.476***	-9.237***	-7.661***	-10.018***	-7.406***	-9.418***
	(-10.16)	(-8.96)	(-4.98)	(-8.18)	(-4.20)	(-7.27)
Size	0.298***	0.293***	0.125	0.347***	0.068	0.350***
	(7.38)	(6.73)	(1.35)	(7.49)	(0.65)	(7.02)
Lev	6.583***	6.769***	8.243***	6.141***	8.361***	6.483***
	(19.03)	(17.70)	(10.94)	(15.21)	(9.84)	(14.57)
Noperate	4.860*	5.123*	3.046	5.789	7.686	3.692
	(1.82)	(1.65)	(0.68)	(1.64)	(1.53)	(0.96)
DSratio	-0.555	-0.550	0.781	-0.715	1.094	-0.764
	(-0.96)	(-0.89)	(0.63)	(-1.06)	(0.83)	(-1.06)
First	0.394	0.343	0.759	0.174	0.614	0.121
	(1.49)	(1.20)	(1.28)	(0.55)	(0.93)	(0.35)

变量	(1)	(2)	(3)	(4)	(5)	(6)
			distress			
			非国有组	国有组	非国有组	国有组
Constant	−10.063***	−10.364***	−8.067***	−10.475	−4.827**	−10.368
	(−10.88)	(−10.16)	(−3.61)	(−10.50)	(−2.11)	(−9.62)
N	5,592	4,695	2,033	3,379	1,632	2,916
Industry	Control	Control	Control	Control	Control	Control
Year	Control	Control	Control	Control	Control	Control

注:*、**、***分别代表10%、5%、1%的显著性水平。

在所有披露社会责任报告的公司中,一部分属于应规披露①,一部分属于自愿披露。除应规披露的公司外,其他上市公司是否披露社会责任报告都是一个自选择的过程。因此在我们的样本中,很可能有部分履行社会责任水平较高的样本由于没有披露社会责任报告而落入履行社会责任水平低的集合里。如果这种情况发生,则会导致回归结果有偏。为了判断前文得出的结论是否稳健,本部分还对前面获得的经验证据采用Heckman(1976)介绍的两阶段回归方法实施内生性检验。Heckman检验包括两个阶段,一是利用Probit估计选择方程,得到逆米尔斯比率(inverse Mill's ratio),二是将第一阶段得到的逆米尔斯比率作为解释变量放入原模型中进行回归,以缓解内生性影响。为了计算逆米尔斯比率,我们建立模型(4):

$$Probit(CSR = 1) = \theta_0 + \theta_1 Compul + \theta_2 Dual + \theta_3 Power + \theta_4 D\_Scale$$
$$+\theta_5 DSratio + \theta_6 Lev + \theta_7 ROA + \theta_8 Size + \theta_9 Fnlctl + \varepsilon \quad (\text{模型}4)$$

模型(4)中变量含义见表6-9。有效样本数为22507个,回归结果见表6-10。

---

① 上海证券交易所规定,上证治理板块公司、发行海外权益的公司,以及金融类公司应披露社会责任报告,深圳证券交易所则规定,属于深证100指数成分股的公司应披露社会责任报告。

表6-9　模型(4)中变量及其含义

变量符号	变量名称	定义
CSR	企业社会责任	虚拟变量,企业披露社会责任取1,否则取0
Compul	强制披露	虚拟变量,应规披露的公司取1,否则取0
Dual	两职合一	虚拟变量,董事长与总经理由一人担任取1,否则取0
Power	股权制衡度	第一大股东持股数量与前五大股东中其他四大股东持股数量之和的比值
D_Scale	董事会规模	董事会总人数
DSratio	独立董事比例	独立董事人数占董事会人数比例
Lev	财务杠杆	公司年末总负债除以总资产
ROA	总资产收益率	净利润/平均资产总额
Size	企业规模	公司年末总资产自然对数
Fnlctl	最终控制人类型	虚拟变量,国有控股取1,非国有取0

表6-10　Heckman检验第一阶段回归结果

变量	(1) CSR
Compul	2.737***
	(55.78)
Dual	−0.114***
	(−3.94)
Power	−0.002
	(−1.27)
D_Scale	−0.001
	(−0.11)
DSratio	0.044
	(0.23)
Lev	−0.400***
	(−5.83)
ROA	−0.055
	(−0.32)
Size	0.324***
	(26.51)
Fnlctl	−0.074***
	(−3.82)
Constant	−8.098***

变量	(1) CSR
	(−27.37)
N	22,507
Industry	Control
Year	Control
LR chi2	10855.24***
Pseudo R2	0.4295

注:*、**、***分别代表10%、5%、1%的显著性水平。

第二步将模型(4)中求出的逆米尔斯比率Lambda放入模型(1)(2)(3)中,建立相应的新模型,并对含有Lambda的数据分别进行回归,得到结果如表6-11所示。

从表6-11可以看出,与表6-4至表6-6报告的基准回归值相比,尽管Lambda的系数显著,但全部模型中解释变量的系数符号没变。CSR系数数值由−0.493变为−0.248,仍然具有经济学意义上很高的显著性。Q_CSR_t和Q_CSR_{t-1}的系数的绝对值较基准回归值则有所提高,统计学意义上的显著性水平则整体有所提高,特别是国有组的系数由不显著变为在5%水平上显著,说明在控制内生性之后,国有企业履行社会责任也对财务困境有一定的抑制作用,只不过这种作用较非国有企业为弱。总体来看,尽管存在内生性问题,但主要研究结论未受内生性问题的实质影响。

表6-11　Heckman检验第二阶段回归结果

	(1)	(2)	(3)	(4)	(5)	(6)	(7)
				Distress			
				非国有组	国有组	非国有组	国有组
CSR	−0.248***						
	(−3.63)						
Q_CSR_t		−0.014***		−0.035***	−0.010**		
		(−3.39)		(−3.97)	(−2.09)		
Q_CSR_{t-1}			−0.016***			−0.039***	−0.012**
			(−3.54)			(−3.84)	(−2.35)
Ocf	−4.915***	−6.451***	−7.152***	−7.205***	−6.904***	−8.495***	−7.159***
	(−16.71)	(−8.70)	(−8.45)	(−5.62)	(−7.40)	(−5.36)	(−6.96)
ROA	−12.127***	−19.155***	−19.742***	−22.634***	−19.699***	−23.943***	−19.007***

	(1)	(2)	(3)	(4)	(5)	(6)	(7)
				Distress			
				非国有组	国有组	非国有组	国有组
	(−28.50)	(−15.93)	(−14.47)	(−11.26)	(−12.30)	(−9.59)	(−11.23)
Size	0.866***	0.749***	0.731***	1.067***	0.713***	1.058***	0.681***
	(30.95)	(15.00)	(13.48)	(9.04)	(12.52)	(7.99)	(11.17)
Lev	6.616***	8.281***	8.575***	9.075***	8.049***	9.057***	8.459***
	(46.58)	(22.25)	(20.72)	(12.75)	(17.80)	(11.00)	(17.12)
Noperate	2.002***	5.598	2.319	18.816***	−5.094	15.431*	−5.657
	(3.74)	(1.61)	(0.58)	(3.78)	(−1.14)	(1.94)	(−1.20)
DSratio	−0.056	−0.215	−0.256	−0.630	−0.235	−1.695	−0.089
	(−0.19)	(−0.36)	(−0.40)	(−0.52)	(−0.33)	(−1.27)	(−0.12)
First	−0.219	−1.052***	−1.126***	0.016	−1.470***	−0.121	−1.424***
	(−1.52)	(−3.92)	(−3.81)	(0.03)	(−4.42)	(−0.18)	(−3.97)
Lambda	0.353***	0.424***	0.386***	0.693***	0.362***	0.623***	0.349***
	(5.75)	(5.98)	(4.89)	(5.14)	(4.00)	(4.16)	(3.46)
Constant	−23.505***	−19.980***	−19.540***	−27.291***	−18.763***	−26.236***	−18.387***
	(−33.20)	(−17.46)	(−15.65)	(−10.16)	(−14.20)	(−8.72)	(−12.96)
N	22507	5,466	4,582	2,012	3,449	1,605	2,972
Industry	Control	Control	Control	Control	Control	Control	Control
Year	Control	Control	Control	Control	Control	Control	Control

注:*、**、***分别代表10%、5%、1%的显著性水平

6.4.4 实证结论

企业积极履行社会责任并对外披露社会责任信息是一种利于企业发展的信号传递机制,向外部投资者、消费者、政府等利益相关者群体传达了积极的信号,可以通过声誉、建立良性利益相关者关系等机制提高企业财务安全硬边际和软边际,从而防止企业陷入财务困境。同时,产权异质性可能对上述关系产生影响,因为不同产权性质的企业,其履行社会责任的动机存在差异,而且民众等利益相关者对不同产权性质企业履行社会责任的预期也不一样。我们以2009—2019年中国沪深上市公司为样本,对上述关系进行了经验分析。我们的结论主要有:第一,企业社会责任与财务困境存在负相关关系,企业履行社会责任有利于防止其陷入财务困境;第二,企业履行社会责任质量与财务困境存在负相关关系,企业履行社会责任质量越高,越被

外界认可,企业越不容易陷入财务困境;第三,非国有企业履行高质量的社会责任可以对财务困境起到显著抑制作用,而国有企业履行社会责任质量抑制财务困境的作用稍弱。这一差异极有可能是人们对国有企业与非国有企业履行社会责任预期不同带来的。另外,国有企业承担社会责任与财务困境之间无明显关系的假设并没有得到验证。造成这一结果的原因也许在于通过多年的社会责任建设,人们对于国有企业承担企业社会责任的行为由中性评价转变为更多的正面评价和回应。事实是否是这样,需要更多的调查或经验证据来证明。

　　财务风险是导致企业发展不可持续的重要因素。上面的经验分析为企业防范财务困境风险,实现可持续发展提示了一条新的思路,即通过履行社会责任,走共享发展之路,主动做好利益相关者管理,建立良性利益相关者关系,提高财务安全软边际。不过,也要注意到,履行社会责任包括的范围比共享发展的要素分配包含的范围更大,其中涉及了捐赠之类的三次分配。①在现有数据可获得性的限制之下,我们难以直接采用要素分配的份额来衡量要素分配的共享发展程度,这会对实证分析结果带来一定的影响。如果想更加可靠地检验共享发展的要素分配对可持续发展的影响,需要开发出要素分配的共享发展指数,这个工程很大,面临的困难也多,但绝对是值得做的事情。

---

　　①　润灵环球评级指数计算口径中包含了捐赠等三次分配事项。

第7章 共享发展价值取向的微观收入分配制度改革建议

落实共享发展是一门大学问,要做好从顶层设计到"最后一公里"落地的工作,在实践中不断取得新成效(习近平,2016)。初次分配是落实共享发展的"关键的一公里",也是一个世界性的问题和难题。不同文化背景、不同制度背景的国家和企业解决问题的思路和方法不一。我国在改革开放的过程中,吸收了西方发展经济及管理企业的不少先进经验,取得了巨大的成就。与此同时,也存在一些或盲目照搬、不顾国情,或断章取义、取舍失度的做法,导致了一些新的问题。比如,我国股份制改革,就造成了中小股东与大股东同为股东却其心不一的局面,第二类委托-代理问题较为严重。而管理层激励在有些企业也变成了压低工资、提高企业绩效从而提高管理层报酬的游戏,导致职工收入差距过大,共享发展目标受到影响。因此,在提出问题的解决办法时,必须将中西方的差异考虑进来,如此才不至于失之偏颇。

实践需要理论指导,制度保障,不同的理论和制度会带来不同的实践后果。我国初次分配领域存在的问题正是由我国没有形成适合我国国情的初次收入分配理论造成的。没有合适的理论做指导,改革出现偏差在所难免。我国是在半殖民地半封建社会的基础上建设社会主义,"底子薄"是事实。改革开放后为了实现经济快速发展,在没有先例可循的情况下,很多方面是"摸着石头过河"。因此在我国确定建立社会主义市场经济、在企业中推行现代企业制度的时候,并没有一套完整的、考虑周全的制度——事实上,形成一套完整周全的制度不仅不必要也不可能。通常,改革是针对主要矛盾或易于切入的矛盾,以原则和对策形式指导,如改革开放初期,我国积累程度很低,因此追求效率、压低工资以吸引投资、促进积累成为首选政策目标。在理论上,由于缺乏自己的理论,于是将西方成熟的市场经济理论借用过来,分配方面,即"股东利益至上"导向下的股东价值分配理论,久而久之,人们习惯用这些成熟市场经济理论思考中国企业的问题,将关注点聚焦于股东回报,而忽视了中国和中国企业的特殊性。以美国为代表的成熟市场经济的理论基础是个体主义。这与美国实用个体主义的文化密不可分。从个体主义的基础出发,企业是股东的企业,股东利益至上。从这个角度讲,企业与股东的利益是一致的,而股东和债权人等其他利益相关者的利益是不一致的,甚至是对立的。然而,我国是社会主义国家,社会主义的本质是实现"共同富裕",因此企业的目标不应该只是股东的财富目标,而应是实现利益相关者整体利益最大化。在分配过程中,除股东以外的利益相关者,尤其是劳动者的权益应该得到切实保障。

笔者认为,在以美国为代表的西方背景下,人的自利性是作为解决问题的前提存在的,其解决问题的方法主要靠市场。以劳资纠纷为例,通过赋予劳动者谈判、法律保障权利,引入劳资谈判机制,以形成合理的劳动报酬和劳动条件。中国当前的改革取向也是强调要"充分发挥市场在资源配置中的决定性作用"[①],强调"推进要素市场制度建设,实现要素价格市场决定、流动自主有序、配置高效公平"[②],但在要素市场制度不健全,劳资双方力量对比失衡的情况下,"靠市场"的问题解决办法不宜过度依赖。在我国,劳动者法律、维权意识不强,维权能力差,因此劳资纠纷的解决一直主要靠党的强有力的领导,靠制度安排,靠目标推进方式,其路径不同于西方,其难易也不同于西方。这是中国特殊国情下现实的解决办法。这一点在未来较长时期内还应该坚持。此外,在我国,权力在解决问题的过程中起着较大的作用,因此,利用国家和政府的权力或通过赋予相应主体以某种权力,从而形成对等力量的博弈主体也是解决问题的重要方法。而"自上而下""上下结合"的问题解决方式也将贯穿其中。这是"更好发挥政府作用"[③]的体现。前述特点是我们在借鉴西方经验时要特别注意的。沿着以上思路,我们从理念、顶层设计、机制、治理结构四个层面提出如下关于共享发展的微观收入分配制度的改革建议。

---

① 《中共中央关于坚持和完善中国特色社会主义制度 推进国家治理体系和治理能力现代化若干重大问题的决定》,人民出版社2019年,第18页。

② 《中共中央关于坚持和完善中国特色社会主义制度 推进国家治理体系和治理能力现代化若干重大问题的决定》,人民出版社2019年,第20页。

③ 《中共中央关于坚持和完善中国特色社会主义制度 推进国家治理体系和治理能力现代化若干重大问题的决定》,人民出版社2019年,第18页。

7.1 坚持以劳动者为中心，兼顾源初规则的分配理念

7.1.1 坚持以劳动者为中心

分配是一定的生产方式的反映，这决定了分配在本质上具有经济属性。同时，分配关系背后的核心和实质是生产关系，要解决分配不公和差距过大问题，就要着力解决财产权利、分配权利在各分配利益相关者之间的分配问题。此外，分配的合理与否，还反映了一定社会的价值判断和价值取向，分配本身又具有强烈的社会性（常兴华等，2009）。中国的发展是"以人民为中心"的，"把增进人民福祉、促进人的全面发展、朝着共同富裕方向稳步前进作为经济发展的出发点和落脚点。这一点，我们任何时候都不能忘记，部署经济工作、制定经济政策、推动经济发展都要牢牢坚持这个根本立场"[1]。

让广大人民群众共享改革发展成果，是社会主义的本质要求，是社会主义优越性的集中体现。落实共享发展理念，就是以人民为中心。而从政治经济学的角度看，"以人民为中心"本质上就是以劳动者为中心（刘凤义，2016）。在分配中坚持以劳动者为中心，有利于消除两极分化，逐步实现共同富裕，有利于做大"蛋糕"的同时分好"蛋糕"，实现社会公平正义。[2]坚持以劳动者为中心，要赋予劳动者相应的分配权利，允许分配权利合法转移。要节制资本权利，体现物为人所用，而非人为物所役的导向。特别是对非人力资本的消极拥有者，如纯财务投资人，他们对其所投资的资产如何在生产过程中的实际使用不做决定，不负责任，因而对生产要素的组合和整合没有贡献，就应限制其剩余索取权（吴星泽等，2021）。要防止资本联合侵犯劳动者的合法权益。当然，也要防止重走低效率平均主义的老路。

7.1.2 剩余分配要考虑源初规则

起源问题关涉的是企业从无到有的问题，而新制度经济学企业理论并没有真正解释清楚企业的起源问题。新制度经济学对企业起源的研究实际

---

[1] 习近平：《在十八届中央政治局第二十八次集体学习时的讲话》，《人民日报》2015年11月23日。

[2] 党的二十大报告中再次强调："坚持以人民为中心的发展思想"，"不断实现发展为了人民、发展依靠人民、发展成果由人民共享，让现代化建设成果更多更公平惠及全体人民"，"我们坚持把实现人民对美好生活的向往作为现代化建设的出发点和落脚点，着力维护和促进社会公平正义，着力促进全体人民共同富裕，坚决防止两极分化"。

上是建立在"企业和市场已经存在"这一假设基础上的。正如霍奇逊在批评威廉姆森的"市场先验地存在"这一观点时指出的那样,"新制度经济学回避了规则的起源问题,没有源初规则,也就没有博弈的展开,更没有博弈的结果"(Hodgson,2007)。因而如何解决分配特别是剩余的分配问题成为困难。分配要考虑源初规则,比如是"劳动雇佣资本",还是"资本雇佣劳动",涉及企业控制权的分配,也涉及剩余分配问题。再比如,数据要素的来源是"免费劳动"、公共数据,还是企业的有偿劳动,涉及贡献的来源,也涉及剩余分配问题。

资本雇佣劳动是绝大多数企业采用的形式。这类企业可以称之为传统企业。马克思在《资本论》中对资本主义条件下的这类企业有过全面的分析。传统企业中,资本为了追求资本增殖,即实现 G-W-G′ 的过程,需要雇佣一种特殊的商品——劳动。传统企业的生产正是"以资本和雇佣劳动的关系为基础"。由于生产资料归资本家所有,劳动者一无所有,他的劳动被资本家收买,因此,生产出来的产品也属于资本家。马克思认为,在资本主义生产中,资本家所关心的是剩余价值,而不是商品的使用价值。剩余价值则是由雇佣工人的劳动创造的、被资本家无偿占有的、超过劳动力价值的价值。剩余价值的生产是资本主义生产的决定性目的。

在马克思的设想中,未来社会的生产资料公有,只有劳动力是劳动者所有的,相应地就只存在按劳分配。然而现实中的社会主义初级阶段,不仅劳动力属于私人所有,而且资本等要素都属于不同的所有者(包括私人)所有(洪银兴,2015)。为了足够地动员各种要素投入经济发展过程并进发出创造财富的活力,就要允许乃至鼓励非公有制经济的发展,并在收入分配体制上承认要素报酬。非公有制经济中的一个大类就是由资本要素与雇佣劳动结合而成立的非公有制企业。尽管所处社会制度不同,但资本雇佣劳动的形式决定了资本所有权人对企业拥有与资本主义条件下的传统企业类似的要求权。比如所有权、控制权、剩余收益要求权。如果不给予资本这些权利,显然资本拥有者也没有积极性冒着风险投入资本要素创办企业。这样,为了刺激资本等要素所有者投入生产要素,社会主义特定阶段所要建立起来的收入分配制度,不仅要刺激劳动效率,还要刺激资本等要素所有者的各种要素的投入(洪银兴,2015)。所以,对于源初规则为"资本雇佣劳动"的企业来说,肯定资本的所有权和控制权,并将肯定资本的剩余索取权与剩余分配权的激励措施纳入社会主义分配轨道无疑是必要的。

"资本雇佣劳动"的传统企业,如同本书第4章所分析的那样,股东(资本所有权人)追求的是股东价值最大化,并以承担剩余风险的逻辑占有剩余。①资本天然的自以为正当的逐利性会使得劳动的权益受到侵犯。Pencavel & Craig(1994)的研究表明,资本在跨越经济周期时采用的主要手段是调整就业,即在繁荣时剩余收益归己,在萧条时期解雇工人以节约劳动力成本,而不是通过分享之前工人劳动创造的利润来共渡难关。资本这种本性对共享发展是完全不利的,对可持续共享发展更是有害。所以,在肯定传统企业中资本拥有剩余索取权和分配权的同时,还应明确这种权利不同于资本主义生产中资本全部无偿占有劳动创造的剩余价值的做法。资本的剩余索取权和剩余分配权应当受到社会主义制度的制约和调节(王璐,2014b)。否则,社会主义的本质便无从体现。在资本主义制度下,一些传统企业有利润分享计划,但只是作为公司政策,更多的传统企业没有这项计划(斯密德,2004)。在社会主义制度下,应该对资本与劳动分享劳动成果进行原则性的规定,并在传统企业中普遍实施。而具体的分享对象、分享比例、实施和终止分享的条件,则可结合当时生产力的发展状况、企业的经营状况、要素在经济增长或企业增长中是否起支配作用,以及资本与劳动要素的稀缺程度等因素,由企业根据自身情况自主制定。这样,既保障社会主义特定发展阶段资本要素参与分配的权利,又保障创造价值的劳动要素的剩余分享权的实现。

"劳动雇佣资本"是形成企业的另外一种源初规则。这类企业资本主义国家和社会主义国家都存在。在资本主义国家,这类企业大多在农业和服务行业。②在改革开放后的中国,一些知识资本为主的企业如会计师事务所、律师事务所③、基金管理公司基本属于这一类型。此外,工人或农民合作社也是采用这一形式。如现在在各地普遍设立的"农民专业合作社"。"劳动雇佣资本"的企业当中,劳动者本身(如注册会计师、律师、基金管理人、合作

---

① 承担剩余风险因而占有剩余是西方一些经济学家对剩余价值归属的一种解释(如奈特,2006),它否定了马克思的劳动价值论和剩余价值学说,是对"资本侵占劳动"的一种美化。我国在确立社会主义市场经济体制改革目标后,学界受西方经济学影响很深,因而也有不少人信奉这一解释。但实际上,社会主义收入分配理论的基础是劳动价值理论和剩余价值理论(杨灿明,2022),社会主义制度下资本获得报酬的主要依据是资本做出了贡献,因而可以分享劳动创造的剩余价值。这一过程也可以看作是特定阶段的社会主义生产过程中,劳动者集体为了更快速的发展经济而向资本所有者让渡的权利。

② 在美国,除了夹板行业以外,雇员集体所有的工业确实并不重要。但在服务行业,包括法律、会计、投资银行、管理咨询、广告、建筑、工程、医药乃至出租车服务,雇员集体所有制十分普遍;由生产者拥有的合作社在农业产品市场中往往占主导地位。参见许宝强:《资本主义不是什么》,上海人民出版社2007年版。

③ 会计师事务所、律师事务所有采取合伙制的,也有采取有限责任公司制的。

社中的工人或农民)可以向企业投入部分资本,但资本属于从属地位。企业中的资本还可能来自其他途径,如投资者和债权人。但由于"劳动雇佣资本"的关系,这些资本同样属于从属地位。

"劳动雇佣资本"的模式下,由于一开始是劳动者的联合,并且其联合的基础在于民主控制、平等受益[1],所以,劳动者获得工资的同时,分享剩余。资本则根据其与劳动者雇主的约定,获得利息,有时也分享剩余。

数据是数字经济高速发展下的优质要素和关键要素。由于数据的形成过程多样,其中可能涉及"免费"的数字劳动,数据要素参与分配也涉及源初规则问题。目前,数据要素参与分配主要通过数据资产权,而数据资产权具有特殊性,即有的数据资产权是归一个主体的,如中国电网基于其智能网络获取的用户的用电分布数据;而有的数据资产权可能应由不同的主体分享,如各种电商平台中涉及的与买家和卖家密切联系的各种交易数据和交易行为数据。此外,互联网发展初期,人们在互联网上分享知识、解答疑惑、报道新闻,政府在互联网上公开信息,形成了很多公共数据资源。在数据可以获利的情况下,一些无主资源或公共资源被互联网企业,如搜索引擎类企业设置技术障碍,变成必须付费才可得的私人数据。[2]通过运营这些数据资产,互联网巨头们年年都可以拿出漂亮的业绩报表。然而,这种基于数据资产获得的财富,以及将其分配给股东的做法,无疑没有考虑源初规则,进而违反了公平正义的原则。

数据相关权利必须根据数字经济所处发展阶段和源初规则相机配置,直至能够公平合理地对数据财产权特别是数据收益权进行确认和分割。比如,厘清数据要素在生产活动中的价值链条并以此为依据进行权利确认和分割。在数字经济发展的早期阶段,搁置争议以使数据财产权利安排偏向效率也是一种现实的选择。但是,在此过程中,必须考虑数据竞争和垄断的问题,特别是注意由所有用户生产出来的数据,不应该合法地被为数不多的

---

① 如《中华人民共和国农民专业合作社法》规定:农民专业合作社应当遵循下列原则:(一)成员以农民为主体;(二)以服务成员为宗旨,谋求全体成员的共同利益;(三)入社自愿、退社自由;(四)成员地位平等,实行民主管理;(五)盈余主要按照成员与农民专业合作社的交易量(额)比例返还。

② 在数据要素明确提出以后,互联网上有一种类似"圈地运动"的公共数据资源或无主资源占有动向。如百度将无主或公共资源圈入百度文库,并通过技术手段妨碍互联网用户检索到可以免费得到上述资源的地址,从而为自己收费创造条件。企查查把法律文书收集起来并对外收费等。这一动向是对整个社会成员福利的一种剥夺,也是互联网企业发展的倒退。由此形成的剩余如果按"美式"财务分配原则归股东所有,显然是不符合公平正义原则的。

几家大公司无偿占有,必要时可以由政府强制收回作为公共数据,其收益用来造福全体国民,不能收回的,可以对其收益行为进行立法限制①或对其收益征收特别收益税。

7.2 通过顶层设计恰当设定初次收入分配比例

7.2.1 做好制度顶层设计

在经济活动中人们的利益冲突,来源于要素资源的稀缺;对要素资源的配置,实际上体现了对要素占有和利用的人与人之间(即体现为要素所有人之间和要素所有人与利用人之间)的利益关系。人们之所以占有要素资源,之所以建立所有权制度,其目的就是为了获得较多利益的分配。由于利益不等而产生的经济冲突,可以通过法律制度来调整,使经济活动主体的各方利益在一定的秩序中达到均衡,使各方主体利益按要素分配达到最大的满足,从而达到要素资源的合理配置和要素资源利用效率最大化,这正是经济活动要达到的目的,也是法律制度的经济功能在资源配置中的体现。根植于经济生活中的法律,不仅具有维系社会正义的使命,而且还有实现配置要素资源,调整各主体利益,促进社会财富增加的功能。可以说要素资源的稀缺性带来的人与物之间的配置关系只是形式,而体现要素所有和利用两方面的人与人之间的利益关系,才是要素资源配置的实质内容。要处理好按要素分配的各种关系,实际上就是处理好要素所有者和利用者,以及第三者各方的人与人之间的利益分配法律关系(周晓唯,2002)。企业分配涉及多个利益集团的利益,各方面的利益虽然有统一的一面,但矛盾冲突却时刻存在。这就要求在分配时必须遵循相关制度,以便合理地规范各方面的行为。这里所说的制度是广义的制度概念,它包括以下三个层次:一是国家的法律,如公司法、税法等都对企业分配提出相应的规范要求;二是政府的各种规定,如企业财务通则、企业财务制度等也对企业分配提出了相应的要求;三是企业内部的各种制度或规定,如企业奖励办法等也对分配问题提出了相应的要求。有了制度的约束,才能保证分配的合理合法,才能协调各方面的矛盾,才能保证企业的长期稳定发展。

---

① 比如,对屏蔽免费公共资源或"免费"数字劳动成果的行为,出台行政法规甚至建议人大立法加以禁止。

经过了改革开放以来的经济高速发展,中国财富分配的语境已经由追求效率向兼顾效率和公平、构建社会主义和谐社会和谋求共享发展共同富裕改变,相应的微观收入分配路径亦应做出改变。在这一过程中,既要减少社会摩擦,让更多人更公平地分享改革成果;又不能破坏合理的市场分配规则,保证相关主体的积极性,以免重蹈大锅饭覆辙。因此,相关的制度设计要合理,并应根据矛盾的主要方面适时调整。目前,在解决共享发展的微观收入分配问题上,做好顶层设计,尤其是恰当设定政府、投资者和劳动者这三大利益主体的分享比例必不可少,设定的比例可以采用弹性区间形式,以适应我国不同地区、不同行业、不同企业发展程度不同的现实情况。同时,结合社会经济发展的最新变化,适时对人格化要素与非人格化要素的配置比例和分配比例做一些原则规定,引导企业分配适度向人格化要素倾斜,以既体现社会主义国家以人民为中心的发展理念,做到物为人所用,而非人为物所役,又体现人格化要素所提供的各类劳动是价值和剩余价值的来源的马克思主义原理。此外,我国还应该抓紧修订《工资条例》《税法》《公司法》《会计法》等法规关于公司收益分配制度的规定,纠正《公司法》只承认物质资本,并把分配权配置给出资人的做法[①],提高职工报酬标准、完善最低工资制度,明确各要素分享剩余的权利、条件,特别是明确赋予劳动要素直接参与剩余收益分配的权利,同时进一步降低增值税征收范围和税率,逐步建立以所得税为主体的税收制度,降低企业税负。

7.2.2　发挥"自上而下""上下结合"的执行路径优势

　　我国的社会经济运行体制具有"自上而下""上下结合"的执行路径优势,即解决问题的办法在上升为国家意志之后,更容易推广和执行。就共享社会发展成果的实施而言,执政者负有最为重要的责任。共享是社会行为,必须通过立法及政府行为、通过制定系统的社会政策等来推动和保障。其中,政府是社会公共权力执行者,因而共享社会发展成果事宜必须通过政府的组织、导向、协调来予以具体实现。政府积极而合理的干预是实现生产要素收入初次分配公平的必要条件。如果政府不作为,那么就不可能成为促进生产要素收入初次分配公平的力量;如果政府不是遵循维护和促进生产要素收入初次分配公平的原则而进行干预,基于政府权力的特殊性,政府完全可能成为制造生产要素收入初次分配不公平的力量。因此,要使政府成

---

① 现行《公司法》的法理基础就是"谁出资、谁所有、谁收益、谁分配、谁处置",因此公司有了剩余之后如何分配是由出资人说了算。

为促进生产要素收入初次分配公平的力量,一方面应该规定政府的干预责任,另一方面要对政府权力的行使进行有效的约束,这样才能使政府成为促进生产要素收入初次分配公平的力量(曾国安等,2009)。

7.2.3　防范国有企业管理层代理冲突

由于出资人缺位,国有企业的代理问题较其他类型企业严重。国有企业分配问题的焦点是高管(人力资本)薪酬问题。国有企业高管的薪酬大致经历了两个阶段:一个阶段是干好干坏一个样的大锅饭阶段。这一阶段的薪酬没有体现高管的贡献,对高管没有激励作用,从公平的角度讲,这样的薪酬对于高管是不公平的。另一个阶段是高管收入与贡献挂钩的市场化分配阶段。这一分配方式体现了薪酬对高管的激励作用,但由于缺少监督、高管对于企业的贡献较其他企业更难确定[①]等原因,导致国有企业高管薪酬的畸高、存在过度激励现象,这一现象在2000年之后变得极为明显。终极所有者缺位和多级委托-代理关系,造成了委托人对代理人的软约束。在这样的情况下,代理人通过他们拥有的这些特权,获取了包括为自己涨薪或者是获取在职消费的私人收益。显然,高管薪酬由一个极端走向了另一个极端。对此,应建立与现代企业制度相适应的出资人(监管者)、企业管理者、职工共同决定管理者薪酬和职工工资的制度。既要体现国有企业企业家的社会价值,又要考虑国有企业本身的性质和特点,还要考虑职工的承受能力,保持企业经营者薪酬水平与职工收入水平的合理比例,防止收入差距过大。

7.3　完善按要素分配的体制机制

按要素分配是分配的一种方式,不能只看到其市场经济属性,而忽略其社会属性。由此,同样是按要素分配的形式,可能反映不同的内容。而具体体现什么样的内容,则由社会制度、经济体制和微观体制机制共同决定。在社会制度和经济体制一定的情况下,其内容则主要由微观体制机制决定。我国是社会主义社会,实行的是社会主义市场经济体制,这就要求我国的按要素分配既要体现市场经济的要求,又要体现社会主义社会的生产目标,这

[①]　国有企业目标不仅是经济上的,还包括社会目标、政治目标等,同时,国有企业业绩也并非都因企业家才能出众而取得,垄断等因素是影响国有企业业绩的重要原因,因此衡量国有企业高管的贡献更为复杂。这是国有企业的制度本身使然。

是按要素分配中国化必须解决的问题。在探索按要素分配的过程中,由于认知、制度、社会、技术等方面的原因,我国的按要素分配体制存在着按要素分配与按劳分配二元分割、二元对立,要素确认体制机制不完善,要素参与分配的地位不平等,劳动要素直接参与剩余分配的制度和机制缺失,以及要素分配份额的决定机制不统一等问题。导致这些问题的原因主要是过于强调按要素分配的市场经济属性,忽视了它的社会属性,照搬照抄西方适合资本主义制度的经济学说和微观体制,从而形成"资强劳弱"的格局,发展非公有制经济后带来的劳动异化问题没有得到妥善解决,劳动者的分配权益没有受到公正对待,导致分配不公、贫富分化等经济后果的产生。

党的十九大报告指出:"必须始终把人民利益摆在至高无上的地位,让改革发展成果更多更公平惠及全体人民,朝着实现全体人民共同富裕不断迈进。"为了实现这一目标,必须坚持马克思劳动价值论,以保障劳动者参与剩余分配的天然权利不受侵犯为前提,完善按要素分配体制机制。具体可以从发展基于劳动价值论的社会主义按要素分配理论,完善要素确认体制机制,完善按要素分配的平衡机制,完善要素分配份额的决定机制、完善按要素分配的保障机制等方面入手。其核心是保障劳动要素直接参与剩余分配的权利不受侵害。

7.3.1 发展基于劳动价值论的社会主义按要素分配理论

认知是行动的先导和指南。按要素分配理论缘起于西方,经历了萨伊"三位一体"要素分配论、克拉克边际生产力分配论、马歇尔均衡价格论等演化形式,是市场经济的基本分配方式。资本主义社会典型的按要素分配中,劳动获得工资、资本获得剩余,劳动工资属于成本,剩余转化为利润,劳动与资本天然对立,按照马克思的劳动价值论和剩余价值理论,资本家占有了剩余劳动形成的剩余价值,从而产生了资本对劳动的剥削。我国引入按要素分配之初,对这一分配方式的理解也大多处于这一认识水平,"只是他们认为,在生产力不够发达的社会主义初级阶段,这种'剥削'还是需要的,所以应当是'合法'的,值得肯定的"(吴宣恭,2003)。在现实生活中,由于涉及"剥削"这一敏感字眼,按要素分配通常只是与私有经济联系,在公有制经济中,往往只谈按劳分配。但随着改革的不断深入,人们发现,按要素分配与按劳分配形成的二元分割、二元对立的分配体制,带来了要素市场分割、同类要素在不同所有制经济中分配地位不平等的问题。以劳动为例,在公有经济中,劳动报酬通常含有部分剩余,而私有经济中劳动往往只获得工资,没有参与剩余分配,私有经济中劳动的剩余分配权被剥夺了。

西方经典理论更多地把按要素分配看作一个技术问题、一个市场问题，因而其解决问题的办法是边际生产力或市场均衡。然而事实上，按要素分配是有社会属性的。关柏春(2005)认为，按要素分配有传统与现代之分，传统的按要素分配指的是资本主义的按要素分配，现代的按要素分配指的是社会主义现实中的按要素分配。社会主义现实中的按要素分配必须在反映生产力特点、所有制特点之外，反映社会主义本质的要求。社会主义的本质是解放生产力，发展生产力，消灭剥削，消除两极分化，最终达到共同富裕。如果创造价值的劳动不能参与剩余分配，则"消灭剥削，消除两极分化，最终达到共同富裕"的社会主义本质要求难以体现。劳动的总收入应包含两个部分，一部分是马克思提出的作为劳动力价值再生产所必需的生产资料价值，另一部分来自对净剩余的分享。因此必须发展基于马克思劳动价值论的社会主义按要素分配理论。其核心内容是在包括私有经济在内的各种经济中明确赋予劳动要素参与剩余分配的权利，即在劳动所创造的新价值V+M中，劳动不仅有获得劳动力价值即工资V的权利，还应该拥有分享其创造的剩余价值M的权利。当然，分享剩余价值的比例可以根据所有制、劳动与资本要素的组合方式、要素的稀缺性及要素贡献的不同而有所差异。是否尊重并赋予劳动这种权利，是社会主义按要素分配理论与西方按要素分配理论的最大区别，也是完善按要素分配体制机制的基本点和出发点。

7.3.2　加强要素研究，完善要素确认体制机制

哪些是参与分配的要素，是一个需要明确界定的问题。要素具有历史性，需要结合时代特征加强研究，以提出恰当的要素分类。我国目前采用的自上而下的、由党的会议以列举方式明确具体要素种类的体制机制，是在探索社会主义市场经济分配体制的特殊历史时期形成的，存在着过于具体、不能及时反映实践变化等特点，可能导致要素确认不全、要素确认滞后等问题。党的十九大报告没有以惯常的列示的方式枚举要素，却直接对按要素分配提出了更高的要求——完善按要素分配的体制机制，显示了党对按要素分配的认识已从个别要素参与分配的合法性、原则等局部考量，跃升到了体制机制方面的系统考量。报告不再直接规定参与分配要素的具体种类，似乎意味着在要素确认方面，最顶层设计将更加务虚。如此，则可以将确认具体要素的工作交由企业等实践组织完成，要素的科学分类工作交由专家完成，而国家相关部门则加强对要素确认的指导和监管，形成自下而上的、由具体而抽象的要素确认体制机制。在按要素分配已基本形成共识的前提下，这一新体制机制显然既可以发挥基层和专家的优势，又可保持高层的政

策把控力,较原有体制机制有所改善。

7.3.3 完善按要素分配的平衡机制

平衡机制是保障按要素公平分配的重要制度安排。劳资平衡机制是最核心的平衡机制。缺少平衡机制,按要素分配很容易被强势要素所有者所操纵,弱势要素所有者利益难以得到保障。建立平衡机制,一方面,应赋予要素所有者特别是劳动者讨价还价权利;另一方面,国家不应将按要素分配视为市场化的分配行为而任由企业股东或(和)管理层做主,应强化其对初次分配的宏观指导和调节作用,出台保障相对公平分配的政策和措施,如加强对初次分配的监管、强化工会权力等。分配是一个博弈过程。赋予要素所有者以某种形式与监督人申诉和谈判权力,有利于保证分配的公平公正。目前,我国劳资力量对比极不平衡。资方不仅在经济权利上,而且在政治权利和组织权利方面,也具有绝对优势(常凯,2017)。劳动者在企业中处于弱势地位,其权益更应保护。赋予劳动者讨价还价权利,可以参照西方国家实施多年的"工资集体谈判"制度,但谈判的标的应不限于工资,还应包括对剩余的分割比例,可称之为"薪酬集体谈判"制度。同时在公司收益分配问题上设立职工参与决策的其他通道,如在董事会或监事会中设置职工董事或监事等。当然,平衡机制不是平均机制,建立平衡机制时要兼顾要素的稀缺性、源初规则(比如,是劳动雇佣资本还是资本雇佣劳动)等因素。

7.3.4 完善要素分配份额的决定机制

要素分配份额的决定机制包括要素分配的决策机制、要素价格的形成机制、剩余的分配机制等。要素分配的决策机制方面,应改变我国目前主要由所有者决定的机制,结合企业特点,发展劳动者决定、所有者决定、经营者决定及所有者、经营者和劳动者共同决定等形式,特别是推动所有者、经营者和劳动者相互制衡的分配共决机制的建立。

要素价格的形成机制有市场机制和政府干预机制。市场机制可以反映要素的供求关系,有利于资源配置效率的提高。由此确定的要素市场价格被认为是市场经济中按要素分配的公平方式,有的学者甚至将按要素分配等同于按要素市场价格分配。但实际上这种等同的认识是片面的。第一,要素市场上的要素价格是由供求关系而不是要素在生产过程中的贡献解释的。以劳动为例,劳动供给-需求曲线及其交叉点只能表示均衡价格如何在市场竞争中形成,解释工资水平如何决定。工资水平由市场竞争决定,属于交换领域的关系,不是劳动生产出的产品多少的问题,不属于生产,更不是生产力的范畴(吴宣恭,2003)。因此,要素市场形成的价格不能作为要素分配份额的替代。第二,要素市场价格受市场发育和完善水平影响,不健全的市场形成的价格往往扭曲。第三,有些要素,如公共数据之类没有所有权的公共生产要素,不存在要素市场,其形成的收益就无法按市场机制进行分配;还有些要素,如具有剩余要求权的要素,其报酬由要素分配决策机制、组织力量对比等制度因素决定,也不是按市场机制进行分配。所以,一方面,要在保持必要的、最低限度的政府干预机制(如最低工资制度)的前提下,着力完善要素价格形成的市场机制;另一方面,决不能将按要素市场价格分配等同于按要素分配。

剩余的分配机制有按要素贡献确定、按要素承担风险确定等方式。按要素贡献分配是公认的最为公平的机制,可以作为剩余分配的基本机制。完善这一机制的重点和难点在于找出令各要素的人格化代表满意的要素贡献的确认和评价机制。通过寻找合理分配区间而不是追求精确计算的贡献和份额,完全可以从技术上实现上述机制。按要素承担风险分配符合风险-收益匹配原理,可以作为剩余分配的补充机制。

7.3.5 完善按要素分配的监督、评价和保障机制

强化贯彻落实共享发展理念的按要素分配的党内监督、民主监督、法律监督、舆论监督。充分发挥党组织和广大党员对企业分配中贯彻落实共享发展理念的监督作用。切实加强有关国家机关运用国家权力依法对党委和政府贯彻落实共享发展理念情况展开监督。加强新闻媒体对微观收入分配过程贯彻落实共享发展理念的舆论监督。为此,应形成共享发展理念下微观收入分配机制的评价制度。按照约束力、可操作、能检查、易评估的原则,形成立体化的评价体系(刘武根和艾四林,2016)。

维护各要素人格化代表特别是劳动者的利益,还需要建立起完善的保障机制,不应将按要素贡献分配视为市场化的分配行为而任由企业股东或(和)管理层做主,国家应强化其对初次分配的调节作用,从多个角度加强对相对公平分配的保障,主要包括法治保障和审计保障。

法治保障方面,完善相关法律,使各要素人格化代表具有平等的权利。我国相关法律对劳动者权益的规定没有体现马克思劳动价值论,不管是《劳动法》,还是《公司法》《会计法》,其关于劳动收益的规定还是工资。而工资在马克思看来,只是劳动力价格,是劳动所创造的全部价值V+M中V的部分。所以,应修改相关法律中关于公司收益分配制度的规定,明确赋予各要素特别是劳动要素直接参与剩余收益分配的权利,体现社会主义社会发展成果

为人民共享的目标。

审计保障方面,应强化审计对收入分配问题的介入,依法加强对初次分配的监管,运用审计手段揭示按要素分配中的不合理、不合法现象,促进按要素公平分配。生产要素的组合取决于生产力水平和经济资源的结构与数量,以及是否有助于充分激发生产要素活力和使集体财富的一切源泉充分涌流。与此相适应,审计的职能定位在于既要保证经济资源按照国家和人民的意志进行合规性配置,也要在保障劳动者权益的基础上,使生产要素的活力得到竞相迸发,确保人民更多更公平地获得充分涌流的财富。因而,审计不仅要对资源配置的合规性进行监督,还要通过绩效评价和审计信息的充分利用,纠正有碍于生产要素活力竞相迸发、财富源泉充分涌流的错配问题,推动经济资源的不断优化,切实维护劳动者权益和更多更公平地将劳动成果惠及全体人民(吴传俭和吴星泽,2018)。此外,审计还要承担起资源使用过程中可能带来的对生态环境破坏等负外部性问题的监督,以推动可持续共享发展的实现。

7.4 建立和完善利益相关者财务分配治理结构

7.4.1 利益相关者进入财务分配治理结构

广义财务分配的出发点和根本目的是实现利益相关者利益最大化,共享最大化利益。从股东利益最大化目标扩展为利益相关者利益最大化目标时需要关注如下几点:一是在目标结构或使命陈述中融入股东以外的其他相关者的利益,包括经济利益和非经济利益,其中也包括公司的社会责任在内,并使这些目标前后一贯地得到体现,避免现在的体系中出现的股东利益与社会责任"两张皮"现象;二是将利益相关者的利益和社会责任(社会成本)纳入决策与控制的选择基准体系;三是关注财务冲突及其协调,建立"共同的"财务治理与控制结构及机制;四是对利益相关者的考虑,把公平与协调、公共利益等概念融入公司财务目标体系(吴星泽,2011a)。要实现上述四点要求,必须实施财务再生策略,从机构和权利设置上保证利益相关者利益最大化目标的实现。

利益相关者不仅对企业有利益要求,而且也有参与企业财务资源配置和治理的资格和权利。这种权利为利益相关者保护自身利益提供一定的保证。这种权利的行使方式,就是利益相关者共同组成企业财务治理结构,尤其是让员工、债权人、政府等第一级利益相关者进入财务治理结构,还是进入第二层次的财务治理结构。[①]让员工、债权人等利益相关者进入企业财务治理结构,主要就是进入财务决策机构和财务监督机构。发达国家广泛推行的员工董事制和银行董事制,就是利益相关者参与财务治理的有效措施。如德国,1988年100家大公司的496名董事中,员工代表平均占48.9%。英美法系国家虽不要求员工直接进入董事会,但通过劳资谈判制参与多层次的决策已是普遍现象。鉴于银行是我国国有企业资金的最大供给者和风险的最大承担者,我们认为还有必要将银行也纳入我国企业财务治理结构体系,建立银行董事制度(李心合,2001a)。

7.4.2 发挥非正式制度的作用

非正式制度,又称非正式约束、非正式规则,是指人们在长期社会交往过程中逐步形成,并得到社会认可的约定俗成、共同恪守的行为准则,包括价值信念、风俗习惯、文化传统、道德伦理、意识形态等。西方财务理论研究基本上不涉及非正式制度在公司财务中的功能作用,以及财务控制权在利益相关者之间的合理安排问题,忽视价值判断(刘媛媛,2010)。但非正式制度对分配有重要的长期的影响。中国传统文化中讲的"君子爱财,取之有道",强调获得自己应得之财的正当性。当人们将公司视为股东的公司时,股东获得剩余不仅在法律上正当,在人们的认识中也是合理的。但当公司成为各种生产要素的所有者的契约关系,"任何人也不能随便说这个企业就是我的"[②]的时候,"剩余是股东的"这样的观念就会遭到人们的质疑和批判。

非正式制度属于精神和思想的范畴。泰罗在推行其提出的科学管理理论的时候,也对精神和思想的重要性十分推崇。他在1912年美国众议院特别委员会所做的证词中强调:科学管理是一场重大的精神变革。工厂的工人要树立对工作、对伙伴、对雇主负责任的观念;同时,管理人员——领工、监工、企业主、董事会也要改变对同事、对工人及对一切日常问题的态度,增强责任观念。通过这种重大的精神变革,可使管理人员和工人双方都把注意力从盈利的分配转到增加盈利数量上来。当他们用友好合作和互相帮助代替对抗和斗争时,他们就能够生产出比过去更多的盈利,从而使工人的工

---

① 现代企业财务是分层治理的,基本的财务治理层次包括外部利益相关者财务、经营者财务和职能财务三个层次。相对应的财务治理结构也应分为三个层次,即外部利益相关者财务治理结构、经营者财务治理结构("两会"——董事会和经理会)及职能财务治理结构(包括财务、会计与内部审计组织部门)。

② 魏杰:《企业前沿问题——现代企业管理方案》,中国发展出版社2001年版,第8页。

资大大增加,使企业主的利润也大大增加。①现代企业较泰罗时代的企业更加复杂,参与的要素数量更多,大力传扬"富民""共富""藏富于民""合作共赢"等观念,遏制拜金主义、享乐主义和奢靡之风,如果这样的观念深入人心,克扣工资、巧取豪夺以获得一己之私利的情形便会减少许多。当下的中国,需要适当降低税负、提高工资收入和劳动保障水平,使劳动者过上体面的生活。

---

① 参见周三多、贾良定主编:《管理学——原理与方法(第五版)学习指导》,复旦大学出版社2010年版,第54页。

第8章 结论与展望

8.1 研究结论

本书的研究结论主要是：

第一，初次分配是落实共享发展的"关键的一公里"，也是一个世界性的问题和难题。初次分配、再分配等都对共享发展有影响，但初次分配奠定了基本分配格局，是影响共享发展的最基本和最重要的因素；股东价值论指导下的"美式"财务分配模式尽管具有促进"发展"和"造富"的神奇功能，但难以将社会主义的航船导向"共享"的彼岸，贯彻共享发展理念的关键，是在微观分配中赋予劳动直接参与而不是通过资本化参与剩余分配的权利。

第二，共享发展包括代内共享和代际共享。要素分配和剩余分配是代内共享需要解决的问题。可持续共享发展属于代际共享问题，可持续共享发展的分配应适当提高劳动、人力资本等人格化要素的分配份额，适当限制财务资本、数据等非人格化要素的分配份额，稳定公共环境要素的分配份额。

第三，初次分配不仅是经济学问题，还是财务学问题，财务学初次分配理论缺位。应在马克思主义指导下，对基于资本雇佣劳动逻辑基础上发展起来的股东价值分配理论加以改造，发展有中国特色的、赋予劳动要素直接参与剩余分配权利的财务学初次分配理论。

第四，现代企业价值创造的要素基础是"五要素"，即劳动、人力资本、财务资本、数据和公共环境。"五要素"基础说，不仅对于完善要素理论有重要的学术意义，而且可以更好地反映现代企业价值创造的现实，使之更加符合现代企业生产的实际，进而可以为实现按要素贡献公平分配，改善初次分配现状，构建符合中国国情的更加公平合理的收入分配模式，实现发展成果共享的政治和社会目标提供新的思路。

第五，分配主体应扩展至利益相关者（各要素所有者）。利益相关者均享有剩余索取权，并且该权利可以在利益相关者之间转让。特别是普通劳动者参与剩余分配的权利和转让该分配权利的权利必须得到保障。这一点对实现新时代中国特色社会主义背景下的共享发展极为重要。

第六，公司自身可以成为分配主体。一方面公司可以以"兜底者"身份暂时留存各要素所有者因各种原因没有分配完毕的剩余，另一方面，可以解决公司因外部性而产生的不对称分配问题，即存在正外部性效应时，正外部性带来的收益实际上由股东享有，而在存在负外部性效应时，负外部性带来的损失则由公司——实际上是所有分配利益相关者承担，从而减少公司利益与社会利益的对立性。由于公司自身可以成为分配主体，分配则未必出清。真正的出清只有在公司解散或破产时才会出现。

第七，按生产要素分配就是按照各种生产要素的贡献进行分配。其中生产要素的所有权仅仅是各要素所有者参与分配的法律基础。而各种生产要素的贡献才是要素所有者参与分配的经济基础，对要素分配份额应起决定性作用。此外，按要素承担风险分配符合风险-收益匹配原理，可以作为剩余分配的补充机制。

第八，在要素分配份额确定这一微观收入分配机制的核心问题上，提出激励相容、相对公平的分配原则，并采用区间标准替代以往研究中的绝对值标准，提出"要素分配份额的合理区间"的概念。

第九，不同时期的生产都存在一个关键生产要素。在同一时期存在的不同生产单元内，也可能存在不一样的关键生产要素。通常，这些企业中关键要素的贡献更突出，其所有者或提供者在组织安排生产时的作用更重要，因此，在按贡献分配时可以适当向这些要素倾斜。

第十，微观企业嵌入于社会网络之中，其分配行为要受社会网络的约束。就报酬形式而言，如同劳动报酬的历史演进一样，所有要素报酬的形式都应该是演进的，随社会经济环境变化、随人们对企业认识变化而变化。变化的形式则取决于社会制度、发展理念、企业组织形式和风险安排。

第十一，为实现共享发展目标，必须坚持马克思劳动价值论，以保障劳动者参与剩余分配的天然权利不受侵犯为前提，完善按要素分配体制机制。具体可以从发展基于劳动价值论的社会主义按要素分配理论，完善要素确认体制机制，完善按要素分配的平衡机制，完善要素分配份额的决定机制、完善按要素分配的保障机制等方面入手。其核心是保障劳动要素直接参与剩余分配的权利不受侵害。这是社会主义按要素分配理论与西方按要素分配理论的最大区别。

第十二，按要素贡献公平分配中的公平应理解为相对公平，其含义是没有要素所有者感觉到分配存在明显不公平。在具体实践中，可对于公共理性所能确认的明显的不公正列出负面清单，并用法律法规规范。

第十三，结合中国国情，从理念、顶层设计、体制机制、财务分配治理结构等角度提出指向共享发展的微观收入分配制度改革建议。其中的核心建议是基于马克思劳动价值论，从顶层设计、法律、政策、制度等各个层面保障人格化要素拥有的各类劳动直接参与剩余分配。

8.2 未来的研究展望

Acemoglu et al.(2004)论证了制度是决定宏观经济增长的根本原因。我们相信，制度在微观经济增长中的作用也是至关重要的。中国改革开放40多年的历史已经证明了这一点，企业改制、放权让利、破除大锅饭、重奖人才等一系列制度方面的变革为我国的企业带来了新的生机和活力，涌现了一大批如国家电网、海尔集团、华为、腾讯这样的包括国有、民营、混合所有制的各种所有制形态在内的，持续高增长的企业。如果为中国企业的增长情况画一张图，我们会发现，其增长的拐点几乎与我国确立建立有中国特色社会主义市场经济制度的时点相同。然而，过去有一段时期，我们的制度关注更多的是效率，是发展，是快一点发展。这么做的结果是我们创造了经济增长的奇迹，但同时也带来了贫富两极分化、环境污染等严重的社会问题。好在这样一些问题是"受控"的，也是有预案的。对于贫富两极分化，邓小平晚年在一次谈话中指出："少部分人获得那么多财富，大多数人没有，这样发展下去总有一天会出问题。分配不公，会导致两极分化，到一定时候问题就会出来。这个问题要解决。"[1]邓小平还提出了解决这一问题的时间表"可以设想，在本世纪末达到小康水平的时候，就要突出地提出和解决这个问题"[2]。在中国再次走到改革十字路口之时，中国继续选择了走共享发展之路，走以人民为中心的发展之路，所不同的是，因为有了更多的正反两方面的改革实践经验，所以选择了走更加注重公平正义的可持续共享发展道路。2002年党的十六大报告提出"全面建设惠及十几亿人口的更高水平的小康

---

[1] 中共中央文献研究室编:《邓小平年谱(一九七五——一九九七)》(下)，中央文献出版社2004年版，第1364页。

[2] 中共中央文献研究室编:《邓小平年谱(一九七五——一九九七)》(下)，中央文献出版社2004年版，第1343页。

社会",被认为是从"先富论"向"共同富裕论"发展思路的转变。此后党的十七大一直到二十大都在不断完善共享发展共同富裕的理论和推进共享发展共同富裕的实践。

在有着十几亿人口的大国推动共享发展,是一项前无古人的伟大实践。其中涉及的问题方方面面,需要社会各界从不同角度进行研究并提出意见和建议。本书结合时代背景,针对公司这一典型的现代微观企业形式,从财务学角度对所谓初次分配格局形成的源头进行了思考,围绕价值创造要素、共享发展的微观收入分配机制等内容展开探索性研究,打破了已有研究就宏观研究宏观、就微观研究微观的习惯,将共享发展这一宏观问题与财务分配这一微观问题,通过财务学的中介作用紧密联系起来,期望为寻找适合中国国情的共享发展之路提供基础性的、可操作的微观分配理论支持和政策建议。

然而,本书的研究只是冰山之一角,未来还有许多问题需要继续深入研究。首先,共享发展的微观收入分配机制的完善和实证检验。包括五要素的结构关系及其在现代企业价值创造过程中的作用机制,五要素在现代企业价值创造过程中的测度,五要素在现代企业价值盈余中的分配机制,以及现代企业价值创造中五要素理论的统计计量分析,共享发展的动力和保障机制,共享发展的国际比较等问题。其次,与共享发展的微观收入分配理论相配套的理论也要发展和完善。比如,税收理论,原来的税收理论的基础是国家的强制力,因而税收具有强制性、无偿性等特点,而在广义财务分配论中,税收是国家提供公共环境这一要素获得的报酬,其依据完全不同,因而需要新的理论支持。再次,户籍制度、正式工与临时工的身份差别、体制内与体制外等制度因素对实现按要素贡献分配及共享发展的影响,也需要我们认真研究。最后,微观的共享发展与宏观的共享发展的互动关系,二者对于可持续发展的影响也需要进一步进行机理和计量方面的研究。在计量方面,开发要素分配的宏观共享发展指数、微观共享发展指数。这些也是未来研究中需要强化的地方。

参考文献

一、中文著作

[1] [美]阿兰·斯密德:《制度与行为经济学》,刘璨、吴水荣译,刘璨、陈国昌校,中国人民大学出版社2004年版。

[2] [美]埃里克·A. 海尔菲特:《财务分析技术》,张建军译,中国财政经济出版社2001年版。

[3] [美]爱斯华斯·达莫德伦:《公司财务——理论与实务》,荆霞主译,中国人民大学出版社2001年版。

[4] 白暴力:《价值价格通论》,经济科学出版社2006年版。

[5] [美]本杰明·克莱因:《契约与激励:契约条款在确保履约中的作用》,[美]科斯、[美]哈特、[美]斯蒂格利茨等著,[瑞典]拉斯·沃因、[瑞典]汉斯·韦坎德编:《契约经济学》,李风圣主译,经济科学出版社1993年版。

[6] [美]布赖恩·斯科姆斯:《猎鹿与社会结构的进化》,薛峰译,上海人民出版社2011年版。

[7] 蔡继明:《论价值决定与价值分配的统一》,中国社会科学院经济研究所编,王振中主编:《市场经济的分配理论研究》,社会科学文献出版社2004年版。

[8] 财政部会计资格评价中心主编:《财务管理》,中国财政经济出版社2004年版。

[9] 财政部会计资格评价中心主编:《财务管理》,中国财政经济出版社2010年版。

[10] 常修泽:《广义产权论——中国广领域多权能产权制度研究》,中国经济出版社2009年版。

[11] 陈良华主编:《财务管理》,科学出版社2007年版。

[12] 丹尼尔·A. 雷恩、阿瑟·G. 贝德安:《管理思想史(第6版)》,孙健敏、黄小勇、李原译,中国人民大学出版社2012年版。

[13] [美]道格拉斯·C. 诺斯:《经济史中的结构与变迁》,陈郁、罗华平等译,上海三联书店,1994年版。

[14][美]弗兰克·H.奈特:《风险、不确定性与利润》,安佳译,商务印书馆2006年版。

[15]傅元略主编:《中级财务管理(第二版)》,复旦大学出版社2007年版。

[16]龚凯颂:《基于价值创造的企业财务管理研究》,中国财政经济出版社2009年版。

[17]谷祺、刘淑莲主编:《财务管理》,东北财经大学出版社2007年版。

[18][美]哈罗德·德姆塞茨:《所有权、控制与企业——论经济活动的组织》,段毅才等译,经济科学出版社1999年版。

[19]洪银兴:《洪银兴经济文选》,中国时代经济出版社2010年版。

[20]荆新、王化成、刘俊彦主编:《财务管理学(第四版)》,中国人民大学出版社2006年版。

[21]李炳炎:《公有制分享经济理论:中国经济改革理论创新》,中国社会科学出版社2004年版。

[22]李铁映:《劳动价值论问题读书笔记》,社会科学文献出版社2003年版。

[23]李心合:《制度财务学研究》,大连出版社2012年版。

[24]梁春晓、王俊秀、高红冰:《九大浪潮:引领信息经济发展》,信息社会50人论坛:《信息经济:中国转型新思维》,上海远东出版社2015年版。

[25]刘凤义:《劳动力商品再认识与中国特色社会主义政治经济学》,卫兴华等:《新发展理念指引下的中国经济》,经济科学出版社2016年版。

[26]刘淑莲主编:《高级财务管理理论与实务》,东北财经大学出版社2005年版。

[27]刘媛媛:《基于历史视角的西方公司财务理论研究》,东北财经大学出版社2010年版。

[28]陆正飞主编:《财务管理》,东北财经大学出版社2006年版。

[29]陆正飞、朱凯、童盼编著:《高级财务管理》,北京大学出版社2008年版。

[30][美]路易斯·普特曼、[美]兰德尔·克罗茨纳编:《企业的经济性质》,孙经纬译,上海财经大学出版社2000年版。

[31]罗福凯、李鹏:《论要素资本理论中的技术、信息和知识》,罗福凯:《财务学的边界》,经济管理出版社2010年版。

[32][美]马丁·布朗芬布伦纳:《收入分配理论》,方敏、李翱、刘振楠等译,华夏出版社2009年版。

[33]马克思:《哥达纲领批判》,人民出版社2015年版。

[34]马克思:《资本论(第一册)》,郭大力、王亚南译,上海三联书店2011年版。

[35]潘泰萍:《新世纪中国劳动关系调整模式的转型研究》,光明日报出版社2013年版。

[36][法]萨伊:《政治经济学概论》,陈福生、陈振骅译,商务印书馆1963年版。

[37][美]斯坦利·L.布鲁、[美]兰迪·R.格兰特:《经济思想史(第8版)》,邸晓燕等译,北京大学出版社2008年版。

[38]孙伯良:《知识经济社会中的价值、分配和经济运行》,上海三联书店2008年版。

[39]孙洛平:《收入分配原理》,上海人民出版社1996年版。

[40]唐勇军:《面向利益相关者的企业价值管理研究》,中国水利水电出版社2011年版。

[41][法]托马斯·皮凯蒂:《21世纪资本论》,巴曙松译,中信出版社2014年版。

[42]王东京:《经济学笔谭》,中共中央党校出版社2005年版。

[43]王化成:《财务管理理论结构——广义财务理论体系的构建研究》,中国人民大学出版社2006年版。

[44]王化成主编:《公司财务管理》,高等教育出版社2007年版。

[45]王化成主审,刘亭立、邓路主编:《高级财务管理》,首都经贸大学出版社2006年版。

[46]王璐:《马克思分配理论与西方经济学分配理论的比较》,吴易风主编:《马克思主义经济学与西方经济学比较研究(第1卷)》,中国人民大学出版社2013年版。

[47]王璐:《论古典学派与马克思剩余传统中的价值与分配理论》,吴易风主编:《马克思主义经济学与西方经济学比较研究(第2卷)》,中国人民大学出版社2013年版。

[48]王玉芳、吴传俭:《社会主义生产要素配置理论研究》,江苏人民出版社2018年版。

[49]王振中主编:《市场经济的分配理论研究》,社会科学文献出版社2004年版。

[50]魏杰:《企业前沿问题——现代企业管理方案》,中国发展出版社2001年版。

[51]卫兴华、张宇主编:《公平与效率的新选择》,经济科学出版社2008年版。

[52]吴星泽主编:《管理学基础》,化学工业出版社2007年版。

[53]吴星泽主编:《管理学基础》,化学工业出版社2014年版。

[54]习近平:《决胜全面建成小康社会 夺取新时代中国特色社会主义伟大胜利——在中国共产党第十九次全国代表大会上的报告》,人民出版社2017年版。

[55]谢德仁:《企业剩余索取权:分享安排与剩余计量》,上海人民出版社2001年版。

[56][英]亚当·斯密:《国富论》,陈星译,陕西师范大学出版社2006年版。

[57]杨丹主编:《财务管理》,中国人民大学出版社2009年版。

[58]杨淑娥编:《财务管理学研究(第二版)》,经济科学出版社2008年版。

[59]杨小凯:《经济学原理》,中国社会科学出版社1998年版。

[60]杨雄胜主编:《财务管理原理》,北京师范大学出版社2007年版。

[61]于昆:《共享发展研究》,高等教育出版社2017年版。

[62][美]约翰·贝茨·克拉克:《财富的分配》,王翼龙译,华夏出版社2008年版。

[63][英]约翰·凯:《利益相关者公司》,[英]加文·凯利、[英]多米尼克·凯利、[英]安德鲁·甘布尔编:《利害相关者资本主义》,欧阳英译,重庆出版社2001年版。

[64][英]约翰·梅纳德·凯恩斯:《就业、利息与货币通论》,高鸿业译,商务印书馆1999年版。

[65][英]约翰·穆勒:《政治经济学原理及其在社会哲学上的应用(上、下卷)》,胡企林、朱泱等译,商务印书馆1991年版。

[66][美]约瑟夫·阿洛伊斯·熊彼特:《经济发展理论:对利润、资本、信贷、利息和经济周期的探究》,叶华译:九州出版社2007年版。

[67]张东生主编:《中国居民收入分配年度报告(2013)》,中国财政经济出版社2013年版。

[68]张刚:《马云十年》,中信出版社2009年版。

[69]张广科:《按知分配与企业剩余分享研究》,经济科学出版社2009年版。

[70]张鸣主编:《高级财务管理》,上海财经大学出版社2006年版。

[71]张琦等:《中国共享发展研究报告(2016)》,经济科学出版社2017年版。

[72]张琦等:《中国共享发展研究报告(2017)》,经济科学出版社2018年版。

[73]张维迎:《博弈论与信息经济学》,上海人民出版社1996年版。

[74]张维迎:《企业的企业家——契约理论》,上海人民出版社1995年版。

[75]张昭俊:《企业人力资本产权安排与收入公平分配》,经济科学出版社2013年版。

[76]中国注册会计师协会主编:《财务成本管理》,中国财政经济出版社2012年版。

[77]中共中央马克思恩格斯列宁斯大林著作编译局编译:《马克思恩格斯选集》第二卷,人民出版社1995年版。

[78]中共中央马克思恩格斯列宁斯大林著作编译局编译:《马克思恩格斯选集》第三卷,人民出版社1995年版。

[79]中共中央文献研究室编:《邓小平年谱(一九七五——九九七)》,中央文献出版社2004年版。

[80]中共中央宣传部编:《习近平新时代中国特色社会主义思想三十讲》,学习出版社2018年版。

[81]周三多、贾良定主编:《管理学——原理与方法(第五版)学习指导》,复旦大学出版社2010年版。

[88][美]埃伦哈特(Ehrhardt M.C.)、[美]布里格姆(Brigham E.F.):《公司财务——一种关注方法(英文影印版)》,北京大学出版社2003年版。

二、期刊论文

[1]白暴力:《"三要素创造价值说"现代形式的理论缺陷》,《北京师范大学学报(人文社会科学版)》2002年第4期。

[2]白暴力:《西方经济学价值理论缺陷分析》,《经济纵横》2007年第17期。

[3]白重恩、钱震杰:《劳动收入份额决定因素:来自中国省际面板数据的证据》,《世界经济》2010年第12期。

[4]白重恩、钱震杰:《谁在挤占居民的收入——中国国民收入分配格局分析》,《中国社会科学》2009年第5期。

[5]柏培文、杨志才:《劳动力议价能力与劳动收入占比——兼析金融危机后的影响》,《管理世界》2019年第5期。

[6]蔡文成:《深刻理解中国特色社会主义制度的时代特征》,《人民论坛》2020年第19期。

[7]曹凤岐、刘力:《美国职工持股计划与我国的企业内部职工持股》,《管理世界》1995年第2期。

[8]曹天予:《劳动产权、现代经济学和市场社会主义》,《马克思主义与现实》2004年第5期。

[9]常凯:《中国特色劳动关系的阶段、特点和趋势——基于国际比较劳动关系的视野》,《武汉大学学报(哲学社会科学版)》2017年第5期。

[10]常兴华:《从改革传统的分配制度到"收入分配改革方案"出台——我国收入分配制度演变和政策评述》,《中国物价》2013年第6期。

[11]常兴华、杨宜勇、徐振斌、严浩、邢伟、李伟、杨永恒、卫金桂:《促进形成合理的居民收入分配机制》,《宏观经济研究》2009年第5期。

[12]崔学东:《新自由主义导致全球劳资关系不断恶化》,《红旗文稿》2012年第20期。

[13]陈金龙:《五大发展理念的多维审视》,《思想理论教育》2016年第1期。

[14]陈乃圣、陈燕:《按要素分配的理论基础及其性质新论》,《山东经济》,2002年第4期。

[15]崔之元:《美国二十九个州公司法变革的理论背景》,《经济研究》1996年第4期。

[16]董振华:《论创新劳动的哲学人类学意义》,《现代哲学》2011年6期。

[17]窦鑫丰:《企业社会责任对财务绩效影响的滞后效应——基于沪深上市公司面板数据的实证分析》,《产业经济研究》2015年第3期。

[18]高淑桂:《共享发展视野的跨越"中等收入陷阱"》,《改革》2016年1期。

[19]龚刚、杨光:《从功能性收入看中国收入分配的不平等》,《中国社会科学》2010年第2期。

[20]谷书堂:《对"按要素贡献分配"及其与收入差距扩大关系的思索》,《南开经济研究》2003年第5期。

[21]关柏春:《也谈按劳分配、按要素分配和劳动价值论三者之间的关系——与何雄浪、李国平先生商榷》,《经济评论》2005年第1期。

[22]郭复初:《中西方近代财务管理的发展与启迪》,《四川会计》1997年第7期。

[23]洪银兴:《非劳动生产要素参与收入分配的理论辨析》,《经济学家》2015年第4期。

[24]胡国柳、彭远怀:《董事高管责任保险与企业财务困境风险——基于A股上市公司的经验证据》,《财经理论与实践》2018年第6期。

[25]胡进:《按要素贡献分配原则的产权经济学分析》,《生产力研究》2003年第5期。

[26]胡宁、靳庆鲁:《社会性负担与公司财务困境动态——基于ST制度的考察》,《会计研究》2018年第11期。

[27]黄少安:《经济学研究重心的转移与"合作"经济学构想——对创建"中国经济学"的思考》,《经济研究》2000年第5期。

[28]黄先海、徐圣:《中国劳动收入比重下降成因分析——基于劳动节约型技术进步的视角》,《经济研究》2009年第7期。

[29]黄新华、沈子美:《寻求经济增长与成果共享平衡的发展政策——基于1996—2012年影响劳动报酬份额因素的实证分析》,《福建行政学院学报》2017年第4期。

[30]贾后明:《按贡献分配不宜成为主体分配原则》,《经济纵横》2010年第9期。

[31]贾康:《共享发展需要优化收入分配走向共同富裕》,《中国党政干部论坛》2015年第12期。

[32]贾康:《论对居民收入分配基于政策理性的分类分层调节》,《财政研究》2008年第2期。

[33]姜付秀、张敏、陆正飞、陈才东:《管理者过度自信、企业扩张与财务困境》,《经济研究》2009年第1期。

[34]蒋庚华、吴云霞:《全球价值链位置对中国行业内生产要素报酬差距的影响——基于WIOD数据库的实证研究》,《财贸研究》2017年第8期。

[35]黎文靖、池勤伟:《高管职务消费对企业业绩影响机理研究——基于产权性质的视角》,《中国工业经济》2015年第4期。

[36]李稻葵、何梦杰、刘霖林:《我国现阶段初次分配中劳动收入下降分析》,《经济理论与经济管理》2010年第2期。

[37]李稻葵、刘霖林、王红领:《GDP中劳动份额演变的U型规律》,《经济研究》2009年第1期。

[38]李俊霖:《价值理论若干问题辨析》,《审计与经济研究》2010年

第1期。

[39]李全伦:《企业收入分配的基本结构与测算依据:一种四维企业产权视角》,《中国工业经济》2008年第5期。

[40]李全喜、王美玲:《党对收入分配问题总体认识的历史演进及其特点——基于党的十二大至十九大报告的分析》,《长白学刊》2021第1期。

[41]李姝、赵颖、童婧:《社会责任报告降低了企业权益资本成本吗?——来自中国资本市场的经验证据》,《会计研究》2013年第9期。

[42]李心合:《对公司财务学理论及方法论局限性的认识与批判》,《会计研究》2004年第10期。

[43]李心合:《公司财务目标函数:批判与修正》,《财务与会计》2009年第2期。

[44]李心合:《公司价值取向及其演进趋势》,《财经研究》2004年第10期。

[45]李心合:《股东价值理论批判与公司理论扩展》,《财务与会计》2009年第4期。

[46]李心合:《利益相关者财务论》,《会计研究》2003年第10期。

[47]李心合:《论制度财务学构建》,《会计研究》2005年第7期。

[48]李心合:《儒家伦理与现代企业理财》,《会计研究》2001年第6期。

[49]李心合:《知识经济与财务创新》,《会计研究》2000年第10期。

[50]李心合:《知识经济中的资本理论:全要素资本理论》,《经济研究参考》1999年第55期。

[51]李心合:《制度财务学研究导论》,《会计之友(上旬刊)》2008年第1期。

[52]李增泉:《激励机制与企业绩效——一项基于上市公司的实证研究》,《会计研究》2000年第1期。

[53]梁东黎:《初次分配变化格局的形成和变化的基本规律》《经济学家》2008年第6期。

[54]廖申白:《〈正义论〉对古典自由主义的修正》,《中国社会科学》2003年第5期。

[55]林岗:《从马克思主义视角看收入分配的理论和现实》,《政治经济学评论》2015年第1期。

[56]林毅夫、李志赟:《政策性负担、道德风险与预算软约束》,《经济研究》2004年第2期。

[57]林钟高、徐虹:《财务冲突及其纾解:一项基于契约理论的分析》,

《会计研究》2006年第6期。

[58]刘冬荣、贺勇:《从利益相关者理论看财务契约与财务冲突》,《中南大学学报(社会科学版)》2009年第6期。

[59]刘凤义、李臻:《共享发展的政治经济学解读》,《中国特色社会主义研究》2016年第2期.

[60]刘启亮:《人力资本财务论》,《财经研究》2002年第8期。

[61]刘诗白:《社会财富及其源泉——使用价值形成论》,《经济学家》2003第1期。

[62]刘武根、艾四林:《论共享发展理念》,《思想理论教育导刊》2016第1期。

[63]刘洋:《新时代中国特色社会主义政治经济学视阈下的共享发展研究》,《马克思主义研究》2019年第4期。

[64]罗长远、张军:《经济发展中的劳动收入占比:基于中国产业数据的实证研究》,《中国社会科学》2009年第4期。

[65]罗长远、张军:《劳动收入占比下降的经济学解释——基于中国省级面板数据的分析》,《管理世界》2009年第5期。

[66]罗福凯:《财务思想史的演进与价值创造》,《财经理论与实践》2002年第1期。

[67]罗福凯:《要素资本、价值函数与财务效率》,《中国海洋大学学报(社会科学版)》2003年第1期。

[68]罗福凯:《要素资本平衡表:一种新的内部资产负债表》,《中国工业经济》2010年第2期。

[69]罗福凯、连建辉:《生产要素的重新确认与国有经济结构调整》,《福建论坛(经济社会版)》2001年第6期。

[70]罗良文、茹雪:《我国收入分配中的机会不平等问题研究——基于CGSS 2008—2015年数据的经验证据》,《中国软科学》2019年第4期。

[71]吕长江、韩慧博:《财务困境、财务困境间接成本与公司业绩》,《南开管理评论》2004年第3期。

[72]吕长江、郑慧莲、严明珠、许静静:《上市公司股权激励制度设计:是激励还是福利?》,《管理世界》2009年第9期。

[73]吕光明、于学霆:《基于省份数据修正的我国劳动报酬占比决定因素再研究》,《统计研究》2018年第3期。

[74]孟捷:《劳动与资本在价值创造中的正和关系研究》,《经济研究》2011年第4期。

[75]钱忠华:《公司治理与企业财务困境——基于股权结构角度的实证分析》,《经济与管理研究》2009年第5期。

[76]乔晗、王杰、卢涛:《收入分配研究述评与研究前沿分析——基于文献计量方法》,《管理评论》2020年第11期。

[77]单怀沧:《评萨缪尔森的微观收入分配理论》,《华东石油学院学报(社会科学版)》1984年第1期。

[78]邵敏、黄玖立:《外资与我国劳动收入份额——基于工业行业的经验研究》,《经济学(季刊)》2010年第4期。

[79]申广军、周广肃、贾珅:《市场力量与劳动收入份额:理论和来自中国工业部门的证据》,《南开经济研究》2018年第4期。

[80]沈芳、白暴力:《马克思企业理论和新制度经济学企业理论的比较》,《经济学家》2006年第5期。

[81]宋晶、杨娜、李相玉:《我国企业工资制度改革路径研究》,《财经问题研究》2009年第7期。

[82]孙咏梅:《"要素所有权"与"要素贡献"——论"按要素分配"问题的实质与衡量标准》,《经济学家》2003年第3期。

[83]孙铮、刘凤委、李增泉:《市场化程度、政府干预与企业债务期限结构——来自我国上市公司的经验证据》,《经济研究》2005年第5期。

[84]唐勇军:《西方价值管理:演进与启示》,《财会学习》2011年第11期。

[85]唐勇军:《西方价值管理之批判:新制度主义的视野》,《湖北经济学院学报》2011年第6期。

[86]万海远、陈基平:《共享发展的全球比较与共同富裕的中国路径》,《财政研究》2021年第9期。

[87]万秀丽:《经济学说史上关于按生产要素分配的主要理论及评析》,《甘肃政法成人教育学院学报》2001年第2期。

[88]汪荣有:《论共享》,《马克思主义研究》2006年第10期。

[89]王甫勤:《人力资本、劳动力市场分割与收入分配》,《社会》2010年第1期。

[90]王红丽、崔晓明:《你第一时间选对核心利益相关者了吗?》,《管理世界》2013年第12期。

[91]王化成:《社会主义初级阶段企业分配模式研究》,《财会月刊》2000年第20期。

[92]王化成:《企业与劳动者之间的分配关系研究》,《财会月刊》2000年

第22期。

[93]王化成：《企业与资金提供者的分配关系研究》，《财会月刊》2000年第24期。

[94]王军旗：《共建共享：社会主义和谐社会的真谛》，《西安政治学院学报》2007年第2期。

[95]王克敏、姬美光、赵沫：《宏观经济环境、公司治理与财务困境研究》，《经济与管理研究》2006年第9期。

[96]王明姬：《完善七要素按贡献参与分配的路径思考》，《宏观经济研究》2021年第3期。

[97]王朋吾：《基于要素价值贡献的企业收益分配构想》，《商业经济》2009年第14期。

[98]王庆成、李相国、顾志晟：《建立和完善新的财务管理学》，《中国人民大学学报》1988年第2期。

[99]王卫星、纪成君：《基于收入分配公平视角的工资制度研究》，《南京审计学院学报》2012年第6期。

[100]王一程：《在全面落实科学发展观中保证全体人民共享发展成果》，《马克思主义研究》2006年第1期。

[101]魏众、王琼：《按劳分配原则中国化的探索历程——经济思想史视角的分析》，《经济研究》2016年第11期。

[102]卫兴华：《中国特色社会主义政治经济学的分配理论创新》，《毛泽东邓小平理论研究》2017年第7期。

[103]卫兴华、张福军：《应重视十七大关于效率与公平关系的新观点》，《高校理论战线》2008年第5期。

[104]温素彬：《基于可持续发展战略的财务管理目标：理论框架与现实证据》，《管理学报》，2010年第12期。

[105]文雁兵、陆雪琴：《中国劳动收入份额变动的决定机制分析——市场竞争和制度质量的双重视角》，《经济研究》2018年第9期。

[106]吴波：《共享发展理念与中国道路的新探索》，《中共贵州省委党校学报》2015年第6期。

[107]吴传俭、吴星泽：《审计学科归属经济学门类独立学科的逻辑基础和学科体系构建》，《中国审计评论》2018年第2期。

[108]吴星泽：《按要素贡献公平分配的四个基本理论问题》，《常熟理工学院学报》2019年第3期。

[109]吴星泽：《财务管理教学内容扩展的路径与方法》，《财会月刊》

2011年第18期。

[110]吴星泽：《财务危机预警研究:存在问题与框架重构》,《会计研究》2011年第2期。

[111]吴星泽：《财务预警的非财务观》,《当代财经》2010年第4期。

[112]吴星泽：《共享发展理念下财务学初次分配理论和实践创新》,《会计之友》2017年第17期。

[113]吴星泽：《完善和深化要素认识,健全按要素贡献分配机制》,《审计与经济研究》2020年第1期。

[114]吴星泽、刘赛：《上市公司履行社会责任的财务困境风险防范效应研究》,《长安大学学报(社会科学版)》2021年第2期。

[115]吴星泽、肖高玉：《初次分配是一个财务问题》,《会计之友》2013年第32期。

[116]吴星泽、喻斯敏讷、王月丽：《中国共产党以人民为中心的分配观:历史考察与现实进路》,《审计与经济研究》2021年第5期。

[117]吴星泽、岳贤平：《现代企业价值创造的要素基础:从二要素到五要素的演化》,《湖南财政经济学院学报》2017年第3期。

[118]吴宣恭：《关于"生产要素按贡献分配"的理论》,《当代经济研究》2003年第12期。

[119]吴忠民：《论共享社会发展的成果》,《中国党政干部论坛》2002年第4期。

[120]伍山林：《劳动收入份额决定机制:一个微观模型》,《经济研究》,2011年第9期。

[121]伍山林：《收入分配格局演变的微观基础——兼论中国税收持续超速增长》,《经济研究》2014年第4期。

[122]夏纪军、张晏：《控制权与激励的冲突——兼对股权激励有效性的实证分析》,《经济研究》2008年第3期。

[123]肖鹏燕：《我国劳动关系近两年情况综述》,《北京劳动保障职业学院学报》2018年第3期。

[124]谢志华：《企业收益分配博弈论》,《北京工商大学学报(社会科学版)》2005年第1期。

[125]阎达五、徐国君：《人力资本的保值增值与劳动者权益的确立——关于人力资源会计新模式几个关键问题的再探讨》,《会计研究》1999年第6期。

[126]燕连福、谢芳芳：《福克斯数字劳动概念探析》,《马克思主义与现

实》2017年第2期。

[127]杨灿明:《社会主义收入分配理论》,《经济研究》2022年第3期。

[128]杨灿明、孙群力、詹新宇:《社会主要矛盾转化背景下的收入与财富分配问题研究——第二届中国居民收入与财富分配学术研讨会综述》,《经济研究》2019年第5期。

[129]杨春学:《社会主义政治经济学的"中国特色"问题》,《经济研究》2016年第8期。

[130]杨其静:《企业与合同理论的新阶段:不完全合同理论——兼评Hart的〈企业、合同与财务结构〉》,《管理世界》2005年第2期。

[131]杨瑞龙、周业安:《论利益相关者合作逻辑下的企业共同治理机制》,《中国工业经济》1998年第1期。

[132]姚挺:《改革三十年在初次分配上存在的主要问题和对策》,《福州党校学报》2008年第5期。

[133]叶南客:《共享发展理念的时代创新与终极价值》,《南京社会科学》2016年第1期。

[134]易培强:《收入初次分配要保障人民共享发展成果》,《湖南师范大学社会科学学报》2013年第2期。

[135]尹恒、龚六堂、邹恒甫:《当代收入分配理论的新发展》,《经济研究》2002年第8期。

[136]袁淳、荆新、廖冠民:《国有公司的信贷优惠:信贷干预还是隐性担保——基于信用贷款的实证检验》,《会计研究》2010年第8期。

[137]岳颖:《收入分配热点问题研究综述》,《求索》2010年第9期。

[138]曾国安、黄勇、胡晶晶:《关于不同种类生产要素收入初次分配公平问题的几个问题》,《山东社会科学》2009年第2期。

[139]张杰、卜茂亮、陈志远:《中国制造业部门劳动报酬比重的下降及其动因分析》,《中国工业经济》2012年第5期。

[140]张鸣:《我国财务理论研究的特征、现状和方向》,《上海市经济管理干部学院学报》2008年第3期。

[141]张维闵:《劳动分享剩余的理论与实践》,《马克思主义研究》2012年第5期。

[142]张贤明、邵薪运:《改革发展成果共享与政府责任》,《政治学研究》2010年第6期。

[143]张孝梅:《混合所有制改革背景的员工持股境况》,《改革》2016年第1期。

[144]张兆国、桂子斌、张新朝:《知识经济时代的财务管理创新》,《会计研究》1999年第3期。

[145]赵天骄、肖翔、张冰石:《企业社会责任对资本配置效率的动态影响效应——基于公司治理视角的实证研究》,《山西财经大学学报》2018年第11期。

[146]郑志国:《中国企业利润侵蚀工资问题研究》,《中国工业经济》2008年第1期。

[147]周其仁:《市场里的企业:一个关于人力资本与非人力资本的特别合约》,《经济研究》1996年第6期。

[148]周为民、卢中原:《效率优先、兼顾公平——通向繁荣的权衡》,《经济研究》1986年第2期。

[149]周为民、陆宁:《按劳分配与按要素分配——从马克思的逻辑来看》,《中国社会科学》2002年第4期。

[150]周晓唯:《按要素分配的法经济学分析》,《人文杂志》2002年第3期。

[151]周新城:《关于公平问题的几点思考》,《经济经纬》2004年第2期。

[152]周新城:《我国社会主义初级阶段分配问题研究》,《政治经济学评论》2013年第3期。

[153]周新城:《怎样理解"公平"——读〈哥达纲领批判〉的一点体会》,《中共福建省委党校学报》2003年第3期。

[154]朱超:《按要素贡献分配的工会视角与任务思考——学习胡锦涛总书记"七一"重要讲话的体会》,《工会理论与实践》2003年第5期。

[155]朱阳、黄再胜:《数字劳动异化分析与对策研究》,《中共福建省委党校学报》2019年第1期。

[156]宗新颖、李心合:《股东价值理论:批判、挑战与发展》,《当代财经》2006年第4期。

[157]邓聿文:《初次分配:效率与公平并重》,《国际金融报》2006年7月27日。

[158]李静睿:《中国居民劳动报酬占GDP比重连降22年》,《新京报》2010年5月12日。

[159]吴星泽:《一味向"西"难解学用脱节困局》,《中国会计报》2010年10月29日。

[160]习近平:《在省部级主要领导干部学习贯彻党的十八届五中全会精神专题研讨班上的讲话》,《人民日报》2016年5月10日。

[161]曾慧宇、曾爱民:《企业应将履行社会责任提升到战略高度》,《人民日报》2017年7月24日。

[162]郭毅:《企业理论研究——马克思经济学与新制度经济学的比较》,2004年厦门大学博士学位论文。

[163]金振宇:《我国居民的收入分配及其对消费的影响研究》,2011年吉林大学博士学位论文。

[164]李心合:《制度财务学研究》,2007年中南财经政法大学博士后研究报告。

[165]吴星泽:《广义财务分配论》,2013年南京大学博士学位论文。

[166]杨依依:《企业价值与价值创造的理论研究》,2006年武汉理工大学博士学位论文。

三、英文文献

[1]Acemoglu, D., "Labor-and Capital-Augmenting Technical Change", *Journal of the European Economic Association* Vol. 1 No. 1(2003), pp. 1-37.

[2]Acemoglu D., S. Johnson, and J. Robinson, "Institutions as the Fundamental Cause of Long-Run Growth," *Handbook of Economic Growth*, 2004.

[3]Alchian Armen A., and Harold Demsetz, "Production, Information Costs, and Economic Organization", *The American Economic Review* Vol. 62 No. 5(1972), pp. 777-795.

[4]Altman E. I., "Financial Ratios, Discriminant Analysis, and the Prediction of Corporate Bankruptcy", *Journal of Finance* Vol. 23 No. 9(1968), pp. 589-609.

[5]Bahinipati, B. K., A. Kanda, and S. G. Deshmukh, "Revenue Sharing in Semiconductor Industry Supply Chain: Cooperative Game Theoretic Approach", *Sadhana* Vol. 34 Issue 3(2009), pp. 501-527.

[6]Baker, G., R. Gibbons, and K. J. Murphy, "Informal Authority in Organizations", *The Journal of Law, Economics, and Organization* Vol. 15 Issue1(1999), pp. 56-73.

[7]Becker, Gary S., "Investment in Human Capital: A Theo-

retical Analysis", *Journal of Political Economy* Vol. 70 No. 5 (1962), pp. 9-49.

[8]Benabou, R, "Inequality and Growth", *NBER Macroeconomics Annual* Vol. 11(1996), pp. 11-74.

[9]Bental, B. and D. Demougin, "Decling Labor Shares and Bargaining Power: An Institutioanl Explanation", *Journal of Macroecnomics* Vol. 32 Issue 1(2010), pp. 443-456.

[10]Bentolila, Samuel and Saint-Paul, Gilles, "Explaining Movements in the Labor Share", *Contributions to Macroeconomics* Vol. 3 Issue1(2003), Article 9.

[11]Bhattacharya, S., "Imperfect Information, Dividend Policy, and the Bird-in-the-hand Fallacy." *Bell Journal of Economics* Vol. 10 No. 1(1979), pp. 259-270.

[12]Blackman, I. L., "Family Limited Partnerships", *Modern Machine Shop* Vol. 86 Issue 6(2013), pp. 42-44.

[13]Blanchard, O. and F. Giavazzi, "Macroeconomic Effects of Regulation and in Goods and Labor Markets", *Quarterly Journal of Economics* Vol. 118 No. 3(2003), pp. 879-907.

[14]Cahuc, P. and B. Dormon, "Profit-sharing: Does It Increase Productivity and Employment? A Theoretical Model and Empirical Evidence on French Micro Data", *Labor Economics* Vol. 4 Issue 3(1997), pp. 293-319.

[15]Carrol, A., "A Three-Dimensional Conceptual Model of Corporate Performance", *Academy of Management Review* Vol. 4 No. 4 (1979), pp. 497-505.

[16]Cheung, Steven N. S., "The Contractual Nature of the Firm", *Law and Economics* Vol. 26 No. 1(1983), pp. 1-22.

[17]Chopra, S. K. and M. Narayana, "Creating Shared Value by Aligning Business and Social Objectives through the Application of Technology", *IEEE 2013 Global Humanitarian Technology Conference*, 2013,pp. 489-494.

[18]Chowdhury, Dhirnan and Zahiral Hoque, "Profit Sharing and Corporate Performance: Some Evidence from Bangladesh", *The International Journal of Accounting* Vol. 33 No. 4 (1998),

pp. 469-481.

[19]Clarkson, Max B. E., "A Stakeholder Framework for Ana-lyzing and Evaluating Corporate Social Performance", *Academy of Management Review* Vol. 20(1995), pp. 92-117.

[20]Coase, R. H., "The Nature of the Firm", *Economica* Vol. 4 Issue 16(1937), pp. 386-405.

[21]Commons, John R., "Industrial Government", *New York: Macmillan*,1921, p. 263.

[22]Cornell B, and Shapiro A C., "Corporate Stakeholders and Corporate Finance", *Financial Management* Vol. 16 No. 1 (1987), pp. 5-14.

[23]Dahlsrud, A., "How Corporate Social Responsibility Is Defined: An Analysis of 37 Definitions", *Corporate Social Re-sponsibility and Environmental Management* Vol. 15 No. 1 (2008), pp. 1-13.

[24]Donaldson T, and Dunfee T W., "Integrative Social Con-tracts Theory: A Communitarian Conception of Economic Ethics", *Economics and Philosophy* Vol. 11 No. 1(1995), pp. 85-112.

[25]Ghosh, C. and J. R. Woolridge, "An Analysis of Share-holder Reaction to Dividend Cuts and Omissions," *The Journal of Financial Research* Vol. 11 No. 4(1988), pp. 281-294.

[26]Granovetter M., "Economic Action and Social Structure: The Problem of Embeddedness", *The American Journal of Sociolo-gy* Vol. 91 No. 3(1985), pp. 481-510.

[27]Harris, M. and Raviv, A., "Capital Structure and the Information Role of Debt", *The Journal of Finance* Vol. 45 No. 2 (1990), pp. 321-349.

[28]Harrison, A. E., "Has Globalization Eroded Labor's Share? Some Cross-Country Evidence", Mpra Paper, No. 39649 (2005). University Library of Munich, Germany.

[29]Hart, Oliver D., "Incomplete Contracts and the Theory of the Firm", *Journal of Law, Economics and Organization* Vol. 4 No. 1(1988), pp. 119-139.

[30]Heckman, J. J., "The Common Structure of Statistical

Models of Truncation, Sample Selection and Limited Dependent Variables and a Simple Estimator for Such Models", *Annals of Economic and Social Measurement* Vol. 5 No. 4(1976), pp. 475-492.

[31]Hodgson, G. M., "The Revival of Veblenian Institutional Economics", *Journal of Economic Issues* Vol. 41 No. 2 June (2007), pp. 325-340.

[32]Hutchinson, J. and D. Persyn, "Globolization, Concen- tration and Footloose Firms: In Search of the Main Cause of the Declining Labor Share", *Review of World Economics* Vol. 148 No. 1(2012), pp. 17-43.

[33]Jensen, M. and W. Meckling, "Theory of the Firm: Mana- gerial Behavior, Agency Costs and Ownership Structure", *Jour- nal of Financial Economics* Vol. 3 No. 4(1976), pp. 305-360.

[34]Kalleberg, A. L., M. Wallace and L. E. Raffalovich, "Accounting for Laborps Share: Class and Income Distribution in the Printing Industry", *Industrial and Labor Relations Re- view* Vol. 37 No. 3(1984), pp. 386-402.

[35]Kanagaretnam K., G. J. Lobo and E. Mohammad, "Are Stock Options Grants to CEOs of Stagnant Firms Fair and Justi- fied?", *Journal of Business Ethics* Vol. 90 Issue1 (2009), pp. 137-155.

[36]Karabarbounis L. and B. Neiman, "The Global Decline of the Labor Share", *Quarterly Journal of Economics* Vol. 129 No. 1 (2014), pp. 61-103.

[37]Klein Benjamin, Robert G. Crawford, and Armen A. Al- chian, "Vertical Integration, Appropriable Rents, and the Competitive Contracting Process", *Journal of Law and Economics* Vol. 21 No. 2(1978), pp. 297-326.

[38]Kongsamut, P., S. Rebelo and D. Xie, "Beyond Balanced Growth", *Review of Economic Studies* Vol. 68 No. 4 (2001), pp. 869-882.

[39]Kraft, K. and M. Ugarkovic, "Profit Sharing and the Financial Performance of Firms: Evidence from Germany", *Eco- nomic Letters* Vol. 92 Issue 3(2006), pp. 333-338.

[40]Kytle B. and J. Ruggie, "Corporate Social Responsibility as Risk Management", *Harvard University Working Paper* No. 10 (2005).

[41]Murphy, Kevin J., "Corporate Performance and Managerial Remuneration: An Empirical Analysis", *Journal of Accounting and Economics* Vol. 7 (April)(1985), pp. 11-42.

[42]Taylor C. and M. A. Nowak, "Transforming the dilemma", *Evolution* Vol. 61 No. 10(2007), pp. 2281-2292.

[43]Pencavel, J. and B. Craig, "The Empirical Performance of Orthodox Models of the Firm: Conventional Firms and Worker Cooperatives", *Journal of Political Economics* Vol. 102 No. 4 (1994), pp. 718-744.

[44]Porter, M. E. and M. R. Kramer, "Creating Shared Value: How to Reinvent Capitalism and Unleash a Wave of Innovation and Growth", *Harward Business Review* Vol. 89(2011), pp. 62-77.

[45]Porter M. E. and M. R. Kramer, "The Link between Competitive Advantage and Corporate Social Responsibility", *Harvard Business Review* Vol. 12(2006), pp. 1-15.

[46]Romer Paul M., "Increasing Returns and Long-Run Growth", *The Journal of Political Economy*, Vol. 94 No. 5(1986), pp. 1002-1037.

[47]Ross S., "The Determinations of Financial Structure: The Incentive-signaling Approach", *Bell Journal of Economics* Vol. 8 No. 1(1977), pp. 23-40.

[48]Schultz, T. W., "Reflections on Investment in Man", *The Journal of Political Economy* Vol. 70 No. 5(1962), pp. 1-8.

[49]Sesil, J. C. and Y. Lin, "The Impact of Employee Stock Option Adoption and Incidence on Productivity: Evidence from U. S. Panel Data", *Industrial Relations* Vol. 50 Issue 3 (2011), pp. 514-534.

[50]Weitzman, Martin L., *The Share Economy: Conquering Stagflation*, Boston: Harvard University Press, 1984.

[51]Williamson, Oliver E., "The Vertical Integration of Production: Market Failure Consideration", *American Economic*

Review Vol. 61 No. 2(1971), pp. 112-123.

[52]Williamson, Oliver E., "The Logic of Economic Organiza-tion", *Journal of Law, Economics, & Organization* Vol. 4 No. 1 (1988), pp. 65-93.

[53]Zingales, L., "In Search of New Foundations", *The Jour-nal of Finance* Vol. 55 No. 4(2000), pp. 1623-1653.